语言规划讲义

刘海涛 ◆ 著

商务印书馆

The Commercial Press

创于1897

图书在版编目（CIP）数据

语言规划讲义 / 刘海涛著. —北京：商务印书馆，2023
ISBN 978-7-100-21847-4

Ⅰ.①语… Ⅱ.①刘… Ⅲ.①语言规划—研究 Ⅳ.
①H002

中国版本图书馆 CIP 数据核字（2022）第 216421 号

语言规划讲义

刘海涛 著

商务印书馆出版
（北京王府井大街36号 邮政编码100710）
商务印书馆发行
北京市白帆印务有限公司印刷
ISBN 978-7-100-21847-4

2023 年 4 月第 1 版　　　开本 710×1000　 1/16
2023 年 4 月北京第 1 次印刷　印张 22¼

定价：98.00 元

写在前面的话

35 年前，当我从世界语的学习者转变为国际语的研究者时，开始对人类有意识干预语言的活动产生了兴趣。于是，便一头撞进了语言规划领域。对我而言，语言规划是一个问题驱动的语言学分支学科。这句话里有两个关键词：问题驱动和语言学。

问题驱动是语言规划作为一个学科的根本。为什么要规划语言？因为语言的使用者认为语言满足不了人和社会的需要，因此想改进它、调节它、优化它，使其成为一个更有效、更完美的工具。这里说的工具不仅是指语言作为交流的工具，也包括与社会有关的语言的其他功能，如文化的容器、身份的象征、知识的载体和国家的资源。我们将这些功能理解为广义的工具，只有认识到语言的工具性，我们才能对其进行评价、调整和改变。语言为什么满足不了人的需要？因为人不仅是生物人、语言人，更是社会人，而社会是变化的，为了让语言能更快地适应社会变化，特别是在社会变化比较快的时期，人类有意识地对语言进行调节和干预，不仅是可行的，也是必要的。当然，不同的社会发展时期，语言的这些工具性功能的重要性也会不一样，这就需要有意识地根据社会的变化适时调整语言功能的优先级，合理规划人、语言、国家和社会之间的关系。我们可以从多种角度去研究与语言规划有关的问题，但这个学科得以存在的基础是为了解决社会发展和语言不匹配的问题。尽管这些问题会受到时空因素的制约，但语言规划以问题为导向的学科根基不宜动摇。在此基础上，为了更好地解决这些关乎人与社会的语言问题，语言规划不仅要顺势而为，也要与时俱进、因时而变，只有这样，才能更好地实现语言规划作为一个学科的社会价值。

显然，语言规划要解决的是语言或与语言密切相关的问题，这也是其作为一个语言学分支学科的根由。但语言学是探索语言结构和演化规律的学科，从探索规律的角度看语言规划，其价值何在呢？或许，像很多学者所说的那样，语言规划只是应用语言学的一个分支，在发现规律方面没有多大用处？我们认为，语言规划不仅具有重要的社会价值，即使从探求语言规律的角度看，也是极有意义的。它的重要意义在于能够帮助我们更好地理解，在人的有意识作用下，语言演化的规律会如何变化，从而使我们对语言的起源与演化有更深入的认识。从学理的角度来讲，如果我们把人类有意识对语言的影响理解为语言的人造性，那么，语言规划学者便不应只满足于做一些与语言有关的工作，而要采用科学的方法来研究语言中的人造性，寻求人为干预之后语言演化的规律。否则，语言规划中的"语言"两个字也就失去了意义，而这恰恰是语言规划作为语言学分支学科所要关注的核心问题。

大约在100年前，现代术语学的奠基人维斯特（Eugen Wüster）就对语言规划的两个基本问题给予了肯定答复，这两个问题是：人可以影响语言发展吗？人应该有意识地影响语言的发展吗？有趣的是，维斯特还认为，语言就是语言使用，鲜活的语言使用也是语言演化过程中最具权力的立法者，即语言演化过程中最重要的、起决定性作用的理应是语言使用。既然如此，那人们又该如何影响语言呢？他的回答是有原则的影响，也就是这本讲义里多次提到的，语言规划要顺势而为。这个"势"就是维斯特说的原则，即我们所说的语言的结构与演化规律。这样，语言规律就成了语言规划的基础，语言学家就是这个学科建设与发展中难以替代的人。难以替代的原因在于，从理论上看，语言学家应该是最懂语言规律的人。但值得注意的是，这种规律应该来自语言的实际使用，而不是来自语言学家在大脑中培育的句子。说到这里，自然就涉及语言是什么的问题。

语言是一个系统，更确切地说，是一个由人驱动的复杂适应系统。这意味着，如果没有人，这个系统运转不起来。运转不了，就谈不上去寻求或发现它的运作规律。但人驱不意味着可以随心所欲，就可以将语言完全当作一种脱离人的、抽象的形式系统来进行各种眼花缭乱的数学运算和变换，而是指应该时刻遵循一些规则和原则，这些原则也应与人本身密切相关。作为语言的使用者和语言系统运作的动力源，人在生理和心理方面具有共性，但在政治、经济、历史、文化等方面也存在差异。如果说生物学意义的共性造就了语言的普遍性，那么语言的多样性则更多的是源于这些差异。从这个意义上看，如果对不同时空的语言系统进行深入观察，我们有可能把握语言系统运行的部分规律。这些源自语言使用的规律既反映了语言的普遍性，也受到人类社会多样性的影响，是平衡了两种力量的人驱语言系统的规则，对语言系统的顺畅运行和系统管理具有指导意义。

更进一步，有必要把"人驱"分为"无意识地驱"和"有意识地驱"，为什么要做这样的区分？因为，无意识地驱可能是人类出于本能的活动，这种驱动在很大程度上是形成语言系统运作规律的基础。但正如索绪尔在《普通语言学教程》中所言，"在任何人的脑子里，语言都是不完备的，它只有在集体中才能完全存在。"换言之，语言是一种集体的产物，一个由千百万个个体交互的产物。值得注意的是，这种交互不是发生在真空中，而是出现在不同时空的真实社会场景之中。传统上，这给人类探求语言规律造成极大的困难，好在蓬勃兴起的数据驱动的研究范式为挖掘人类的大规模行为模式带来了曙光。对于语言规划的研究者而言，这一点很重要，因为人类在无意识下驱动语言系统产生的规律，有助于制定更好的可用来指导人类有意识驱动语言系统的规则，助推语言系统的高效运作，使语言进一步适应社会发展的需要。

如果无意识地驱是人类使用语言的常态，有意识地驱，或更精确地说，是有意识地指导别人去驱，则是人类追求更高效、更完美的语言系统的努力，也是语言规划的最终理想。早在90多年前，瞿秋白就提出过类似的想法，"根据言语文字现在已经有的发展趋势，把无意的不自觉的过程变成有意的自觉的革命"。当然，将语言视为一种有意识地驱的事物，在很大程度上是因为可以把语言看作是一个人驱动态系统和具有多种功能的工具。正出于此，我们才可以改进、完善、优化它，让它更高效、更完美。但这样做的前提是要知道什么才是完美、高效的语言？这可能需要一些具体的、可以操作的、能体现人类语言系统运作规律的指标，在这些指标的基础上我们就可以来评价和调节人类语言。进而在人类语言有意识地优化过程中，实现100年前爱沙尼亚语言改革的先驱阿维克（Johannes Aavik）提出的语言规划三原则（简洁、优美和精细）。这样一来，相关规律的发现与指标的寻求，便成为语言规划学科的主要任务之一。为更好地实现目标，我们需要采用科学的方法，因为科学的目标与科学的方法有助于发挥人的主观能动性，进而有意识地助推语言的发展，使其更好地服务于人，服务于社会，服务于国家。

语言规划作为一门独立的学科差不多也有六七十年的历史，尽管语言规划面对的问题很复杂，既涉及一般语言学熟悉的对普遍性规律的探求，也包括很多语言学家相对比较陌生的对语言人造性的研究，但在总结不同时空下语言规划实践的基础上，国内外学者在半个多世纪里也提出了不少语言规划的分析模型。其中有一些模型经过时间检验，已经成为语言规划学科的核心组成部分。我们常说，进入一个学科，就需要了解学科的发展历史，掌握它的基本方法和已有的理论架构。只有这样，才能在继承的基础上前进，否则就会永远停留在感悟与记事的阶段，不利于学科的建设与发展。

常有人跟我说，语言学是文科，你老是拿些框框来套什么呢？为什么要把我们天马行空、无穷无尽的想象力束缚到这些所谓理论的盒子里？但我一直认为，搞学术，特别是在以发现规律为目标的学科，最好能有个框架。为什么？首先，绝大多数学术研究的目的都是想发现一些普遍模式与原则，即使人文学科也不例外。荷兰学者任博德（Rens Bod）《人文学的历史》一书的中译本的副标题是"被遗忘的科学"，尽管这个副标题原本是荷兰版中的正标题（De Vergeten Wetenschappen: Een Geschiedenis van de Humaniora），但也可以说明人文学科与科学的区别可能只是研究对象的不同，目的都是对"模式与规律的探求"，这也正好是他那本书英文版的副标题（The Search for Principles and Patterns from Antiquity to the Present）。如果我们认可这一点，理论框架则有助于我们发现具有普遍意义的规律与模式，语言规划作为一门学科也概莫能外。

当然，没有哪个框架是完美的。比如一个语言规划的分析框架有5个维度。如果我们分析100个语言规划和政策的案例，都按照这5点来，会怎么样？有时候，这5点可能不够，需要6点或者7点，或者只需要3点或者4点。框架的价值就体现在这里。如果不够，我们可以扩充这个框架。在扩充的时候，从5点发展到7点，增加的这两点是普遍的还是特殊的？在另外一个地方是不是又能发现包括这两点在内的案例？如果没有一个统一的框架，所有的比较研究或者发现普遍性规律的研究都很难进行。尽管这些框架可能不那么好用，不那么完善，但有了这样的一个框架，我们可以对不同国家、不同语言、不同时期、不同阶段、不同社会的语言规划行为进行比较。而通过这种比较，我们可以发现人有意识干预他人语言行为的规律与模式。这就是我们所强调的，即使在语言规划这样看似不需要理论的学科，也应重视理论架构的主要原因。

综合以上这些看起来有些凌乱的话语，可以提取出语言规划学科的一些关键词：语言、规划、政策、人造性、语言规律、助推、服务、工具、社会、国家、有意识、理论架构、系统、问题、模式、高效、干预、人驱、学科建设、语言学。

带着这些关键词，我十几年前在中国传媒大学为本科生和研究生开设了"语言规划"课程，调到浙江大学后，尽管大的研究方向有了调整，我也没有中断这门课程的开设。这门课的效果也还不错，很多同学的课程论文，最后都发表在国内外的专业刊物上。从五年前开始，我有意识给这门课都录了音。2020年春季，由于疫情，学生不能返校，八次课都是通过线上讲的，这样就有了这门课的完整音视频。从前面我对语言规划的理解，大家不难看出，这门课跟已有的语言规划论著和其他学校开设的课程相比，还是有一些特点的。这些年来，不少同事与学生都建议我将这门课整理成书，以便让更多人了解语言规划这门对于人类社会极有意义的学科，但由于种种原因一直未能如愿。考虑到自己快要退休了，这次下定决心开始整理，于是就有了现在的这本讲义。

讲义书稿的整理过程具体如下：张慧玉教授带着几个研究生，先根据2020年授课的录音、视频以及相应的机器转写文本，整理出来每一节课的内容，然后再根据前几年的讲课录音进行增补和修改。在此基础上，我自己又逐字逐句对整个讲义做了修改，之后交给王亚蓝博士进行细致的检查与修改。最后，又回到张慧玉手里，进行各种核查。最终，再由我定稿并交出版社。前前后后，每一章内容都至少有10人次参与了整理、修改、检查与审读。

需要说明的是，这门课尽管讲了十多年，但除了一些提纲性的

PPT，基本上是没有书面讲稿的。每次授课，都是我根据 PPT 上的提示随堂发挥。为了保持课程与时俱进的特质，每一年的 PPT 都会增加一些新内容。由于语言规划课内容的特点，这门课主要靠自然语言讲述，不像我讲的"计算语言学"和"计量语言学"等课程，很难借助公式或句子分析等手段，所以，根据课堂讲述记录整理出来的讲义，其语言具有明显的口语特征。但机器转写出来的文字版本已经把明显的口语词都过滤掉了，因此这部书稿的口语特征更多的是体现在其他方面，一定程度上反映出授课人在自然状态下的一种言语风格，当然也会带有一些授课场景下的普遍特点。我们在整理的时候，尽可能保留了这种风格，目的是想为读者构拟一种身临课堂的体验，但这样做也会带来别的问题，比如，学术语言与口语的混杂，内容与逻辑的跳跃，为了强调的刻意重复，各章节参差不齐的篇幅等。在大学上过课的人都知道，了解一个学科，学好一门课，只凭老师在课上讲是不够的，还需要系统研习其他参考书。老师在课上不可能照本宣科，不可能面面俱到，不可能讲两句话就插一个文献，只能点到为止，所谓"师傅领进门，修行在个人"就是这个意思。为弥补这方面的不足，我请王亚蓝博士整理了一个语言规划基本文献的目录附在书后，供大家进一步阅读学习时参考。在书后专门附这样一个文献目录的另一个目的，是为了减少正文的文献标引，尽可能营造一种身临其境的课堂气氛。当然，大学课堂里面讲的东西，有不少是教师自己的一些感悟、思考与体会，不一定都是共识，这本书既然是根据授课记录整理出来的，难免也会或多或少带有这样的特点。除此之外，像语言规划这样的话语密集型课程，在课堂上不可能老是讲概念、讲理论，还需要插入一些与课程相关的奇闻轶事来调节气氛，我们在整理时也有意识地保留了一些这方面的内容。这些乍一看似乎随口说来的故事里面，也许暗含了值得语言规划研究者进一步关注的东西。搞不好，大家看完这本书后，能记住的也就这几个小故事。

啰嗦了这么多，是想说这本名为讲义的书，实际上就是记录了我过去十多年来开设的语言规划课的主要内容，带有明显的个人特征，尽管书里面提到不少其他语言规划论著中没有或很少提及的人和事，尽管有些内容我个人的理解不一定完全正确和全面，但我想语言规划作为语言学的一个分支学科，无论如何都不应该弱化或忽视语言本身的地位，不能在这门学科中将语言学家边缘化，更不能忘记这个学科的根本是问题驱动。从这个意义上讲，这本讲义还是有存在价值的。

我接触这个学科已 35 年了，这期间，国内外的许多学者都帮助过我，他们中的不少人已经离开了这个世界，我想如果他们从这个或另一个世界偶然看到这本书，也会感到欣慰的。因为他们多年前的播种终于开花结果了，尽管这果子也许与他们预想的可能不一样。

最后，我要感谢张慧玉教授和研究生柯瑶、石亚瑀、卜小珂、戴颖、邵钰岚、安雨晨等同学，是她们开启了这本书的整理，否则，这书还不知道什么时候才能整理好。我也要感谢王亚蓝博士，他是我指导过的几十个博士生里面唯一一位研究语言规划的学生，他不仅仔仔细细、认认真真地把书稿捋了几遍，而且还编写了书末的"语言规划基本文献选目"。当然，由于书中涉及的内容繁杂，即使我们再认真，也难免会有不少由于我本人的能力有限而造成的各式各样的问题，不当之处，还请大家不吝赐教。

感谢商务印书馆前任总编周洪波先生，他的鼓励与支持使我有信心完成这部书稿并将它交给商务出版。也要感谢余桂林副总编、朱俊玄先生和本书的责编金艳艳女士，没有他们的支持与帮助，这本书不会在这么短的时间就与大家见面。

我们正处于新的"百年未有之大变局"中，上一次的百年变局，是中国人的觉醒年代，这次的百年大变局，是中国人的腾飞时代。

一百年前，觉醒年代，有意识的语言觉醒曾经起过重要作用。腾飞时代，人类的发展同样离不开语言，如何与时俱进，直面人类社会史无前例的语言超级多样性引发的种种问题；如何发挥人的主观能动性，让语言助力社会发展，促进"人类命运共同体"的早日实现，是摆在语言学家面前的一项迫切任务。让我们为建设更美好的世界一起努力吧！

刘海涛

2022 年 2 月 22 日

目　录

第一讲　语言规划导论

第一节　语言学与语言规划

从学科归属的角度看，语言规划是现代语言学的一个分支学科，因此我想先说一点关于语言学的事情。

2019 年 10 月 25 日，《外语教学与研究》编辑部在长沙召开了庆祝新中国成立 70 周年的论坛，我在会上的发言题目是"数据驱动的语言规律的发现"。在我看来，我们语言研究者既不是生活在真空中，也不是生活在象牙塔里头。即使我们研究的语言是过去几千年的东西，但这几千年中时代也是在不断进步的。就今天而言，不管你从事什么研究，可能都要考虑到人工智能时代里很多东西对你的影响，语言研究自然也不例外。对于这一次的人工智能浪潮，大家似乎都感到很惊慌。人工智能都已经发展了几十年，为什么以前我们不那么慌？因为以前的人工智能，我们还可以说出它为什么能够做这样或那样的事情，但现在当我们根本就不知道为什么的时候，自然就会有点害怕。当前，这一代人工智能技术对于人工智能的开发者都相当于是一个黑箱，更不要说人工智能技术的使用者了。

那么，与人工智能有关的领域有哪些呢？有人做过一个图，里面列出了与人工智能密切相关的几个学科，其中就有语言学，这是传统意义上的文科中唯一一个与人工智能相关的学科①。大多数人认为，一个由计算机仿真出来的智能体，如果没有语言能力，就不能算得上是智能。没有语言的能力，算什么智能？所以，大伙儿都觉得语言学在人工智能中能够发挥作用。遗憾的是，现在基于深度学习的人工智能里，基本已没有语言学的一席之地了。人们期待语言学在这次的人工智能浪潮中发挥作用，但结果显然没有预期的那么理想。甚至可以说，是很不理想。

这时，我们就需要反思自己的一些做法是否恰当，至少可以从以下几个方面进行概括总结：首先就是我们获得语言知识的方法是否存在问题？一般而言，我们把通过自身获得语言知识的方法叫作内省法，这实际上是一种美化了的"拍脑袋法"。其次是知识本身是否可以完全规则化或形式化？最后就是在建模过程中是否丢失了语言系统的一些本质特点？所有从事语言学研究的科研工作者以及从事语言相关产业的从业者都应该反思这些问题。

观察当前人工智能时代的实践者，不难发现，他们大多基于大量真实的语言材料，采用深度学习的算法来做一些事情。简单点说，他们所得到的语言知识，是从大量真实的语言材料里获取的。所谓深度学习的算法，也就是一种在计算机里模仿神经网络的方法，能够比以往的方法取得更好的成绩。但这批实践者的问题在于，他们并不明白为什么这种做法会比以前基于规则的方法要做得好。所以对他们而言，这个过程仿佛是一个黑箱子。作为语言研究者，我们是有可能帮助他们了解黑箱的，然后帮助他们构造可解释的、不太"黑"的人工智能。如果我们明白机器为什么能做这件事情的时候，自然也就不会怎么害怕它了。因此，语言学家要充分了解语言系统这个自然的黑箱，比如：

---

① Sarangi, S. & Sharma, P. (2020). *Big Data: A Beginner's Introduction*. London and New York: Routledge.

语言为什么是这样的？又是怎么产生的？组成一句话的 10 个词为什么要这样排序？排序背后到底有什么规律？可惜，语言学还没有搞清楚人类语言这个自然的黑箱，人工智能时代又出现了人造的黑箱。

显然，在没有足够清楚地了解语言这个自然的黑箱之前，人造的黑箱暂时只能让它先"黑"着。对新时代的语言学家而言，这是机遇，更是挑战。在机遇面前，我们必须要反思，否则就相当于没有这个机遇。网络上曾经流传过一个玩笑话，说研究语言学的总是被人看不起。一个硕士生或者博士生回家时，被问到是研究什么领域的，场面就会比较尴尬。学外语的或许会好一点，以后还可以去教你所擅长的外语语种，学汉语的都不好意思说你是干什么的。为什么呢？你说研究汉语，研究如何把"把"字句转换成"被"字句，但家里人觉得这样以后大概率找不到好工作，因为谁会养着这样的一批人呢？

所以，我们要反思问题，要基于大量可用的语言数据发现更坚实的语言规律①。基于数据能够取得更多更好的研究结果，因为它能更好地解决语言最本质的概率性问题。但就当前主流的语言学方法而言，几乎没有一个办法能用来处理语言的概率性问题。基于真实的语言数据的研究，有可能使我们增强对语言这种人驱动的复杂适应系统的认识。我们做一个研究，只要是与语言有关的，总要对于语言是什么先有一个考虑。我们可以做微观的研究，但要看这些微观研究对解决问题有什么帮助。如果就是发几篇论文，可能意义并不大。比如说语言，从科学的角度来看，它是一个复杂适应系统，而且是一个"人驱动"的系统。这是我们这几年一直都在强调的语言观，因为没有人的话，也就没有驱动力，语言系统也就运作不起来。

---

① 有关数据驱动的语言研究，可参考刘海涛：《依存关系与语言网络》，科学出版社，2022。

换言之，语言和人是共同演化的，人本身的变化、人对语言的使用，导致语言发生了变化。语言本身是不会变化和发展的，比如把一本 100 年前的书放在那里，它本身能发生什么变化呢？没有人使用，它是不会变化的。总体来看，人对语言产生的影响可能会有两种：一方面，人类本身具有一些普遍性的东西。所有的人不管母语是什么，总有一些东西是差不多的，而这些共同的东西决定了语言的普遍性，这是由人的生理、心理等方面的共性决定的。另一方面，现实生活中语言的表面又很多样，目前还有人使用的语言有 7000 多种，这些语言的多样性与语言使用者所处的生态多样性密切相关。因此，研究语言不能撇开人的因素，这一点非常重要。但这时出现的另外一个问题，马上就要引到我们这次课程的主题。如果不能撇开人的因素，那么对于语言，人是不是就想怎么干就可以怎么干？

答案显然是否定的。虽然语言是人驱动的，但人并不能随心所欲。比如你买了辆汽车，你不能随便在路上开，因为要遵守交通规则。对于人类语言系统而言，它的运作规律是怎么样的？这就需要语言学家去研究和发现。所谓人驱，我们到底应该怎么驱？无意识地驱还是有意识地驱？这两者又有什么不一样？是否无意识地驱形成的就是语言系统的运作规律？而有意识地驱只有顺应这种规律才能使系统运行得更有效？所有这些问题，都涉及人和语言的关系，这也是我们这门课的主要内容，即探讨人和社会之间的关系，更具体地说，就是如何通过有意识的行为来建立更高效、和谐的语言、人和社会之间的关系。我们先看几个例子。

第二节　从案例看语言规划

人类从事语言规划活动的历史悠久，几乎与有文字记载的人类历史一般古老，类似的案例古今中外都有不少。以下，我们选取几个比较有代表性的案例来介绍分析，它们分别是：汉字的统一、希伯来语的复兴、世界语的创制、拉丁语的传播和第二次世界大战以后发展中国家存在的语言问题。

（一）汉字的统一

从语言学的角度来看，语言并不等同于文字，文字只是记录语言的一种形式。譬如，我们说的话本来是有时间性和空间性的，我说完，如果当时你不在场听，那么也就没有了。但是有了文字之后，就可以记录所说的内容，使得原本的语言超越了时间和空间。由于有了文字，人类的精神在一定程度上可以说是不死的。500 年前、600 年前欧洲学者的研究，他们人早就不存在了，他们的思想还在流传，当我们看他们的作品时，似乎觉得他们还活着。

但是，文字本身也是多种多样的。比如，尽管汉字作为一种文字早已存在，但早些时候同一个字在各地写法是不一样的，这不便于不同地方的人进行沟通与交流。所以早在秦朝的时候，我国就出现了有史记载的最早的语言规划活动，当时主要是针对汉字的改革。秦始皇灭六国后，开始在全国推广小篆作为标准文字。据《史记·秦始皇本纪》记载，"一法度衡石丈尺，车同轨，书同文字。"这就是被后世所称道的"书同文"政策。为此，秦始皇下令丞相李斯作《仓颉篇》，中车府令赵高作《爰历篇》，太史令胡毋敬作《博学篇》，然后对中国的汉字进行改革，规定将小篆作为全国的标准字体。从小篆开始，后来的历朝历代对汉字或多或少也进行过各种各样的改革。用语言规划的术语来说，这些改革主要涉及规范统一的问题，因为只有确立标准以后，文字才能真正发挥它的作用。

当然，文字的统一并不意味着语言的统一，但"书同文"政策有助于口语的书面记录，客观上促进了统一的汉语书面语的形成，对中华民族共同体的形成、国家的统一和政权的巩固，都起到了非常重要的作用。可以设想一下，如果没有汉字，中华五千年文明可能就没法延续下来，我们也就无法成为世界上最长寿的国家。举一个最简单的例子，你让一个黑龙江人和一个广东人交流，如果他俩都不识字，就可能完全没法交流，因为一个使用东北方言，另一个使用粤方言。但是我们有了汉字以后，不但能让黑龙江人和广东人交流，甚至可以让中国人和用汉字作为文字的外国人进行交流（笔谈）。尽管这些外国人的语言说出来我们听不懂，但由于他们也（曾经或仍然）使用汉字来记录他们的语言，写出来就能知道个大概。

从上面的例子可以看出，"书同文"政策是由"人"发动的，具体来说就是秦始皇及其下属。因此，这里不可忽视的一点就是，"人"驱动了政策的实施，即汉字的统一。如果秦始皇没有统一文字，那么我们的历史可能就是另外一种历史。"书同文"政策是典型的语言规划活动，充分体现出人的有意识驱动在其中发挥的重要作用，而这也正是语言规划的本质所在。

（二）希伯来语的复兴

如果说"书同文"政策主要体现在文字层面，那么接下来希伯来语的例子则更多的是关注了语言（口语）层面。大家可能都知道，希伯来语是古代犹太民族说的一种语言，后来也成为犹太教和基督教的宗教语言。

根据《圣经·旧约》的记载，犹太人"出埃及"之后，自此流落在世界各地。但他们的语言——希伯来语仍然存在，主要用于宗教领域，比如《圣经》的《旧约》就是用希伯来语撰写的。这些分散在世界各地（大部分在欧洲）的犹太人，他们自己得有个日常交流的语言，这种语言叫作意第绪语（Yiddish），是在德语基础上发展形成的，但采用的是希伯来字母。对于犹太人来说：一般至少要掌握三种语言：第一是希伯来语，因为这是他们的宗教语言；第二是所在国的语言，要不没法生活；第三是犹太人自己的一种现代语言，在德语基础上发展出来的意第绪语。

人是一种很奇怪的动物，总有一些人心怀理想或者有一定的目标，比如大家肯定也都有不同的理想，有的人的理想坚持得可能久些，有的人的理想也许慢慢就被遗忘了，犹太人也不例外。在过去的几千年里，陆陆续续有犹太人回到《旧约》中记载的属于他们的故地，也就是现在以色列的那块地方，尤其是耶路撒冷周围的地区。但是其他民族已经在这里长期居住了，所以犹太人回去后仍然面临着生存问题。第二次世界大战以后，联合国开会讨论了这一问题，决定在巴勒斯坦地区分别建立一个犹太国家和一个阿拉伯国家，现代意义上的以色列就这样诞生了。随着以色列的建国，他们在语言方面也面临着一个问题，就是到底选择使用哪一种语言。从实用的角度，需要一种共同的交际语，从国家认同的角度，也需要一种具有象征意义的语言。于是，古希伯来语的现代化便提上了议事日程。

事实上，从 19 世纪开始，希伯来语的复兴就一直与犹太民族的复国主义运动（Zionism）相伴。当时，犹太人大多都是从欧洲迁徙过来的，受欧洲"一个民族，一方领土，一种语言"的理念影响比较大。因此，与犹太民族拥有历史渊源的希伯来语，就被选为代表犹太民族身份认同的唯一语言，并且开始从一种几乎濒于死亡的宗教语言逐渐复兴起来。希伯来语的复活，使这种古老的语言焕发了生命的活力。在这个过程中，需要许多人的努力，语言学家起到了重要作用，代表性人物是艾利泽·本-耶胡达（Eliezer Ben-Yehuda），他曾说："只要我们能回到自己的故土，建立自己的国家，希伯来语就得复活。"其子本–锡安·本–耶胡达，是第一位以现代希伯来语为母语的犹太人。本–锡安也是希伯来语拉丁化的倡导者。希伯来语的复活是语言规划历史上最重要的成就之一，尽管严格说来，更贴切的词是"重构"而非"复活"。诸葛曼认为，现代希伯来语是一个"具有喜鹊特征的凤凰与杜鹃杂交的物种"[①]。换言之，这是一种含有众多人工参与成分的混合语言或人造语言。

总的来说，希伯来语复活了，成为以色列人日常交流使用的语言，这是一种典型的语言规划活动。比较希伯来语的复兴和秦朝的"书同文"政策可以发现，人的有意识参与在语言规划过程中是必不可少的。正是在发挥人的主观能动性的基础上，前者把一个几千年都没人说的语言复活了，后者的汉字统一影响到中华民族数千年的发展。这两个案例还有一个共同点，针对的都是自然语言或者叫作民族语言，也都有一定的民族文化、历史积淀。

（三）世界语的创制

接下来再来看世界语（Esperanto），这是一个很有意思的例子。为什么呢？19 世纪中叶以后，随着工业革命的开始，欧洲各国的人们彼此之间的交往更多了，就体会到需要一个共同的语言。当时自然形成的共同语言是法语，但会说法语的人大都是一些所谓的贵族。这时候就有一些人意识到一个问题，自然形成的共同语言是非常难学习的，特别是对于文化不高、学外语天赋一般的人来说更是如此。但是普通人也有和外国人交流的需要，因此还是需要一种更简单易学易用的共同语言。

---

① Zuckermann, G. (2020). *Revivalistics: From the Genesis of Israeli to Language Reclamation in Australia and Beyond.* Oxford: Oxford University Press.

这时有一个人，叫柴门霍夫（拉扎鲁·路德维克·柴门霍夫，La-zar Ludwik Zamenhof），住在沙皇俄国所属波兰的比亚列斯托克，那里有好多民族的人经常打架、吵架。柴门霍夫认为，这是因为他们说的是不同的语言，如果他们说同一种语言，那就会好很多，可能就不打架了。从今天看来好像并不是这样——我们知道，很多亲兄弟、亲姐妹也打架，而他们不仅说同一种语言，还有同样的父母。所以，这只是柴门霍夫的一种善良的愿望。为此，他就开始想是不是能够创造一种语言，让大家都说这种语言，就像兄弟一样交流，而这种语言又必须是容易掌握的。尽管世界语是基于这样一种愿望创造的，但语言的创制不只是出于人类之间和平相处的愿望；实际上还有很多其他原因，比如说数学家、逻辑学家、哲学家等，他们历来就认为人类语言歧义太多、不精确，需要改进。据记载，最早从公元二世纪开始，人类在历史上出于各种目的发明的语言就有 1000 多种。

柴门霍夫在创制、设计世界语的时候，有一些比较有趣的事情。1887 年 7 月 26 日，标题为《国际语》的第一本有关世界语的书诞生了，书是用俄语写的，作者叫 Esperanto（希望者）博士。今天人们习惯把这本书称为《第一书》，这本书不厚，只有 40 多页。我常说，所有研究语言学的人对此都应该感到好奇。100 多年前的《第一书》只有 40 页，但今天全世界至少有几十万人在使用世界语。这个现象是人类历史上最大的语言学实验，从中能够看出很多东西，尤其是从人类有意识影响语言的角度而言。事实上，世界语的创制也是典型的语言规划活动，其规模之大、程度之深都已经超过很多其他一般的规划案例，这是人类有意识地对语言从无到有进行的创造和规划。

关于柴门霍夫创制世界语的动机，今天一般认为是解决人类跨语交际问题。但人不是生活在真空中，因此，要将这个问题放到更广泛的社会时空中看。柴氏是与刚才提到的本-耶胡达生活在同时代的沙皇俄国的犹太人，其创立世界语的初衷可能也与犹太人当时的生存环境和面对的问题密切相关。按照昆泽里（Andreas Künzli）的研究[1]，柴氏创造语言的思想发展可归纳为以下三个阶段：（1）一种面向犹太人的中立语言；（2）解决一个国家内部民族问题的中立语言；（3）面向整个人类的一种中立语言。按照这个路径，我们也就不难理解为什么柴门霍夫会在1879年写过可能是历史上首部意第绪语的语法，并提出了意第绪语采用拉丁字母的方案。再插一句，本–锡安·本–耶胡达是世界语的支持者。

当然，语言是社会的产物，一个人只能发起语言方案，而不能创造一种活的语言。比如，《第一书》刚出来的时候，全世界没有一个人懂世界语，那么，谁会讲这个语言？谁会学这个语言呢？这里面包含我们语言规划课程里非常关键的一些问题。这些问题，我们会在后面细说。

（四）拉丁语的传播

另外一个比较熟悉的语言规划案例就是拉丁语的传播，更准确地说应该是隐性传播，因为拉丁语随着罗马帝国的扩张被带到征服区域，但并没有类似的硬性法律条款规定在这些征服区域必须使用拉丁语。约翰·赫斯特认为，尽管古罗马本身并没有一套明确的语言政策，但在其统治三四百年之后，"各种地方语言一概消失，这对罗马帝国不啻是一种礼赞。"[2] 这说明在有意识影响他人语言行为方面，很多时候，隐性的实际做法要比明确的书面政策可能更有效。

尽管没有明确的不利于其他语言的政策，但毫无疑问的是，如果

---

[1] Künzli, A. (2010). *L. L. Zamenhof (1859–1917): Esperanto, Hillelismus (Homaranismus) und die "jüdische Frage" in Ost-und Westeuropa*. Wiesbaden: Harrassowitz Verlag.

[2] 约翰·赫斯特：《极简欧洲史》，席玉苹译，广西师范大学出版社，2011。

古罗马帝国没有扩张，没有四处征服，拉丁语也不会大范围地传播，其他语言也不会消失得如此之快。当时，学一点占领者的语言，可能会生活得好一点，这是不难理解的。历史同样证明，任何帝国似乎都不可能维系得很长久，但当一个帝国衰落的时候，它之前建立或推行的语言，还会被惯性使用。也就是说，我们在学习语言的时候有惯性，不管是自然语言，即人说的语言，还是计算机程序语言，都有这样的问题。比如说，当一个人学会一种可用于国际交流的语言，他一般就不会再去学第二种了，这是人类的一种基本现象，与我们这个课讲的内容有关。再回到拉丁语，尽管罗马帝国不行了，拉丁语却仍有很多人在使用。

后来随着基督教的兴起，拉丁语成为各种宗教仪式上唯一使用的语言。注意，《圣经》本身不是拉丁语的，《旧约》是希伯来语，《新约》是希腊语。但这两种语言的使用范围比较有限，很少有人能看懂用希伯来语或希腊语写的东西。此外，由于之前罗马帝国的扩张，欧洲更多地方的人都懂拉丁语。当然我们说的"更多"其实也没有多少，因为那时的大多数人是不识字的。而对于书面语，首先要识字。这里就要说一下印刷术，在它出现之前，书很少，会读书的人也很少，认字的人也不多，这是全世界的一个普遍现象。印刷术出现后，书很快就能印刷出来了，老百姓也能得到，但是他们看不懂，这就要求要用民众日常讲的语言来印书。总之，印刷术在人类历史上对于推进语言文字发展和知识传承是非常重要的。随着科学的发展，人们也有了采用学术共同语进行交流的需要，慢慢有一批科学家开始使用拉丁语，尤其是16—18世纪重要的经典文献几乎全是拉丁语写成的。换言之，罗马帝国没有了，但他们的语言成了一段时期内人类的共同语。说起共同语，很多人会联想到巴别塔的故事。

拉丁语的出现似乎让人类又有了一个共同语。不是挺好的吗？逻辑上是这样的。但这里又有问题，学过拉丁语的人都知道，拉丁语不是一般人能学会的。因为拉丁语很复杂，尤其是词的形态变化很复杂。它和词在句子中的功能有关系，不同的句子成分和功能要求一个词有不同的形式变化。到现在为止，拉丁语还是人类语言中语序最灵活的语言之一。这意味着什么呢？语序灵活意味着从理论上说，词在句子中没有固定的位置，它所担当的句法功能可以从其变化形式上观察出来。所以，学习拉丁语是很困难的一件事情。这说明一种语言的复杂度对其更广泛的使用可能还是有影响的，尽管一种语言是否能成为一种国际性语言的根本原因不在于语言本身的复杂程度。关于这个问题，我们后面有机会再说。

罗马帝国消亡以后，拉丁语在欧洲仍然延续了上千年。现在我们提到拉丁语的时候，总觉得它已经是个"死语言"。但是，许多高校仍然开设了拉丁语课程，因为研究一些古典文献仍需要拉丁语。不过从语言演化的角度看，要定义一种语言的"死活"其实并不容易。因为语言是不断演化的，你怎么说它死与不死？换言之，我们很难判定一个语言是死的或者是活的，它可能只是从一种形式演变成了另外一种形式。这也涉及语言演化中的一个重要问题，一个有过如此之大影响的语言是很难从人类社会完全消失的。例如，拉丁语演化成了现代的罗曼语族语言（如法语、西班牙语、意大利语、罗马尼亚语、加泰罗尼亚语等）。这几种语言原则上都是由拉丁语演变而来的，在演变的过程中，其中有一个大的特点是词的形态变化越来越少，语序在确定一个词的句法功能时越来越重要。

从这个意义上看，拉丁语实际上从来就没有"死"。当一个语言的影响足够大的时候，让它彻底消亡是很难的。"足够大"，不仅是指讲的人足够多（讲的人当然越多越好，这是毫无疑问的），而是说这些人应该分布得更广一点。比如有500万人讲一种语言，按理说它不可能消亡；但是，若这 500 万人聚集在一个城市，而这个城市恰巧又遭遇到很严重的自然灾害，这种语言可能就消亡了。而如果这 500 万人分散在世界各地，这种语言就很难消亡。因此，一种语言一旦变成国际性、世界性的语言，它就很难彻底消亡。这也是拉丁语的传播作为一种语言规划活动，带给我们的一项重要启示。

（五）发展中国家的语言问题

最后，我们再来简单讲一讲发展中国家的语言选择问题，这实际上也是现代意义的语言规划学科兴起的根源。第二次世界大战以后，亚非拉很多前殖民地的国家纷纷独立，独立后就有一个迫在眉睫的问题——语言。大家在一起开会用什么语言？世界上单语国家很少，也就是只讲一种语言的国家很少。如果一个国家有很多种语言，国家层面开会时要用什么语言？当然最好的办法就是用原来的语言，比如说原来是法国的殖民地就用法语，是英国的殖民地就用英语。但这样的话，这些国家总感觉自己没有独立，这是一个现实问题。那么到底要选择什么样的语言作为国家的官方语言和国家机构的工作语言呢？这是要经过综合考虑、认真选择的。例如，一个国家在独立后有 50 种语言，但开会总不能 50 种语言都用吧？当然，从这么多种语言中进行选择也不简单，有时候不仅仅是单纯的语言学问题，可能更多地会涉及政治、经济和文化等多重因素。因此，对这些发展中国家或者新兴独立国家语言选择问题的关注，逐步孕育了一门以解决语言问题为导向的语言学分支学科——语言规划。

（六）小结

上面几个案例是比较典型的语言规划活动，在国内外的相关教材和论著中也时常被提及。仔细观察这几个案例后，可以发现它们存在

点是不一样的，那起点是怎么来的？无论谁设置的起点，既然今天我们没有办法查，那就不要太在意，这是一个原则。但是起点不一样，语言演化的路径也可能不一样。本着这个思路和方向，我们至少做过十多项研究了，发现有两种趋势：形态丰富的、复杂度超出日常所需的语言的形态在慢慢地简化；而没有形态变化的语言，为了满足表达现代社会复杂思想的需要，在结构上会慢慢变得复杂。这两种趋势，至少在形态复杂度和语序灵活度之间达到了一个平衡点。比如，英语和汉语从两个不同的起点开始，但现在在结构上越来越像。

但有两种人类语言的起源是有据可查的。一是社会化了的人造语言，就像上面提到的世界语，在1887年7月26日以前，世界上是没有一种叫作"世界语"的语言的。二就是皮钦语，比如有一堆人坐船到太平洋的一个岛上，岛上人说的话这些人不懂，这些人说的话岛民也不懂。但是他们之间要做买卖、要交往，那么这个时候就慢慢地会产生一种语言——为了完成贸易买卖而形成的语言，就是皮钦语。皮钦语直接影响到商人在船上或者岛上能否做成买卖，所以它对商品交易也会产生影响。这可能也是为什么研究语言规划的伊斯曼，认为经济学家要了解皮钦语形成中贸易或商品交易的过程。

皮钦语对语言研究之所以重要，是因为它是在自然状态下产生的可追寻源头的人类语言。皮钦语在中国研究的人很少，很多语言学家觉得这些都是不入流的东西，认为包括人造语言、计划语言这一类研究，都是不入流的。但这些不入流的研究有可能揭示一些重要的东西，特别是有关语言起源的问题，也与语言规划存在一定的关联。

当然，我们说语言规划与语言起源有关联，其实最主要的还是想说明二者之间存在共性，即本质上都是在研究语言演化的问题，只是观察的视角不同。研究语言起源的，更多的可能是关注语言的自发演变，不会特意强调人的有意识作用对语言发展所起的作用。但语言规划却恰恰相反，就是要探究语言是如何在人的影响或者干预下不断演化的过程。从这个意义上说，语言规划研究和语言起源研究具有互补性，这也是不少语言规划领域的专家重视语言起源研究的原因所在。

第四节　语言规划的基本属性——问题驱动

除了上面提到的内容，伊斯曼还列举了语言规划研究对其他相关领域的意义和价值所在，比如：人类学家需要了解怎么来标准化语言、创制实用的书写和拼写体系、记录口头传说；语言学家需要知道如何规划语言变化；第二语言教师需要了解如何安排课程才能达到所要的效果。从这些描述中不难看出，语言规划本身是一个致力于解决问题的领域。下面我们来简单说说这个事情。

（一）伊斯曼提出的研究问题

通过伊斯曼这本《语言规划导论》，我们可以明显感觉到语言规划是一个多学科、跨学科的领域。伊斯曼在书里提到的几个问题，也充分表明语言规划是一个问题导向的学科。

一是希伯来语的正字法问题。我们知道希伯来语现在是以色列的语言，但它叫现代希伯来语。在早期犹太人分散在世界各地的时候，他们的宗教语言还是希伯来语，旧约《圣经》就是用希伯来语。后来犹太人从世界各地回到原来的土地上，形成了一个新的国家，他们的语言也需要统一，要不没法交流。于是他们又把希伯来语复活了，那个时候希伯来语实际上在日常生活中已经不使用了。这就是前面提到的希伯来语复活的案例。希伯来语复活后在正字法方面也存在问题，也就是采用什么样的拼写法问题，究竟是采用古代的还是现代的呢？

二是为什么东非很多国家选择了斯瓦希里语作为官方语言。非洲大部分地区是法国的殖民地,法语是通行的语言。那么,在非洲本土也有多种语言的情况下,选择什么样的语言作为官方语言呢?

三是在爱尔兰构建爱尔兰语和英语的双语环境计划。爱尔兰人想保留自己的文化,想让自己的孩子学爱尔兰语,不学英语。但是只学了爱尔兰语出去找不到工作,学英语又会让他们觉得自己的语言要消亡,这本身就是个矛盾。

四是为多语的印度选择一种国语。印度有很多种语言,如何为它选择一种国语?印度原来是英国殖民地,英国走后,印度选不出一种合适的官方语言,然后选了十几种,十几种又等于是没有,于是英语又成了事实上的国语。

事实上,语言规划在第二次世界大战后得到了快速发展,推动发展的根本动力就是摆在人类面前的现实问题。这些问题大多都是国家层面的问题,需要一些切实可行的解决方法,这也使语言规划成为一个令人神往的应用社会语言学领域。

语言规划本身是问题驱动的。而问题驱动的研究,在语言学里一般可以把它归为应用语言学的领域。这样看来,语言规划也算是应用语言学的一个分支。豪根(Einar Haugen)[①]认为"规划"是一种人类活动,它源于为问题寻找解决方案的需要;因此,有语言问题的地方才有规划。也就是说,对于语言有关的某些现状,有不满意的地方,才需要规划它。问题和规划在早期,至少在 20 世纪 60 年代的时候,是联系在一起的,现在也有联系,但是"问题"会发生变化,60 年代的问题和今天的问题有可能不一样。

针对问题,我们要尽可能找到一个最优的解决办法,它是面向社

---

① Haugen, E. (1966). Linguistics and language planning. In W. Bright (Ed.), *Sociolinguistics: Proceedings of the UCLA Sociolinguistics Conference* (pp. 50–71). The Hague: Mouton.

会变化、面向未来的。这是因为过去的就过去了，没法改变，站在过去的角度看现在的方法极有可能行不通。那么就要找一个办法，使得从未来角度上看效果最优，因此规划是一种面向未来的解决办法。我们仔细来想一下，这里面有一个问题，就是怎么评估一个解决语言问题的方案是否可行呢？如何评价一个方法是否是"最优"呢？其实早期的研究者对这些问题已经有过不少思考，我们拍脑袋能够想到的东西，这些学者也早都想到了。我们现在不妨换一种方式来进行思考：你说不行，怎么就不行了呢？你说好，怎么就好了？这时，我们需要采用科学的方法去研究这些问题，而这可能是当前语言规划领域亟须突破的瓶颈。

（二）李圣托提出的研究问题

李圣托（Thomas Ricento）在《语言政策导论》中提出了与语言规划有关的另外几个问题。第一，标准语比方言更好吗？这是一个现实的问题。我们之前说语言规划是来解决问题的，这个根本宗旨不会变，但问题是会变的。因为人所处的社会在不同时期的需求不一样，社会变化了，人遇到的问题就不一样了。当然李圣托在 2006 年提出的问题到现在差不多又过了十多年了，我们今天当然又有一些新的问题。

第二，为什么一些移民无论经历了几代人都能保留他们的语言？比如迁移到美国的德国人或者挪威人，他们迁到美国好几代了还在说德语或挪威语，还在说他们自己的语言。但为什么还有一些移民在一代或者两代就不说原来的语言了呢？这是什么原因呢？是社会的、政治的、经济的还是什么其他的原因呢？还有些尚未移民的人就已经不打算教自己的孩子好好说自己的语言了，比如双语幼儿园、外语幼儿园、国际学校，这些人还没有移民，就做好不说自己语言的准备了，这又是为什么呢？

第三，英语的全球化会不会让其他发展中国家的原住民语言或者小语种边缘化，乃至消失呢？如果会的话，这是个好事情还是坏事情？这些问题当然是社会关切的问题。语言规划为什么能够引起人们的兴趣和关注，大家觉得比研究"把"字句更有意思、对社会更有用，可能是因为语言规划触及一些本质的东西，人是社会人，人又是语言人，那么，涉及社会和语言交织在一起的问题，以及对于问题的解决和探索，可能会使大家觉得更有意思，或者说对社会发展更有帮助，因此大家觉得是有用的。

（三）斯特肯堡提出的研究问题

有一个叫作国际语言学家联合会的组织，他们每隔一些年会总结某个时期语言学所面临的问题。在2004年出版的书中，斯特肯堡（Piet van Sterkenburg）提出了新世纪以后语言学面临的问题以及要关注的一些内容[①]。一是语言的类型。我们知道任何学术研究或科学研究首先要解决分类问题。语言学家研究的是语言，不仅要解决分类问题还要解决各类别之间的关系问题。二是濒危语言，即说某一种语言的人越来越少了。现在有7000多种语言，每天都在减少，最终剩下的语言数量会很少。那么为什么会减少？能不能阻止这种趋势？这是语言学家今天面临的问题。三是方法和语言学的问题。语言学家应当与时俱进，除了传统的一些方法之外，还要研究新的方法。生活在这个时代，大家都在用新的方法，语言学家也应当研究新的方法。第四是语言和心智，也就是语言和认知的关系。这个很重要，也就是说语言这个能力肯定是和人脑有关系的。到底是什么关系？我们需要研究它。

具体而言，新时代大家关注的语言问题包括语言规划、濒危语

[①] van Sterkenburg, P. (Ed.) (2004). *Linguistics Today—Facing a Greater Challenge*. Amsterdam/Philadelphia: John Benjamins Publishing Company.

言、克里奥尔语（用于研究语言的起源），这些都与语言规划密切相关。除此之外，还有计算语言学——在今天我们这个时代，很多东西都是由计算机的出现带来的，不管好坏，不管是否愿意，都是这样。另外，还有语言的共性和类型学，这是语言学的本质，因为很多科学研究都是为了分类。这里前三点在中国很少有人研究，尤其是克里奥尔语，在中国基本上没有多少研究，因此我们还有很多研究的空间。最后，就是句法问题，为什么句法重要呢？因为句子是人类语言最显见的一个结构层面，词有限，语法规则有限，但是句子是无限的。句法最能展示语言是有限手段的无限运用。

这里我还想提一个人，戴维·克里斯特尔（David Crystal），他也有过类似的观点。克里斯特尔是个著名的语言学家，后来辞掉教职，成了一名自由撰稿人，以撰写偏科普类的语言学书籍为生。他是英国的皇家学院院士，写过一本书叫《语言革命》[1]，书中认为有三件事是今天的语言学家所必须面对的语言现象。这三件事是如此的重要，如此地史无前例，甚至催生了语言革命：一是英语的全球化，二是濒危语言，三是互联网引起的语言变革。总之，不管愿意不愿意，英语确实全球化了；不管愿意不愿意，语言确实越来越少了；不管愿意不愿意，互联网成了现代人生活中不可分割的一部分了。我们现在要思考一个问题：这三件事，我们自己能够参与多少呢？

（四）关于问题驱动的思考

从上面的回顾可以看出，语言规划的基本属性就是问题驱动。但在一些不太发达的国家和地区，研究语言学的人被认为是闲的、没有事干的人。因为在这些国家和地区，首先要解决温饱问题，与其他更

---

[1]　Crystal, D. (2004). *The Language Revolution*. Cambridge: Polity Press.

在规划语言的社会功能。注意，语言的社会功能有的时候是自然发展的，但在今天的很多情况下是人为干预的结果，至少在某一个发展阶段存在人为干预的行为或者活动。比如为了使一种语言成为国家共同语，成为区域共同语，会人为地做些有利于这种语言的事情，其中最重要的就是通过教育机构的推广来实现。如果所有的教材都采用某种语言，那么大概率就会有越来越多的人学习这种语言。

此外，当在某一个领域里存在一种共同语的时候，想让另外一种语言变成共同语是很困难的。比如大家都在用 A 语言作为国家共同语，现在你想把一个地区性语言 B 提升到 A 的地位，这不是想变就能变、说变就能变的。当年，柴门霍夫在关于世界语的《第一书》封面上的一句话，能够很好地说明这个问题：想让一种语言成为国际语，不是叫它"国际语"就可以的。

当我们深入思考这些现象时，只要稍微有一点点逻辑，就会发现不少事情是很难办到的。这说明，语言的事情不能操之过急。但是，排列顺序靠前的 5 类语言在很多地方是可以进行调整的，尤其在一个区域或一个国家内。这也就意味着，在一个国家内部或者一个区域内部，调整语言的社会地位（功能）在某种程度上是可能的。与之相反的是，超越国家层面的语言规划往往比较困难。但总体来看，语言的发展和演化本身存在一定的规律性，因此规划行为最好要顺势而为，这里的"势"其实也就是语言的规律性。对语言学家来说，如果语言规划是对语言的功能或者语言的社会地位做出的相应调整，那么哪些可以调整、哪些不能调整、如何进行调整等，这些都是需要时常思考的问题。有些东西，是可以改变而且能够改变的，比如针对国家的具体国情，提出增加或者减少某种语言的教学时数的建议。语言学家应当在了解语言演化规律的条件下，结合社会与国家的发展目标与实施条件，科学制定语言规划和政策。当然，为更好地了解语言规划的本质，我们首先梳理下在过去的六十多年中，国内外学界对语言规划所下的各种定义，通过定义的变迁来厘清语言规划领域发展的大致脉络。

第三节　语言规划的定义变迁

语言规划是人类有意识改变语言的结构与社会功能的活动。根据此前的考察，术语"语言规划"（language planning）大概在 20 世纪 40 年代才出现，但这种活动却早已有之。从人类知识领域来讲，计划语言或者人造语言的历史更悠久，我们研究的与语言规划相关的很多问题，其实计划语言都经历过。计划语言的问题比较重要，后面会有章节单独讨论，这里先分析语言规划的定义问题。如果我们把已有的定义拿出来看一遍，可能就会发现在不同的年代里，人们对于语言规划的一些看法，实际上就是一个学科发展的历史。

1959 年，豪根将"语言规划"定义为："一种准备规范的正字法、语法和词典的活动，旨在指导非同质言语社区中的书面和口头语言应用"[1]。这里所说的"非同质言语社区"，就是指遇到语言问题的地方。语言规划旨在解决语言问题，并不意味着这门学科就不会发展。问题在变化，学科相应地也会发生变化。后来，豪根对之前的定义又做了补充："现在我宁愿将其视为语言规划的一个结果，它是实现语言规划工作者所做决策的一部分。语言规划的核心是'用选择的方式，对现有的语言形式进行判断的活动。'简言之，可将语言规划定义为对语言变化的评价。"注意，这一句话很重要，我们往往习惯按他 50 年代的定义来说事，但在 1966 年的时候，豪根对语言规划已经有了新的认

---

[1] 除非特别说明，本节有关术语的文献均引自刘海涛：《语言规划和语言政策——从定义变迁看学科发展》。

识，随之在定义上也做出了改变，这也反映了豪根从一个应用语言学学者到有理论素养的语言学家的变化过程。

注意上述定义中提到的两个词，"评价"和"判断"，但拿什么来评价和判断呢？这就是我们常说的，要解决问题，说一种方案不好，应该给出充分的理由。实际上从学科发展的角度看，我们也需要思考如何才能评价好与不好的问题。基于语言规划是社会规划的一部分的观点，豪根后来又提出了一个更具一般意义的语言规划定义："为一个言语社区，建立目标、政策和过程的活动"。由此可以看出，豪根的这三个定义是对"语言规划"领域的理解和认识逐步深入的结果。

当然，语言的问题，不是一个人就能搞定的。语言演化的最大驱动力来自语言的使用者。使用者除了有源自生理和心理的共性，虽然有共性，但也有明显的差别，政治、经济、历史、文化、社会发展的不同阶段对语言都会产生影响。正是由于这些语言之外的因素对语言的作用，人类语言才会演化出丰富多彩的样貌。现代术语学的奠基人维斯特说，语言使用者是语言演化的立法者。而使用者本身又生活在不同的时代、不同的环境，自然环境或社会环境等都有不一样的地方，这也会反映到他的语言中，这种不一样就表现为"语言多样性"。

语言就是在交流中，在与其他人的互动过程中演变的，这是一种最常见的语言演化路径。但是在人类社会发展的某些阶段，人们发现需要人的参与来加快语言的演进。所谓人的参与，更确切地讲是人类有意识对语言采取的干预活动。对此，陶里在《语言规划的导论》一书中做了如下定义：语言规划是调节和改善现有语言，或者创造新的区域性、全国性和国际性语言的活动。语言规划理论是系统研究语言规划的目标、原则、方法和策略的学科。按照这个定义，语言规划差不多成了国际语创制的学科。陶里的说法把语言规划和国际语紧密联系在一起，但这种联系的意义在哪儿呢？很多时候，我们要从更深层次去理解一个学科，才会发现学科的价值以及本质问题。

第二次世界大战以后以及90年代苏联解体，是人类历史上诞生大量国家的两个阶段。现在，我们可能很难再见到数量如此之多的国家取得独立的场景了，这也意味着我们几乎没有机会参与国家语言的制定和创制了。但是今天人类在语言方面出现一个新问题，即对国家以上层面语言规划行为的需求更为迫切。过去，传统意义的语言规划活动大多就是在一国之内发布命令、开展活动。但在全世界范围内，究竟由谁来发布这个命令呢？国际合作必然会面临语言的选择问题，也必然会涉及语言规划。比如说为了服务当前的"一带一路"倡议，我们只是被动地增设非通用语种课程，但那可能并非解决问题的本质之道。

试想一下，"一带一路"沿线有60多个国家，至少有100种以上的语言，是不是需要在我们的大学开设所有语种的课程呢？这是当前我国的语言规划学者亟须考虑的现实问题。但不管答案是肯定或者否定的，我们都不能忽视在跨国交流中需要共同语的问题，当然，这也不是一个新问题，其实从19世纪末的柴门霍夫时代开始（甚至更早），国际语语言学就在研究跨语言交际的问题以及相应的解决方法。对此，过去语言规划的研究者和宏观社会语言学的研究者可能不太关注，所以相应的文献中也鲜少提及前人的这些研究成果，上文提到的陶里是一个例外。

除了注意到语言规划和国际语的关系问题，陶里还认为语言规划涉及语言的口头和书面形式的各个层面：语音、词法、句法、词汇和正字法。事实上，对自然语言的大部分规划活动，都是围绕其中的某个或某些层面展开的。如果考虑到前面提到过的自然语言和计划语言（人造语言）的区别，我们可以根据语言中人造性成分的多少（或者干预程度），把它们归并到一个含有人造成分的连续统上，这样陶里提出的语言规划原则也可以运用到人造语言的研究中。从这个意义上看，语言规划又成为一个纽带，将自然语言和人造语言紧密联系在一起，唯一的区别可能就在于干预程度的大小。

据说，自然语言中受到人为干预影响最少的是冰岛语。这点不难理解，因为冰岛的地理位置比较特殊，远离欧洲大陆，处在一个相对封闭的环境中。不怎么与外界打交道，受外界的影响就比较少。但随着世界经济、科技的发展，冰岛不可能永远处于孤立状态，冰岛语也需要一定的人为干预，继而会出现相应的语言规划活动。比如，如何处理新词语问题。除了冰岛语，自然语言的语言规划里还有大量的案例，其中有规划失败的，也有规划成功的。但总体来看，由于自然语言里的材料太多，有时候也不太好收集或者无法收集，因此我比较推崇从计划语言的角度来研究语言的人造成分问题，一是有很多内容和记录都是可以追踪的，二是规模更可控。

语言的人造性其实也暗含着语言规划的另外一个特征——有意识性。这里，我想提一下鲁宾（Joan Rubin）和颜诺（Björn H. Jernudd）在1971年编著的一本论文集，名字叫作《语言是可以被规划的吗？》。鲁宾和颜诺在前言里对语言规划也下了一个定义，他们认为语言规划是有意识的语言改变，对语言系统本身或者语言应用或者对两者的改变。这个定义毫无疑问说明语言规划是有意识的。不仅如此，语言规划活动应当由专门为此目的而建立或得到授权的机构来进行，这是比较传统的"自上而下"的模式。他们还提出，语言规划的主要任务是解决问题，特点是通过制定和评价各种解决语言问题的方法，以寻求最好（或最优、最有效）的决策方案。这里有一句说得特别好，就是我们一再强调的"制定和评价各种解决语言问题的方法"。现在又回到这个老问题，怎么来进行评价？

实事求是地说，语言的事情很难去做评价。鲁宾和颜诺给出的办法，就是寻求最好或者最优、最有效的决策。你看他们连用几个"最"，现在我们国家的广告法都不允许用这个词。我觉得不允许是有道理的，因为世界上原本就没有"最好"，只有"更好"。但不管是最好还是更好，你总得要找到一些方法来评价它。一旦涉及对语言规划做出科学的评价，似乎就不是一件那么容易的事情，这或许也是相关研究比较稀少的重要原因。这里，我想从语言学角度提一个评价标准，那就是符不符合语言发展的规律。如果你的规划内容不符合语言本身的规律——这些规律包括语言本身的结构规律，也包括外部条件影响下语言演化的一些因素——那大概率最终是要失败的，反之亦然。

从豪根到陶里再到鲁宾和颜诺，这都是一些经典文献里面提到的语言规划定义，后来不断有学者在此基础上进行过补充、完善。这里我想说明，讨论经典文献的目的是想通过这样的过程，考察语言规划学科在过去的几十年有没有什么发展和变化，下面继续我们的定义之旅。

托尔布恩（Thomas Thorburn）提出，如果人们试图通过各种语言知识来改变一组人的语言行为时，就有了语言规划。但这里需要注意的是，一个人改变自己的语言行为不叫规划，改变别人语言行为的时候才是语言规划。

颜诺和达斯古普塔（Jyotirindra Das Gupta）认为，语言规划不是一种理想主义、完全属于语言学的活动，而是一种为了解决社会语言问题的政治和管理活动。但我们知道，政治和管理涉及的一些因素，有的时候可能不是语言本身所能解决的。还记得柴门霍夫在《第一书》的扉页上写的那句话吗？想让一种语言成为国际语，不是叫它"国际语"就行的。语言规划是为了解决社会问题的政治和管理活动，但并不意味学管理、学政治的人就可以直接做语言规划了。如果你不了解管理的对象以及需要，你怎么管理、怎么规划？一般而言，你对语言的本质不了解，是没有办法去管理的。只有观察一些实际的语言交际行为，这样你才能设身处地，才能制定出切实可行的政策。

根据颜诺他们的定义，我们可以看出在很早之前，就有人意识到语言规划不是完全属于语言学的活动。这几年一直有学者说，语言是关系到国计民生或者国家安全的重要战略资源。也有不少人认为，国家语言安全问题源于美国。据说，"9·11"事件以后，人们发现恐怖分子当时商量搞破坏时，实际上是被监听到了，但是没人懂。因此，有人朴素地认为如果当时听懂了他们说的话，或许"9·11"的惨剧就不会发生了。就这样，美国定出来几个所谓的战略关键语言，也就是有可能影响美国国家安全的语言，并且提倡强化这些语言的学习。不过在我看来，我们国家早就有语言安全的意识。比如，在清朝的时候，外国人来中国，清政府是不让他们学汉语的，也不允许中国人教他们汉语。这么做的目的之一就是为了国家安全，以免他们能听懂我们商量的事情。从这个角度看，国家语言安全战略的思想其实最早可能源自我国。

戈尔曼（Thomas P. Gorman）提出，术语"语言规划"最适于用来说明这样一系列有组织的活动，即对语言的正字法、语法、词汇以及语义方面进行选择、规范和加工。同样地，我们也要思考，你说要进行选择，但根据什么来选择呢？如果你是建立在评估基础上的选择，那又根据什么来评估呢？你要改变，你怎么改变呢？在弄清楚这些问题之前，你肯定是改变不好的。

达斯古普塔又认为，"语言规划"是指一组有意识的活动，这些经过系统设计的活动在一定的时间里组织和发展了社区的语言资源。这个定义里面有一个新的说法，即"语言资源"，但语言资源究竟是一种什么资源？语言规划可以发展什么样的语言资源？语言资源到底是些什么东西？是不是和石油、矿产等自然资源一样的呢？如果对这些问题没有进行深入研究，同样也做不好规划。

费什曼（Joshua A. Fishman）是语言规划发展史上非常重要的一位学者，他认为术语"语言规划"指的是有组织地寻求对语言问题的解决方法，一般出现在国家一级。语言问题的解决方法是语言规划学科贯穿始终的东西，不能解决问题，也就没有存在的必要。费什曼是重要的社会语言学家，不过他的社会语言学和我们通常所说的社会语言学不太一样。一般的社会语言学是指拉波夫（William Labov）提出的研究范式，比如根据口音来判断社会阶层，探究社会因素对于语言结构和演化的影响，这是一种微观的社会语言学。费什曼的社会语言学实际上是一种宏观的概念，更确切地说是"语言社会学"（sociology of language），即通过研究语言行为来观察社会的发展变化。这样一来，语言社会学不就跑到社会学里了吗？但社会学有自己的一套研究范式，我们主要还是在研究语言问题，所以我们把费什曼的研究叫作"宏观社会语言学"。费什曼和拉波夫不一样，拉波夫的研究是一种定量社会语言学，其中包含许多数据，费什曼更多关注的是社会问题和语言问题交织在一起的研究。

韦恩斯坦（Brian Weinstein）提出"语言规划"是在政府授权下为了解决交际问题进行的长期的、连续的有意识改变语言本体或改变语言社会功能的努力。以前的学者似乎没有特别强调"交际"，但问题导向性在大多数语言规划研究中都有所体现。

上面的几个定义跨越了二十多年，从20世纪50年代末到80年代初，这其中有一个明显的共性，即语言规划这个学科的诞生就是为了解决语言问题，而语言问题往往超越了语言本身，实际上是与语言有关的社会问题。因此，经常会有人说，规划语言就是规划社会。当然，在这二三十年间，也是可以划分出几个阶段重点的：将语言规划视为一种标准化工具的研究（1950年代），一种语言问题及其解决方法的研究（1960 年代），如何管理语言变革及其实践的研究（1970 年代）。

1989 年，库普尔（Robert L. Cooper）出版了其代表作《语言规划与社会变迁》，这是语言规划领域的一部经典著作。他将语言规划定义为"有意识地影响他人的语言行为，包括习得、结构和功能分配等方面"。这里明确了语言规划实际上是影响他人的，不是影响自己的。现在越来越明确了，语言规划就是解决问题的，就是有意识地去改变别人的语言使用。为什么改变别人的呢？因为我们觉得他们这样用不行。为什么他们这样用不行？我们需要评估。我们怎么进行评估呢？正如前面提到的，目前还没有好的办法做评估。严格说来，你要评估一个东西，就必须对这个东西有深入的了解。就语言而言，我们必须要对这个人驱复杂系统的运作规律有科学的了解，而这恰恰是我们所欠缺的。

现在我们再来看一位著名的语言学家，他就是系统功能语法的创始人韩礼德（Michael Halliday）。韩礼德与中国有很深的渊源，他在大学时主修中国语言文学，后来博士论文写的是《〈元朝秘史〉汉译本的语言》。我们中国人都很喜欢用韩礼德的系统功能语法，认为它更贴近于人类语言。韩礼德指出，语言规划是个非常复杂的活动，这当然是对的。他提出语言规划不好研究的原因在于它含有两种完全不同的，而且本质上有冲突的成分：其一是有关"意义"的，这与有关语言学和符号学的所有其他活动是相同的；其二是关于"设计"的。按照索绪尔的观点，自然语言在发展的过程中，许多关系都是固定的，一个人想人为改变语言是不行的，但这显然与语言规划活动存在矛盾。

韩礼德则认为，语言规划意味着在一个自然演化的系统（即语言）中引入设计过程和设计特征。换言之，语言规划就是如何在一个人们认为传统的、自然的东西里加入人造成分。前面提到过，任何语言都有人造的成分，有的多一些，有的少一些，那么我们怎样才能够找到一个平衡点，让语言既能沿着它本身的演化规律发展，又不会由于人为干预而崩溃呢？这也是我经常强调的，自然语言中的人造性问题，才是语言规划的学术意义和价值所在。另外，韩礼德还明确了语言规划活动的重点在制度，而非本体，即规划的重点不是语言的形式，而是语言与其使用者之间的关系。我们认为，尽管这一点与此前的"设计性"有点矛盾，但也可以理解为这里是想强调规划对语言功能的作用。

汤金（Humphrey Tonkin）将"语言规划"定义为一种对语言选择过程进行的有意识干预，旨在影响相关的选择。这比前面的很多定义都进步了一些。汤金是国际世界语界的名人，职业为英国文学与社会语言学教授，曾担任过美国哈特福德大学的校长。

前面多次提到的颜诺是一个瑞典人，他认为语言规划是前瞻性的、有组织的语言管理，一般（但不一定）是由政府授权和资助的公共机关进行的。语言规划可以被看作是一种解决问题的方法。它为寻求最佳决策的人们提供了一个可在未来实现其理想的框架。这里有个有趣的问题，那就是为什么提出语言规划定义的这些人都来自一些小国家，或者说语言经历比较复杂呢？因为，他们的母语大多不是英语，而其自身的语言又没法与外界交流，所以他们能够发现与语言密切相关的问题。比如颜诺，瑞典人，最早在夏威夷大学工作，后来在印度及中国的香港、北京都待过，现在回到了美国。他的阅历丰富，所以有敏锐的观察力，对于语言规划以及语言与社会的关系能坚持问题意识。无论做什么研究，发现问题非常重要。

托勒夫森（James W. Tollefson）写过一本专著，叫作《语言规划，规划不平等》（*Planning Language, Planning Inequality*），也就是说规划语言就是规划不平等。今天大部分语言规划的重点已经不再是编纂标准语的词典或是语法，而是通过规划语言的功能来改变它的地位和

豪斯勒（Peter Mühlhäusler）研究的基础。他在调查了澳洲周边许多岛国的语言后，提出用生态学的观点来研究语言，这点非常重要。人有时候只是空想，比如说语言的演化和发展，如果没有做到可观察、可操作、可以查到资料、可以追踪的时候，人就容易瞎想，靠脑子、聪明才智在想，也就是你的想象力有多丰富，你能够达到的天空就有多高，但是这容易造成发现的规律可能无法反映系统运作真实情况的问题。米尔豪斯勒实地调查了这些岛国语言，提出了"语言生态学"。这本书是真正意义上结合了生态学观点的，不是只把生态当成一种比喻。就好像语言是一个网络，那些研究构式语法、认知语法的人总这么说，但网络只是存在于他们脑子中，没有办法操作，而网络正是因为可以操作才有优势，要不然那些网络科学家整天在瞎忙什么呢？这一本书的副标题是"太平洋地区的语言变化和语言帝国主义"。从语言生态学的角度来讲，这是非常重要的一本书。米尔豪斯勒认为，按照生态学的观点，当我们说语言生态学和生态语言学时，不能只比喻一下，要真正从生态学的角度来分析问题。因此，语言规划已不再是一个流水线的作业过程，而是旨在保持人类交际系统最大多样性的活动。

进入 21 世纪以后，语言规划或者语言政策又出现了一些新的定义。比如，麦卡蒂（Teresa L. McCarty）将"语言政策"描绘成一种复杂的社会文化进程，以及各种有关人类受权利影响而出现的互动、协商和生产模式。在这些进程中，"语言政策"体现在调控语言的各种权力中，即体现在用以界定语言形式和语言使用是否合法的各种规范中，语言政策以此方式对语言地位和使用进行管理。斯特佩尔（Kathryn D. Stemper）和金（Kendall A. King）则提出，语言规划和政策（LPP）领域涉及显性或隐性的政策，包括这些政策影响着什么时候、通过什么样的方式、由什么样的人来讲哪种语言，以及与这些语言（或语言变体）相关的价值和权利。

以上，我们回顾了国外对语言规划的各种定义，国内当然也有很多定义，但基本上没有什么大的、新的变化。其中，郭龙生总结得比较全面，他说"语言规划"就是指在一定群体和时空范围内，人们为最大限度发挥语言文字的作用而对其形式、功能、与其相关的各种因素及它们之间的关系有意进行的前瞻性调节活动。另外，有一个我觉得比较权威、能代表我国学者对语言规划看法的是陈章太先生的定义，他说"语言规划"是有关机构、社会团体、学术部门等群体根据语言文字的特点和发展规律，对语言文字的形式和功能进行有目的、有计划的调整的一种有益的社会活动。这个定义的好处在于明确了规划的主体，涵盖了规划的内容，同时还充分意识到要顺应语言文字的发展规律，说明语言规划要顺势而为。这几方面的内容，其实也是语言规划的核心所在。

总体来看，对这些不同时期语言规划定义的回顾，有助于我们厘清以下问题：从 20 世纪 50 年代到现在，这五六十年语言规划有什么变化？国内外的研究有什么变化？语言规划的本质又有什么变化？关于语言政策与规划的定义，一直都处在不断的变化之中。那么，这种变化能够反映什么趋势吗？另外，这个趋势对于学科本身的发展和变化又有什么启示？我们认为，对于学科的一些基本概念，有的时候人们的认识是逐步变化的，而这种变化实际上就是学科的变化，这也是下一讲所要讨论的问题。但在对这些变化趋势进行分析之前，我们可能需要先理一理语言规划与语言政策的关系问题。因为在此前的回顾中，我们发现"语言规划"和"语言政策"这两个术语，人们好像都很随意地在交替使用。

语言规划与语言政策是同义术语，还是存在一定的差别呢？谁包含谁？谁"大"谁"小"？又或者这两个术语是相对独立的？阿格（丹尼斯·阿格，Dennis Ager）用"语言规划"表示由个人或者集体从事的非官方的活动，用"语言政策"表示官方的行为。按照阿格的说法，人造语是个人发起的，是语言规划行为；汉字简化、希伯来语复兴等都是官方行为，是语言政策。但以官方或者非官方作为衡量标准，来界定语言规划与语言政策似乎还存在些许问题。比如，前面提到的由洛比安科个人执笔的澳大利亚国家语言政策，究竟是规划还是政策？

就语言规划与语言政策谁包含谁的问题，似乎学界也没有达成一致。李圣托认为政策蕴含了规划，政策是上位概念，换言之，语言规划是包含在语言政策里的。但费蒂斯（Mark Fettes）认为，语言规划必须与语言政策的评价相联系：前者提供合理性和有效性的标准，后者检验这些想法与实践，以促进更好的语言发展。他的意思就是，规划比政策大。郭熙在《中国社会语言学》中提到，语言规划与语言政策二者之间不存在领属关系，语言规划通常是语言政策的体现。这些认识的不同也反映了人们对于学科本质的看法。周庆生在其新作《论语言政策规划》的自序开头也谈到语言"规划"与"政策"的异同。他认为，尽管二者的内涵多有重复，可以并用、混用，但还是有区别的。从制定者的角度看，"规划"的内涵要比"政策"更宽泛。在该书中，他采用了"语言政策规划"作为"语言政策与语言规划"的简称。

也有学者充分认识到语言规划与语言政策这两个术语之间的密切联系，并没有拘泥于谁大谁小的问题。汤金指出，语言政策与语言规划是交互的、相关的：政策常常在没有规划的时候就产生了；同样地，有的规划是没有政策支持的。这也表明，有时候我们没有发现语言规划与语言政策之间的规律，其实可能是因为了解得太少。但是当我们看了很多的东西，并把它们都联系在一起的时候，是有可能发现一点规律的。比如，巴尔道夫（Richard Baldauf）和卡普兰（Robert Kaplan）在他们没有完成的《语言规划》第二版中认为，语言规划与语言政策都是人类有意识干预他人语言行为活动中的某一个阶段，但这两个阶段不分先后，不分主次，从而形成了一个循环。那么，为什么它会循环呢？人类在实际使用语言时，到底是什么影响了它的使用呢？研究者这么写，可能与其个人的经历或者其他因素都有一定的关系。这些都值得我们去深入挖掘。

事实上，我们有时候很难评价这些概念和说法的对错，这也是我宁愿去考证文献，也不愿意去争论哪个概念更好的原因。因为，当我们把学术建立在概念的堆砌之上的时候，这对学科的发展、对于发现新知而言其实没有太大的推动作用，只会陷入无休止的争论。我们应时刻提醒自己，语言学是一门科学，是文科里最有科学特质的学科，因此发现规律远比定义本身更重要。这里不妨做一个小实验，当"语言规划"和"语言政策"放在一起的时候，是说"语言政策与语言规划"好，还是说"语言规划与语言政策"好呢？一般而言，放在后边的词似乎更重要一些。当政策放在后面时，意味着政策比规划重要，反之亦然。

先来看一组数据。我们在 2008 年和 2020 年，利用谷歌分别检索了这两个用法的出现次数。2008 年时，"language policy and planning"出现了 34,800,000 次，高于"language planning and policy"的 12,500,000次，但到 2020 年，前者的出现次数 1,500,000,000 已经低于后者的1,650,000,000。这是为什么呢？是人们的观念发生了变化，还是检索系统本身出了问题？也许有人会说，前后还不是一样吗？说的人可能根本就没有意识到这个问题，就是随便说说而已。但在语言研究者眼里，很多规律就是隐藏在随便和不经意之中的。因为，一个词语在句子或词组中的位置是有规律的。到底是依据尾重原则，把重要的内容放在后面，还是把已经知道的、广为人知的概念放在前面？这就是语言的规律，所以词组在句中的位置可能不是随便放的。

如果谷歌检索的变化是规律使然，可能也反映了我们对于学科的看法，反映了我们对于规划和政策看法的变化。在观察到变化的基础上，我们不禁要问：为什么会变化？这是我们可以研究的问题。张治国认为，"语言规划"与"语言政策"的含义基本上是一致的。如果一致，只需两者取其一就可以，但为什么要用两个呢？他的解释是两个术语在年份上有区分，"语言规划"主要用于 20 世纪 80 年代末之前，"语言政策"则主要用于 20 世纪 80 年代末和 90 年代初之后。此外，"语言规划"有失败的联想，而"语言政策"则是一个中性词 [①]。这可能有一定的道理，但仍然需要结合实际搜集到的数据开展进一步研究。

---

① 张治国:《关于语言政策和语言规划学科中四个术语的辨析》，《语言政策与规划研究》，2014 年第 1 期。

第三讲　语言规划的发展

上一讲围绕术语"语言规划"及其定义的变迁，探讨了这个领域里面的若干问题。我们也提到，语言规划活动历史悠久，但真正作为专业和学科开展严肃研究的时间不长，大概也就源于第二次世界大战以后，旨在解决发展中国家的语言问题。现在，基于前面的讨论，我们再从学科发展的视角对语言规划做进一步考察，主要涉及两个问题：语言规划的学科归属问题及其作为学科研究的发展问题。最后，我们也会简单提一下语言规划流派的事情。

第一节　语言规划的学科归属

既然这门学科的名字里面有"语言"两个字，那毫无疑问是属于广义的语言学范畴，所以我们先从单纯的语言学领域看看语言规划。20 世纪 50 年代，语言规划是为了解决发展中国家的语言问题，包括语言的选择、标准化和规范化等，其中最重要的就是编纂词典和语法书。这些原本就是语言学领域的内容。但随后社会发生了变化，事情也变得越来越复杂。这就意味着，有一些问题虽然是与语言有关的，但解决它们可能不是简单编个词典就能解决的了。人是语言的人，但不能说所有与人有关的东西，语言学家都能解决，那完全不可能。事实上，语言问题的解决只有语言学的参与是不够的，它还涉及其他很多学科，比如人类学、法学、政治学、社会学、管理学、教育学和心理学等。所以，作为学科意义上的语言规划，在诞生初期就呈现出一定的跨学科性质。

比如说，一个地方比较穷，你认为有一个共同语就能富裕了，这是比较幼稚的想法。因为从世界范围来看，很多有共同语的国家依然很贫穷。这是一个比较复杂的问题，需要统筹多个学科综合考虑。这也就是说，我们不能盲目地把自己的学科看得很重要。学科的本质是要探索研究对象的规律，按理说基础学科的论题，在探索的时候往往是不知道用途的，能直接知道用途的是工科。比如说，我现在制造个翻译机，它就是去翻译的，我制造个扫地机，就是用来扫地的。

语言学是探究语言系统及其运作规律的基础学科，如果能够探索出语言系统的规律，别人就有可能用上这些规律，比如做翻译机的工程师就会受益。对很多基础学科而言，应该有人能够使用你研究出来的规律，如果不能使用你的规律，这规律或许就不能说是规律，当然，也有可能是使用者的能力不行，理解不了你高深的理论。但如果你的规律从来都没有人用过，很可能是因为你做的东西不够好，说明你自己或许存在问题。总之，我们不要把自己的学科说得很重要，语言学作为一个学科，应该要去探索基本规律，并被其他人所使用。

但总的来说，语言规划所要解决的问题比纯粹的语言学问题要复杂得多，不是传统的语音、词汇和语法研究就能涵盖的。这主要是因为人本身很复杂，人所处的社会也很复杂，而语言规划所涉及的三个核心主体，即人、语言、社会之间的关系更为复杂，因此不可避免地会涉及其他学科领域的知识。不过，我们在这里更多的是想强调语言规划在语言学领域的归属问题，对其他相关学科不做具体讨论。

（一）语言规划与应用语言学

语言学有很多分支，语言规划属于哪个分支？选课的同学，或者听课的同学，大部分最后拿到的是与语言学有关的学位，中文叫"语言学及应用语言学",外文叫"外国语言学及应用语言学"。可见,语言规划与应用语言学是密切相关的。事实的确如此,这从国内外出版的大量论著中也可以看得出来。比如,在牛津的应用语言学手册里、布莱克威尔的应用语言学手册里,还有其他出版社的应用语言学手册里,都有语言规划的章节。国内于根元的《应用语言学概论》、陈昌来的《应用语言学导论》以及夏中华的《应用语言学》等也有语言规划的章节。冯志伟在《应用语言学综论》和《应用语言学新论》里明确提出,应用语言学的重点是语言教学、语言规划和语言信息处理,它们构成了应用语言学的三大支柱。他的《应用语言学新论》甚至就使用了类似的副标题,叫作"语言应用研究的三大支柱"。这几年,在我主编的、商务印书馆出版的"应用语言学译丛"里,也陆续出版了语言规划方面的译著,不仅有叫《语言规划》的,也有叫《语言政策》的。

当然,将语言规划归为应用语言学,不能仅从这些书的名字来看,我们更应该关注二者之间联系的实质纽带,这个纽带就是应用。应用语言学的核心在于应用,它既包括学术研究上的理论和方法,也涵盖解决人类在现实生活中遇到的各种与语言有关的问题。应用语言学作为学科出现也是在第二次世界大战以后,主要在美国。因为第二次世界大战期间,美军到了世界不少地方,需要和友军交流,要跟当地人打交道。打完仗以后,美国人发现,军队中需要语言人才,这自然会想到有没有办法能让人快速学会一门语言呢?于是美国政府就找到了语言学家,因为在常人眼里,语言学家理所当然应该懂得更多的语言,懂得怎么能快速掌握一种语言等。这样,语言学家就开始从事相关研究,最早的一批研究就是统计日常交流中需要用到哪些词,主要通过词频统计来研究。比如,在日常交流中,如果能达到80%的交流水平,需要掌握多少词呢?由此,应用语言学学科在这样的大背景下便应运而生了。

目前，与此相关的热门话题就是语言安全，这我在前面略微提到一点。人们通常认为，语言安全在"9·11"事件后上升到国家安全的地位。因为，人们在回顾整个事件的时候发现，由于不懂那些恐怖分子的语言，当恐怖分子在商量搞破坏的时候，即使截获了这些信息，也不知道他们在那说什么。但如果懂他们的语言，并且及时采取措施的话，惨剧可能就不会发生了。因此，美国为了国家安全，提出要培养一些懂关键语言的人才。2006年1月5日，时任美国总统的小布什在美国大学校长峰会上宣布了一个"国家安全语言计划"（National Security Language Initiative），旨在加强美国学生的外语水平。但是，学外语首先得有合适的教师，由于英语已经成为事实上的全球语言，外语人才特别是这个安全计划里面强调的几种关键语言人才非常缺乏。当时有个笑话，说费城宾夕法尼亚大学街上有个街边小吃摊，摊主是某种关键语言的母语者。有一天，人们发现那个摊主不见了，吃不上东西了，很不方便。于是，有人便问：那个卖饼的人哪去了？回答说：去对面的大学教书了，而且是教关键语言。从这个笑话可以看出，国家安全是个大事，如果语言成为维护国家安全的一个要素，那么语言安全自然也就是一个不可忽视的领域。

但是，语言学家不宜扩大国家安全视域下语言安全的范围。语言安全的主体不是语言本身，而是讲语言的人和讲语言的人所构成的国家。因此，不能简单地将其泛化到濒危语言的保护。当然，这不是说濒危语言保护不重要，而是要抓住本质问题与核心关切。从语言规划的角度看，语言安全最需要解决的问题是，如何防止由频繁的、多层次的外语教学与使用而引发的文化侵蚀，因为这是与国家安全直接相关的。传统安全大多关注的是物理方面，比如，人的生命、国家领土的完整等。这些笼统地可以算是"硬件"安全问题。而语言安全要解决的是"软件"问题。相比"硬件"安全问题,"软件"安全问题更难。我们认为,美国政府所倡导的语言安全,其实还是一个传统的、由于语言多样性而导致的语言交流障碍问题。大家都知道,一台计算机只有硬件是不行的,还必须要有软件,只有硬件那是铁疙瘩,不是计算机,国家也是如此。因此,作为"软件"安全的语言安全,值得引起我们的重视,但同时也不宜将其研究内容无限扩大。

上面的例子充分体现出,应用语言学不仅是一个问题驱动的学科,而且这些问题还是与人类社会密切相关的。应用语言学学科的发展也遵循了人类解决问题的一般原则,即,问题出现以后,才想要解决问题。问题越大,动力越大。如果是人命关天的事,那措施和手段就会更有力。创刊于 1969 年的语言规划著名刊物 *Language Problems and Language Planning*(以下简称 *LPLP*)名称中的第 1 个 P 就是"问题",更有意思的是,*LPLP* 是 1977 年改名的结果,此前叫 *La Monda Lingvo-problemo*(《世界语言问题》)。由此可见,问题意识对语言规划学科的重要性。不管是早期的交流问题,还是现在的语言安全问题,又或者是说长久不衰的语言教学问题,包括人类语言濒危导致的语言生态问题,所有这些问题都与语言有关,人们也认为语言学家应该去解决这些问题。问题才是推动一个学科发展的最重要的、最强劲的原动力。从这个意义上讲,语言规划属于应用语言学,因为应用语言学关注并想解决和语言有关的现实问题,而理论语言学是不关心这些的。当然,也不能说理论语言学不解决问题,但它所解决的问题不一定面向实际应用。解决与现实世界密切相关的语言问题的学科,那可能就是应用语言学了。

(二)语言规划与社会语言学

我们再来看语言规划与社会语言学的关系。语言规划早期的主要人物都是著名的社会语言学家，比如豪根、费什曼等。毫无疑问，这些人是最具代表性的社会语言学家。不少社会语言学的著作中，也会收录语言规划的内容。布莱克威尔的社会语言学手册和社会语言学教材里有语言规划的内容，伊斯曼编著的第一本语言规划教科书也认为，语言规划是社会语言学的一个分支，是一个将语言视为一种社会资源的学科。这里需要注意社会资源的说法。国内郭熙的《中国社会语言学》、徐大明的《当代社会语言学》，也都包括语言规划的章节。陈章太先生说得更清楚，语言规划是应用语言学的术语，也是社会语言学的术语。

那么，社会语言学又是什么呢？它和应用语言学之间又有什么关系？对此，我们不得不提到应用语言学这个神奇的存在。学科的产生大多源于社会需要，除了理论语言学致力于探索规律以外，其他语言学分支基本都来自社会的需要。比如，出现问题要有人解决，慢慢队伍就壮大了；如果做好的话，就会有一群人来研究，有教科书、学会等；然后开始培养学生，博士生毕业后当了教授，又来培养新的博士生，这个学科就发展下去了。当然，有的学科发展得不好，可能两年就没有人再搞了。也有些学科能够真正地解决社会中的问题，而且是用其他学科的方法解决不了的问题，那么这个学科存活的时间可能就很长。解决问题的时候，也会产生一个新的问题：这些人叫什么呢？总得叫个什么家？应用语言学的学者都叫应用语言学家，社会语言学的出现最早也是这样的，叫作社会语言学家。

说到社会语言学，我想向大家介绍一本非常有趣的书，叫《社会语言学的初创时期》(*The Early Days of Sociolinguistics*)，大多数社会语言学的先驱都是其中的作者。从各位前辈的回忆中，不难看出，社会语言学的诞生和语言规划和政策作为一种学术活动的开始是密切相关的。比如我们前面在讲定义时提到的豪根、瓦恩里希，还有社会语言学里人人皆知的拉波夫。但拉波夫谢绝了为这本书专门写点东西的邀请，因为早在 1966 年出版的《纽约城英语的社会分层》的引言中，拉波夫便认为用不着专门创造一个术语 sociolinguistis（社会语言学），因为这会使人误以为有某个脱离社会的成功的语言学理论或实践。换言之，虽然我们现在把拉波夫认为是社会语言学最重要的一个人物，但是他并不赞同社会语言学是一个研究语言和社会关系的领域，他认为他自己就是个语言学家。他的意思是，如果社会语言学指的是从实际的语言使用者得到数据来解决某个语言学的理论问题，那么这个社会语言学早就存在了。如果你研究的是语言和社会的关系，那实际上不是语言学。但是这么一本社会语言学的书里又不能没有拉波夫，于是编者就把拉波夫《社会语言学的模式》（*Sociolinguistic Patterns*）一书的引言放在了这本书里，在这个引言的第一句话里，拉波夫又说自己抗拒 sociolinguistics 这个术语已经很多年了。在这个意义上，我们和拉波夫一样，不希望把语言规划泛化成一个社会学的分支。也就是说，如果你是一个语言学家，就不要跑得太远，你的研究都应围绕着语言来开展。这也是我们一开头强调的，语言规划对于语言学的意义和价值便在于语言在人为干预后，到底是怎么演化和怎么变化的。

现在回到主题，随着研究社会和语言关系的人越来越多，其研究方向与关注点慢慢也会分化。总体来看，社会语言学也可以分为两个大的阵营。一是以拉波夫为代表的"微观社会语言学"，二是费什曼的"宏观社会语言学"或"语言社会学"。后者主要通过语言这个载体来研究社会问题，而不像前者一样关注的是语言本身的结构与规律，因此更为关注语言或者语言行为是如何影响社会的发展变化。从这个意义上看，如果把语言规划归到社会语言学里面，其实更适合归到费什曼这一分支，也就是宏观社会语言学里。

值得注意的是，社会语言学最早也是属于"应用语言学"的，有一些应用语言学的书里其实也有社会语言学的内容，但是社会语言学后来壮大了，也就独立了。我们发现，应用语言学是一个废纸篓子，或者是一个培育基地；研究者，特别是新领域的研究者，在开始找不到学术归宿的时候，就说自己是个应用语言学家，但是当他们强大后就独立了，比如说社会语言学家、心理语言学家、计算语言学家。但是，还有一些研究领域的人没有壮大，所研究的东西社会不需要，或者由于各种原因发展缓慢，就真的成了这个培育基地的肥料了。从学科发展的路径和历史看，这些都是比较正常的现象。有些学科因为社会需要，而且研究得也好，真正发现了规律，又能够为社会解决问题，这样的学科就会壮大，慢慢就另立门户了。反之，有些学科会慢慢没落下去直至退出历史舞台。

因此，应用语言学既是学科孵化器，也是培育基地。比如说有 10 个学科进去，最后孵育出来 4 个学科，剩下 6 个变成了肥料。社会语言学就是孵育成功的案例，它最早属于应用语言学，后来发展壮大就独立出去了。心理语言学、计算语言学等基本上都是类似的模式。在了解了社会语言学和应用语言学的这种关系之后，将语言规划视为与社会语言学具有密切关系的一个学科，其实也就不难理解了，我们说，从解决问题的角度来讲，语言规划属于应用语言学。但它规划的不仅仅是语言，其实更是人、语言、社会三者之间的关系。因此，把语言规划放在社会语言学里也是比较合理的。这种学科的划分与归属，其实对我们也有好处。社会语言学有一些分支，或应用语言学有一些分支，是没法分到另一个学科去的。但语言规划与这两个学科都有交叉，意味着语言规划研究成果的发表渠道比较多元化，既可以发到社会语言学的期刊，也可以发到应用语言学的期刊。

说到这里，顺便聊两句论文的事。作为研究者，你总要去写论文，因为论文是你研究探索的结果，有了发现也要与同行分享。为了做好分享，你首先要了解学科的基本状况，研究以前从来没有人研究过的东西，人家才会来听你的、看你的。而你写的论文，有些东西你可能认为是你发现的，但也只能在与已有的知识体系、本学科的学者们联系在一起的时候，才能被同行认可。你要了解这些前人的东西，把自己的发现跟大家联系在一起，大家通过比较观察，才能确定你的发现是不是真正的发现。一般来说，论文就是同行之间实现分享与联系的形式。论文发表有一套同行评审制度，大多都是本研究领域内的同行。没有真正做学问的同行，不可能形成一本好的同行评审杂志。这种学术知识的产生和传播方式，是从 17 世纪同行评审期刊诞生以后，400 多年来学界摸索出来的传播、共享知识最好的一种形式。

虽然，我们这里主要在讲语言规划与社会语言学、应用语言学的关系，但从论文发表的角度看，语言规划研究实际上可以发表在很多领域的杂志上，进而表现出我们开始说的跨学科、交叉学科特征。人们通过对语言规划领域文章的分析，发现语言规划的文章涉及经济、商业、国际关系、管理、教育、社会科学、政府、法律、社会学等诸多领域。其中，教育学的比较多，这可能也是应用语言学在国外大多属于教育学的原因之一。当然，语言规划与教育的这种密切关系，我们随后还会讲到。

第二节　语言规划学科的发展

了解了语言规划的学科归属问题，我们再来看它的发展变化。前面提到，语言规划是人类有意识地对语言结构和语言使用进行的干预活动。可以说，自从有了人类、有了语言以后，就在不断地重复这种行为。但语言规划作为一个学科，大概是从 20 世纪 50 年代，即 1945 年第二次世界大战结束以后开始的。第二次世界大战以后，大多数国家从被殖民走向独立，需要在国家层面解决一些语言问题，其中积累的经验就形成了语言规划这个学科。从 50 年代到现在，这个学科也差不多有 70 年的历史了，它的内涵即语言规划与语言政策包括什么，也发生了一些转变。研究学科转变，了解学科历史，对进入任何学科而言都是至关重要的。换言之，你在一个学科领域从事研究，不能不了解这个学科已有的历史；如果不了解，你可能就会认为自己想出来的所有东西都具有新意。这显然不行，也不是真正的学术研究。

（一）语言规划的历史概述

在上一讲中，我们回顾了语言规划历史上一些有代表性的定义。这些定义不仅反映了学科的时代特征，也反映了学科的演进历程。

20 世纪 90 年代之前，语言规划的共性大致可以这样概括：语言规划是人类有意识地对语言发展的干预，是影响他人语言行为的一种活动；语言规划是为了解决语言问题的，所谓语言问题是由语言的多样性引起的交流问题，请注意这一点。语言规划一般是由国家授权的机构进行的一种有组织的活动；语言规划不仅仅对语言本体进行规划，更多的是对语言应用的规划，对语言和人以及社会之间关系的规划；语言规划是一种立足现在、面向未来的活动；语言规划与语言政策是国家或地区社会政策的有机组成部分；语言规划与语言学其他领域的不同在于，它通过明显的、有组织的人工干预在自然语言中引入"人造"成分。

90 年代以后，语言的多样性走入人们的视野。语言规划的任务不再无视语言的多样性，而是要保护这种多样性；语言规划的目的不再只是解决交际问题了，而是也应该考虑其他非交际的问题。好像交际没有问题了，90 年代之后，大家都认为交际不是问题了，我们才能考虑别的。语言规划也应该考虑受众的感受，考虑规划行为对整体语言生态系统的影响；语言规划不仅仅是语言学的一个分支，因为只有语言学家是解决不了语言规划问题的，也和社会学、政治学有着密切的关系；语言规划应该被视为社会规划的一部分。为什么会这样呢？值得我们思考。

李圣托提出第二次世界大战后的语言规划与语言政策研究可分为三个阶段：20 世纪 50 年代—60 年代晚期、70 年代早期—80 年代晚期、80 年代中期—现在。从宏观政策看，第一阶段是脱离殖民建立新国家。第二阶段是现代化失败。第三阶段是世界新秩序。从方法论角度可分为结构主义、批判理论、后现代主义。从策略角度看第一阶段语言问题是可以通过规划来解决，第二阶段是现实主义，第三阶段是语言人权。

我们认为李圣托将语言规划与语言政策分为三个时期是有一定道理的。但是，从定义变迁的角度来看，把语言规划的发展时期分成两个大的阶段可能更合理一些。20 世纪 50 年代至 80 年代中后期为第一阶段，80 年代中后期至今为一个阶段。这样的划分依据更充分一些，因为李圣托所说的第二阶段的转换特征并不明显，严格说来是可以将其归结到第三阶段里的。也就是说二、三阶段的区别性特征并不明显。

第一阶段的语言规划与语言政策的目标基本上与那些新创建国家的整体目标密切相关，即：国家的统一和"现代化"。当时，国家建立以后都仿照所谓的发达国家，大多就是欧洲国家。比如说法国殖民地独立了，就会反思，为什么它能殖民我，我不能殖民它？一看他们都有"一种语言，一种文化、一方领土、一个政治观念"的特点，我们也要仿照，不是说殖民别人，至少要先富起来。这个时候就出现了需要解决的语言问题。大家都认为一种标准语才是发达国家的表征。这样语言规划与语言政策的目标就成了消除由于语言的多样性所带来的语言交际问题了。显然，在这样的大前提下，多样性基本就成了无人顾及的弃儿。很多人把语言对国家的重要性放大太多了。所以 50 年代的时候，有这种观念的人很多，认为有了标准语，国家就发达了。但现实不是这样的，有统一共同语的国家也有穷的，反之，有些多语国家也不见得穷。这个时候，人就开始反思。这个反思，实际上也是大背景下的一种反思。对整个社会过去的做法、社会政策都反思，开始用批判的眼光来审视过去的做法。这种对社会政策的反思，也影响到语言规划领域。

但并不是只有语言才有反思，而是综合地考虑各种因素。这种综合的考虑、对传统的批判和反思成了推动语言规划与语言政策从第一阶段转变为第二阶段的动力。第二阶段的转移实际上是整个人类知识界对于这个世界认知的一个转变，是从 1990 年左右开始的。穆夫文（Salikoko S. Mufwene）在一篇有关语言生态学的论文中的第一句话是这样说的：毫无疑问，90 年代将被铭记在语言学史上，这是一个语言学家对语言濒危和消失问题日益重视的时期。

如果我们找一张全球语言分布图来看，就会发现，赤道往北的整个北半球，越往上语言就越少，但相对应的国家却越发达，越发达就是指城市化、工业化等的水平越高。也就是说，城市化的进程，人口的流动性增强这些因素，使得语言的消亡加速。因为人类历史上，最近这几十年可以说是发展速度最快的，尤其是有了互联网以后，速度更快了。在这种大环境下，语言消亡的速度也加快了。这个时候，有一些人就开始反思，我们为什么要这么快呢？我们走慢一点不行吗？我们要等等自己的灵魂呀。这种反思标志着人类进入了思想史上的后现代主义阶段。

为什么说这是铭记在语言学历史上的？因为这是后现代主义反思波及语言的特征。语言学和社会语言学中，对语言多样性的重视可以视为后现代主义在语言学中的一种反映。后现代主义的基本特征包括：反基础性，提倡多元性；反原子性，提倡整体性；反确定性，倡导非确定性；反对霸权，寻求和谐共存；反简单性，拥护复杂性，倡导生态观。所有这些开始渗透到社会科学的各个领域。比如"反确定性，倡导非确定性"，因为世界有很多东西是不确定的，但是这个不确定里还是有确定的。我们现在看一个问题，就是我们今天的人工智能。实际上，后现代主义也影响到人工智能中的自然语言处理或计算语言学研究方法的转变，人们已经放弃了过去基于规则的方法，因为它很难解决人类语言系统中的概率性和非确定性的问题。因为，非确定性是人类社会的一个本质属性，要解决它，方法上就需要转变，就是说，它不仅仅影响到我们的思维、思考问题的方式，实际上也影响到我们现实中人工智能基于统计或深度学习方法的转变。我们把人类社会当成一个复杂的系统来研究，不是简单的一个因果关系，而是一个多因素的概率系统，这些东西不仅仅是在语言学领域，它实际影响到了很多领域。科学研究的范式、各种方法都已经发生了变化。也就是说，后现代主义对于我们的思维方式以及如何寻求新的方法来更好地了解这个世界、解决这个世界的问题，产生了影响。

后现代主义的思潮难免要影响到语言学，因为后现代主义就是文科人提出的。这也就是李圣托所说的，在建立"世界新秩序"的大背景下，在"后现代主义"的旗帜下，通过"语言人权"这张牌来进行语言规划的缘由。对于这一点，我们是赞同的。下面我们再稍微具体地说一下。

最初，语言规划学科的参与者主要是语言学家，现在不少其他学科的学者也参与进来了。我们作为拥有语言学背景的人，应该怎样参与其中呢？我认为，做语言研究的人要坚守自己的本行（语言）。每个领域都有自己的研究范式，做语言研究的人在正常情况下对其他方向可能并不擅长，比如经济学或者政治学，所以我们还是要以语言为核心。但现在又有跨学科和交叉学科的说法，这又是什么意思呢？我们在自己的领域受过良好的教育，毕业后也在这个领域里工作，对这个领域的了解比较多，为什么还要跨学科？事实上，跨学科不是说，我是研究语言的，结果突然去研究外星人了。它的真正含义是借鉴其他学科的理论和方法，解决原有学科内部用传统的理论和方法解决不了的问题。比如，传统语言学里定量方法相对比较缺乏，所以可以借鉴计量经济和数理经济的理论、方法来研究语言。

2016年外研社出版了一本译著，叫作《语言政策》（*Language Policy*），作者是戴维·约翰逊（David C. Johnson），书里大部分的篇幅是在举例子。如果一个学科总是停留在案例分析的阶段，那么这个学科可能还不太成熟。科学研究不能都靠举例子，否则学科怎么进步呢？作为一个新人，进入一个领域最好的办法，就是先了解领域里已有的成果，而不是满足于举例子，否则永远进步不了。因此，我们首先需要了解语言规划这个领域的历史。研究一个学科的历史变化有很多种方法。在上一讲中，我们考察了从20世纪50年代开始，"语言规划"这个概念出现以后，不同时期、国内外学者对它的不同定义，发现定义实际上已经发生了一些变化。这些变化仅从定义的角度来看可能不够全面，但对我们深入了解这个学科还是大有裨益的。

1990年以前，语言规划的行为和活动大部分都在关注国家共同语的问题，这是1945年以后大量国家独立后产生的现实问题。新的国家产生了，就会面临语言的选择问题。我们知道，世界上单语制国家是很少的，大部分是多语制国家。单语制也就是说这个国家只讲一种语言，那就不需要规划了。1945年以后独立的国家大部分是原来的殖民地，且都分布在亚非拉地区，相对来讲比较落后。这些国家（地区）的语言资源本身就极其丰富，有很多种语言，它们首先需要解决的语言问题就是选择一个共同语。80年代以前，人们认为，大部分语言问题都是由于语言的多样性带来的交流问题。假设一个新独立的国家有 50 种语言，那么到底选择哪种语言作为国语或者官方语言呢？且不要说 50 种，就连 30 种可能都搞不定。所以，这在当时显然是比较急迫的一个任务。

后来，在实践的过程中，有一些国家的学者善于从大量的案例中总结出更抽象的东西，从而找出共同规律。有趣的是，在语言规划与语言政策理论起源时就开始研究的学者里，很少有纯粹的美国人或者英国人，像豪根、瓦恩里希、费什曼等人都使用双语言，而且另外一种语言还都比较小众。也有不少发展中国家的学者参与了早期的语言规划研究，因为他们的国家正面临语言问题。还有一些学者来自发达国家，他们对语言政策和规划感兴趣，但他们自己国家本身不存在这些问题，于是他们就去帮助新独立的国家出谋划策、解决问题。当然，这些学者存在一个共性，就是他们大多数对语言问题比较敏感，这或许与个人的经历也有很大关系。但不管怎样，这些人成了语言规划学科的先驱。

20 世纪 60 年代、70 年代，（美国）语言规划研究的一个重镇在夏威夷，这也是当时世界语言规划和政策的研究中心。夏威夷虽然是美国的领土，但它距离美国大陆比较远，再加上由于历史原因，岛上有很多日本人，语言状况也比较复杂。这时候，一大批学者，如鲁宾和颜诺等人，都聚集在夏威夷大学，共同从事语言规划的研究工作，早期不少重要文献都来自这里。此外，印度曾经也是语言规划研究的一个大本营。印度原来是英国殖民地，独立后同样面临语言选择问题。但印度的语言状况极其复杂，吸引了一大批学者前往从事相关研究。欧洲语言政策与语言规划研究的中心在捷克。那里虽然地方小，但人们可能天生对语言问题感兴趣，不光是理论问题，语言学的各个分支里都有捷克人，所以我们觉得捷克人好像特别擅长思考语言问题。他们在语言规划研究方面有自己的特色，后来形成了今天我们所知道的"语言管理学派"。

90年代以来，受后现代主义的影响，人们开始反思过去的做法。涉及语言的社会问题不再单纯是语言问题。现在语言学家还存在一种理想主义的想法，认为把某个语言问题解决了，就不会有社会问题了。我们说过，柴门霍夫之所以发明世界语，就是因为他从小生活在多语城市，眼见那些人经常打架，所以认为那是由于语言不同造成的。但其实他可能忘了，即便讲同一种语言的几个兄弟也会打架。国家也是这样，共同语的模式大多源于殖民国家，欧洲那些老牌的帝国主义国家大部分都有一种标准化的语言。有人认为，一种语言就是一个国家富裕的象征，但可能并非如此，这其中牵涉的因素非常复杂。人们以为讲一种语言就能富裕，但反思的时候又觉得多语现象挺好的。因为每一种语言就是一种文化，每一种语言携带一些独有的知识，一旦语言没有了，这些东西相应地也会消失。

在我看来，社会的发展变化也强化了人们对语言的认识，这在一定程度上会影响到人们对语言规划的看法。比如，当人的生存受到威胁的时候，他的目的就是活下来，等生活好了以后，自然想活得有尊严、有历史感。但如果语言都没有了，怎么追踪呢？这就是此前说过的，当我们遇到交际问题的时候，首先关注的是语言的工具性。工具的问题解决后，然后就开始关注政治、文化等更高层次的东西了。这就要求我们的语言规划者，应该考虑根据不同时期语言规划的特点做出调整，而不是几十年一贯地采用一种原则来调节语言和人的关系，以及调节人、社会、语言三者之间的关系。因为调节语言、社会和人的关系靠的是人，而人在不同时期的想法以及对世界的看法并不完全一样，加之社会也是在不停歇地变化，所以语言规划不仅要顺势而为，更要与时俱进、因时而变。

实际上，90 年代以后，国际上又有两个新的研究中心值得注意。一个是澳大利亚。在 70 年代、80 年代的时候，不同国家的人移民到澳大利亚，其境内面临着各民族语言和谐共存的问题，于是就出现了我们此前提到过的洛比安科起草的澳大利亚《国家语言政策》，开创了以多语种、多元文化为基调的语言政策之先河。澳大利亚在 90 年代后成为国际上语言政策和规划的研究中心。这里需要提两个人，在我们的讲义中也会频繁出现：一个是巴尔道夫，他最早在悉尼大学，后来在昆士兰大学；还有一个是在南澳的米尔豪斯勒。另外，南非在曼德拉上台以后进入了一个新的时期，废除种族隔离政策以后，也需要新的语言政策来配套。在这样的背景下，南非也成了语言规划研究的中心，产出了一批有代表性的成果。

当然，在语言规划学科的发展史上，还有一个最重要的、也是实施语言政策最成功的国家，就是我们中国。语言政策与语言规划在中国一直比较热门，而且有国家语委这个副部级单位专门做这件事情。我们做过全球瞩目的三大语言规划实践，一个是国家共同语——普通话。普通话不仅仅是推广的问题，实际上还牵涉到语言的人造性问题。因为在普通话推出之时，没有人生下来就说普通话。第二个是汉语拼音，第三个是简化汉字。这三件大事是新中国成立时，国家从社会需要的急迫程度出发首先解决的与语言有关的问题。但我们国家很大，各地的社会、经济发展水平不一样，导致语言问题也比较复杂，因此需要去研究和值得去研究的点也比较多。

我刚才讲了语言规划里大部分是案例，但也有一些人不只是呈现某个案例，而是从众多案例里寻求共性，这就是真正的学术研究。比如我们国家很大、语言状况很复杂，很多其他国家遇到的问题，在我们这里都有可能出现。因此，我们有很多问题可以放在具有普遍性的框架下去研究和考察。在过去的 60 年里，人们实际上已经通过分析世界各地的语言规划案例，整理出一些具有普遍性质的框架。框架非常重要，因为尽管学科整体可能还不成熟，这些框架也有各式各样的问题，但是在了解已有框架的基础上，我们能够推进学科的发展。假设要比较两个国家的语言政策，在没有统一框架的情况下，想起什么说什么，这两者就很难比较。这样，哪怕比较了 200 个案例，也很难得出什么有普遍价值的东西。但如果有框架的指导，从具体的角度去分析，这样分析的案例越多，框架就会越来越完整，学科也就会在此基础上不断完善和发展，这也是我提倡要重视语言规划框架的重要原因。

通过以上的简单回顾，不难看出，作为学科的语言规划的起源比较清楚，主要就是为了解决语言问题，尤其是发展中国家的语言问题。无论社会怎么变，学科怎么变，语言规划的问题导向是不会变的。当然，我们也知道，语言学是探索语言结构和演化规律的学科，如果从探索规律的角度看，语言政策和规划似乎没有太大的学术价值。但它的确能解决生活中一些与语言有关的问题，所以是有实用价值的。有时候我们也许会想，语言规划的理论意义到底在哪儿呢？我们在前面说过，语言政策与规划强调的是人为干预后语言发展的规律性问题。语言发展是有规律的，语言是一个自适应的、能够自我调节的系统。但当我们让它朝人为规定的方向去发展，会对它产生什么影响呢？这可能就是语言政策和规划的学术价值和理论价值所在。

从发展的角度看，自 20 世纪 50 年代语言规划成为一个学科以来，这个领域也发生了一些明显的变化，第一，从语言观（工具观）到资源观的变化。第二，从结构主义到后现代主义的转变。结构主义我们就是分析，就是解决问题，从语言本身来研究。但后现代主义我们关心更多其他的因素，考虑的问题更广泛。第三，从单变量系统到多变量系统的转变。如果把语言认为是一个系统，只是人类有意识的干预下，语言系统的演化和运行的规律是否会发生变化？为什么有时候干预变化大一点，有时候"震荡"了几下就又恢复了正常？我们要从系统的角度去研究这些问题。第四，从实用主义到语言人权的转变。第五，从语言问题到语言生态的转变。难道现在就没有语言问题了吗？再看一下《语言革命》中提到的英语全球化、濒危语言、互联网的出现对语言带来的影响。交际问题是不那么突出了，是因为相比20世纪50年代国际语缺失的问题，英语已经独霸全球了。当然，这又带来了新的问题。第六，从单纯的语言学领域向社会学、政治学以及其他学科的转变。我们也知道一个语言问题的解决，尤其是社会问题的解决，不能单靠语言学家，而是要有社会、政治或者其他学科的参与。语言规划这个学科逐渐变成一个跨学科的、多学科的领域。接下来，我们围绕这几个点更详细地探讨一下语言规划在过去的六七十年中发生的具体变化或者转向。

（二）从工具观到资源观

人要改变或者影响语言，其实从一开始就把语言当成了一种工具。如果它不是工具，人就很难去改变它。比如，现在有一把刀，如果它不好用了，我们可以磨一磨或者重新改变它的形状。因为刀是工具，我们才能改变它；如果它不是工具，我们就很难改变它。同样的道理，工具观也是语言规划的基础。

在语言规划领域里，工具观最典型的代表就是陶里。我们之前讲定义时提到过，陶里认为语言规划是调节和改善现有语言，或创造新的区域性、全国性和国际性语言的活动。因为是工具，你就可以评估它到底好用不好用。假设你有10把锄头或10把镰刀，你可以对比各式各样的工具，发现哪一个好用。比如说铁锹，世界各地的甚至中国各地的都不太一样，但总体上并没有太大差距，彼此之间有很多共同点。因此，你可以评估它、改变它，进行校正或者调节等。如果某个工具不行了，你也可以用新的工具替换它。但就语言来说，这个过程中会存在一些问题。语言是工具，但它是个特殊的工具，不像刀，不快了可以一直磨，磨到整个刀刃没有了可以重新用一把好刀代替。对于有的工具而言，我们可以根据缺损程度的不同做出必要改变；也可以进行评价，比如这个笔很好写，而有的笔可能就不好用。可是语言这个东西不好评估，这会带来一些问题。正因为不好评价、不好说，导致有一大部分人后来就转去做别的事情或研究，语言学领域的发展趋势也与这一点有关系。

说到这里，我们还想再强调一下评估对语言规划的重要性。我们很少能见到对语言规划效果的评估，可能是由于语言规划实施时间长，需要好几代人可能才能看到效果。我们在前面说过，50 年代全世界开始大规模的语言规划，现在差不多 70 年了，该显现的效果也都显现了，今天是我们收获这些前人开创的事业的好时候。所以今天我觉得我们实际上是有很多东西可以做的。

当时，全世界可能有数十个国家牵涉其中，效果有好有坏，为什么？我们要科学地研究，但是语言规划领域很少有人研究这个，没有人做这些扎扎实实的工作。怎么能没有结果？怎么能没有办法？不能评价的结果那叫什么规划？如果都是这样规划谁会给你投钱？比如汉字简化或者汉语拼音都实施几十年了，我们有这些数据，四五十年代的文盲率是多少？各个地区是一样的，文盲率和经济发展是不是有关系？我们都可以研究。中国的情况也是很复杂，语言可能又不是唯一决定因素。除了大陆之外，我国的港澳台地区都是研究语言规划与语言政策的好样本。

关于语言作为一种交流工具的本质，虽然语言学也在研究这一点，但实际上研究得并不好。就如我们之前所说，过去基于语言的大多数研究，基本上是从现代研究开始的，甚至还包括现代研究开始之前，语言研究的那些东西，可能有时也会被称为所谓的"规律"。如果是规律，别人就能使用上。像数学、物理、化学领域发现的好多规律，就可以用来造福人类，但似乎语言学领域研究出来的这些东西很难造福人类。换言之，如果对语言本身的研究都不行、都不透，怎么来改变它？如果你都无法评估语言，又怎么改变它呢？因为语言是工具，我们才能改它、换它。但你要改它、换它，总要先说出它的不好，说出哪里不行、哪里需要改、哪里需要换，而这些就需要我们对语言本身了解得很清楚。

就一般工具而言，我们肯定会涉及对它的评价。比如，一支笔需要粗细刚好，如果它过粗，我就抓不住它。这就是评价，是改变或替换的基础。但语言这个东西很难评价，难以评价的原因之一可能是我们对语言的研究并不充分。这是一个有意思的问题。语言是工具，你也应该拿工具去做事情，但你对这个工具不了解，或者说了解的进展太慢，又或者说你只是自认为了解。这样旁人一看，你作为语言学博士生，甚至博导，在谈起语言问题时，跟一般人说的也差不多，而且还说得不好玩。这一点是我们语言研究者需要深刻反思的。

除了语言工具观以外，还有语言资源观。不少人以为语言资源观是新东西，其实早在1971年《语言是可以被规划的吗？》那本书里就有提到过。这本书的编者之一是颜诺，他在很年轻的时候就从瑞典出来到世界各地，成为语言规划领域的开创者之一。在这本书里，颜诺认为，语言是一种社会资源。语言作为社会资源的重要性在于它的交际功能以及有关身份认同的价值。所以，语言资源观并非最近才提出来的，它在今天成为一个趋势的原因，可能是由于"资源"的说法更能引起重视。我们说语言规划就是为了改变人的行为，如果把语言作为一种资源，似乎从国家管理的层面看才有意义。人总认为资源是好东西，资源在开发中才能有价值。资源又分为很多种，颜诺最早认为语言是一种社会性资源。而我们今天所说的语言作为一个资源的观念，是鲁伊兹（Richard Ruíz）在 1984 年提出来的。他提出了影响语言规划的三种取向：语言作为问题，语言作为权利，语言作为资源。他把语言看作是资源，因为只有这样，语言规划才能和其他规划联系在一起。

我们规划一下石油的开采，规划一下铁矿石的开采，同理也得规划一下语言资源的开采，这样才有意义。但什么叫作语言资源的开采呢？语言和石油、金矿、铁矿一样吗？虽然都可以加上"资源"两个字，但语言和它们好像又不一样。所以这时候对语言本质的了解就显得很重要。语言到底是什么资源？它和铁矿、金矿、石油这些自然资源不一样，但它的重要性不亚于这些。你要按规划自然资源的那套方法来规划语言，可能会没有人买账。如果我有自然资源的话，我谁也不告诉，我自己留着用，不仅不让别人用，而且我还要拿来卖钱，这都是对自然资源的做法，语言很明显不能按照这套方法来规划。假设语言是一种资源的话，我们不可能只把它留着自己用，也不可能不让别人来用。甚至，一些国家在进行语言推广时，还要花费一定的人力、物力让他人来学习。

那么语言到底是一种什么样的资源呢？这又与对语言本身的研究密切相关。语言这个事情是很复杂的，尤其是我们把它和人、社会连起来看的时候。为什么我们宁愿把语言抽象成一个数理系统、一个符号系统来研究呢？因为这样容易把握，不会考虑受到很多预测不了、控制不了的变量的影响。但是问题在于，你那个抽象的系统反映的不是语言的真实情况。通过人和社会的交互，在这个情景中研究，我们得出来的规律才是有意义的、真实的、和社会密切相关的。库普尔曾经说过：规划语言就是规划社会，因此，只有一个好的社会变革理论才会有一个好的语言规划理论。也就是说，语言规划更多的是要考虑社会因素。如果从资源的角度来看，其他自然资源好像有个矿产资源部专门进行管理，那么是不是也需要一个类似的语言资源部？其实可能还是不一样的。就语言规划来看，不管是工具观还是资源观，它的基础都是有关语言的，关键的问题也在于搞清楚语言到底是什么。但遗憾的是，这么多年来，一些关于语言本质的研究并没有跟上。

当然，从公共政策的角度看，语言资源规划是人力资源规划的一部分。人力资源规划难免会涉及人的规划，自然会比较困难。人力资源规划不仅包括语言规划，也有其他类型的规划，这类规划的特点就是，时间不确定、效果不确定，还有很多不确定，但有一点是确定的，那就是要花钱。总之，语言规划可以纳入国家人力资源规划，而国家人力资源规划又是国家资源发展规划的一部分，语言规划的重要性不言而喻。另外，在语言规划里，参与者从组织的角度来讲，是多种多样的，有政府机构、教育机构以及其他组织。这些组织有不同的层级、不同的目的，比如政府机构负责从顶层设计语言规划，教育机构为落实政府的某些规划，制定出一些细致的东西，等等。

（三）从结构主义到后现代的转变

早期的语言规划研究，很多东西其实都源于结构主义。结构主义本身并没有问题，它代表着那个时代的人对于世界的看法。每一个时代都有它的局限，即使是某个时代最聪明的人，很多东西也是有时代局限的。结构主义存在的一个问题是把所有东西都看成是静态的。为什么结构主义偏爱静态？可能是因为静态的东西更容易处理一些，也更容易找到一些规律。有了结构以后，至少我们能够发现一些规律，但遗憾的是，这种规律是静态的。而语言系统的本质却恰恰相反，它是动态的。因此，结构主义只解决了一部分问题，它所发现的规律在实际应用中也会遇到挑战。

西方的哲学思潮从结构主义后就到了后现代主义。从哲学开始，人们开始反思过去的这些东西，不仅仅是在语言里。语言对于人而言，是很重要的东西，哲学家思考也要用语言，语言也成为哲学转向的重要内容。比方说，维特根斯坦（Ludwig Wittgenstein），他前期和后期的哲学是完全不一样的，前期是逻辑，后期完全就回归到了人类的日常语言，提出了意义即用法的观点。我们总说哲学是所有的科学之母，这一点没错。今天的人工智能之所以能成功的哲学根由，可能就是更好地实现了维特根斯坦后期哲学里对于意义的理解。

后现代主义的一个重要特征就是反思和怀疑一切。比如在语言领域，一些学者开始关心怎样通过语言来进行治理。这时候我们就会想到一些问题。语言规划一开始是解决语言问题的，这些问题解决了吗？当然，有人会说没有解决。后现代主义的想法则可能会是：是，问题没有解决，因为你没有考虑到诸多因素，语言只是一个方面。但是，从语言学家而不是哲学家的角度来考虑的话，更重要的是我们对语言本身的研究没有跟上。我们对于语言内部的、系统的、各种元素之间的关系，对于影响语言演化的这些要素，对于语言、社会、人这三者之间的关系，缺乏真正经得起时间检验的成果。事实上，当一个问题出现以后，如果没有考虑这些方面，就很难解决好相关问题。但话说回来，问题解决不好，难道就置之不顾了吗？就要去怀疑过去的一切吗？当然你可以怀疑，不过问题还在那里摆着，这是我们需要思考的，因为我们一直在强调语言规划是以问题为导向的。

（四）从单变量系统到多变量系统的转变

我们再来看有关变量转变的问题。在系统科学里，变量指的是，我们在研究一个系统时，需要考虑的因素或目标的多少。只研究一个变量，很多时候是由于时代的限制，主要就是受当时提出这些理论和方法的人在知识、技术等方面的限制。不是说他们水平不行，因为在当时能提出一个东西，就是那个时代比较聪明的人，其实主要问题还是在于时代整体的发展水平有限。我们不能指望一个 2000 年前的人和今天一样，提出实现人工智能的一些具体东西，那怎么可能呢？

在语言规划领域，单变量过去指的主要就是语言的选择和标准化。我们在前面也多次提到过，语言规划与政策这门学科存在的主要意义和价值是从第二次世界大战以后开始凸显的。当时，那些独立的国家需要选择官方语言，一旦选定以后，国家要在学校开展相关语言的教学工作。但只有选择是不够的，就好像柴门霍夫在《第一书》的封面说的那样，想让一门语言成为国际语，仅那么叫它是不够的，还要在语言选择以后进行标准化，有时候也叫规范化，进行推广。在语言规划历史的很长一段时间里，大家认为语言规划就是做语言规范化或者标准化的事情，这件事情相对来说是比较容易做的。但你做了以后，人家愿不愿意执行，就是另外一回事了。不过总归是有办法能够实现的，只要你手头有一定的权力，你这个机构是国家授权的机构，就可以做。不只在中国是这样，在国外也都一样。

多变量就会考虑很多因素，比如说权利、认同、人权、资本、经济不平等、经济危机等，还包括劳动力的流动。我们中国在城市化的进程中，很多农村人都到城市来打工，这就是劳动力流动。所有这些因素形成了一种不同于过去的超级多样性，因此在制定规划的时候都需要适当考虑。这不仅会影响到学校的语言教育政策，也会影响到人权、认同等东西。这么一来，考虑的因素自然就会比过去多很多。过去的标准化，一个常见的例子就是词典，比如说《现代汉语词典》。当然，我们汉语现在还没有一个标准语法，这是很遗憾的事情。但我们有一个字典，也就是《新华字典》，它和《现代汉语词典》是中国现代语言规划的两个重要成果。过去我们在开展语言规划工作时，可能只需考虑它们就行了，但是现在要考虑各种因素：全球化、经济不平衡、危机、大公司发展等。

那么，在学校教学的过程中，怎么考虑这些因素？我们在做研究的时候都需要建模。建模的意思就是说，我们面对的真实世界是非常复杂的，涉及很多因素，在研究的时候没办法一下子都考虑进去，但是至少要考虑主要的因素。随着社会的不断发展变化，人们有能力考虑的因素越来越多，所以就会提出来更多的因素。比如说在20世纪50年代，新中国刚刚成立，文盲很多，他们出去工作都有问题，因为连技术手册也看不懂。但识字不是一件容易的事，要有词典、语法，要有让他们能够读懂的东西。那个时候识字是首要任务。但是慢慢地，经济发展了，很多问题出现了，原来那些问题可能不再是主要的，这时候就要考虑到其他因素。这些因素有的能考虑，有的也不好考虑。但要有这样的意识，考虑一个总比一个也不考虑好，考虑两个要比只考虑一个好。语言的或者涉及社会的东西都是这样，不可能十全十美。于是，多变量系统就成了一个趋势。

（五）从实用主义到语言人权的转变

还有一个是从实用主义到语言人权的转变。实用主义就像我们之前说的，问题在那里摆着需要解决。比如说，1949年新中国刚成立时，过去我们国家80%都是文盲，他们出来也没有办法干活，干不好活。但社会要发展，需要劳动力资源，这些人也需要工作。怎么办？首先应该解决语言问题，就是要有词典、语法和书写系统等。说到这里，我们现在还没有一个标准的汉语语法，但当时在《人民日报》上，连载过吕叔湘和朱德熙写的一个《语法修辞讲话》，说明这个东西是很重要的。在实用主义的时候，技术派就很重要，尤其是语言学家。比如编词典的只能是语言学家，别人也编不了。另外，和语法相比，词典可能好编一点，这从实际情况也可以看出来。这也说明，有时一些过于复杂的东西，实际上很难标准化，它引起的争议也很大。

与词典编撰相比，标准语法的编写更难，这可能与语言的本质有一定的关系。语言是一个人驱复杂适应系统，它是动态的，是不断变化的。有时候观察语言学家做的东西，会发现他们忘记了语言是动态的这个特点。动态变化，不是说语言整体都在变化，变得翻天覆地。事实上，语言大部分是稳定的，只有少量、极少量的东西是在变化的，正是稳定的这部分让语言成为一个可供人类日常使用的交流工具。如果你研究其中的规律，可能会发现：中间的东西是稳定的，外围一些零星点点是语言的变化，最终这些变化有的就没有了、消失了，有的变成稳定的一部分，还会形成一些新的不稳定的因素。在探求语言规律的时候，首先是探求中间稳定的这个规律，因为这是语言系统的本质，变得少、变得慢。正是语言形成了一个系统，不管是交际工具、思维工具，还是文化的认同工具，都是如此。

现在的语言研究里共时（或静态）的东西比较多。当然，也有一些历时研究，说2000年前也有这样的一个系统，1000年前也有，现在也有。如果你拿一个2000年前的词来说汉语应该是怎么样、英语应该是什么样，这可能是不行的。语言是一个系统，在现代汉语里列举一个古代汉语里的词，说这个是汉语的本质，这可能会有些问题。那是2000年前的情况，你怎么知道当时这个词在系统里起的作用跟今天是一样的？研究语言要从它的整体性来考虑，不能为了佐证观点，就把2000年前的例子也拿来用。我们在研究时也要考虑语言的动态性，但它的核心内容是稳定的，我们首先要挖掘的也是稳定的这一部分的系统规律。只有这样才能找到真正的规律，才能够解决实际问题。当然，外围的星星点点，即那些不稳定的部分，也可以去研究，但是不能用它来取代稳定的那一部分。因此，考虑到语言的系统性与动态性的本质，要从实用主义的角度构建一个标准汉语语法自然就不会那么容易。

上面我们在说实用主义的问题，但实际上从后现代主义兴起开始，语言人权成为语言规划乃至宏观社会语言学中的"主要成分"，这也意味着语言人权的重要性。其实，不管是从单变量到多变量，还是从结构主义到后现代，语言人权一直都很重要。我们对语言人权做过简单搜索，用英文在谷歌里搜索"语言人权"，在30年前，大概得不到几条结果。2011年查的时候有9,260,000条记录，我昨天（2020年3月11日）查的时候有63,200,000条。我们还可以用谷歌学术来搜索，看"语言人权"在学术文献里出现的次数，从2011年到现在快10年了，这些也已经翻了好几番（从579,000条记录到2,090,000条记录）。这些数据表明，语言人权很重要，人们也越来越关注这个问题。

当前在全球治理的框架下讨论国际组织的语言平等问题，实际上与语言人权也有很大关系。国际组织或者其他超国家机构，一般都有官方语言和工作语言。这方面，欧洲共同体，也就是现在的欧盟，采用了一种看起来更平等的做法。所有成员国的语言都是官方语言，但明眼人很容易就看出来，这样的策略在现实中是很难有效实施的。有过这么个笑话：欧盟开会时，一个小国的人说了个笑话，因为所有语言都是平等的，所以他是用自己国家的语言说的，但是找不到他这种语言到某些成员国语言的直接翻译，于是不得不用接力的办法来翻译。比如，这个人说的是罗马尼亚语，但没有从罗马尼亚语到芬兰语的翻译。于是，需要先从罗马尼亚语翻译到英语，再由英语翻到德语，再从德语翻到芬兰语。这个过程需要很长时间，导致那些先听懂的人都已经笑过了，芬兰人才开始笑起来，而这时，罗马尼亚人正在说另一个不好笑的事情。这样是不是很尴尬？

由此可见，公平与效率历来是存在冲突的。刚才说的欧共体或者国际组织的问题在哪里？日常工作时，走廊里，当芬兰人见到罗马尼亚人或者保加利亚人，如果没有一个共同语言的话，见面怎么说话？打不打招呼？他俩怎么一起工作？怎么开会？这可能就是为什么外交部等外事机构选的都是学外语的人，而且大部分是学英语的人。但如果都选择学英语的人，你说对其他语言有没有影响，是不是会涉及语言人权的问题呢？除了英语，现在我们还提倡要懂另外一门国际性语言。因为国际组织说法语的也比较多，所以我们要培养会英、法两种语言的国际组织人才。这说明，如果你要进入国际组织工作，语言能力很重要，尤其是说共同语的能力。但如果会老挝语、缅甸语，虽然也是两门外语，去国际组织却不行。难道这些语言就没有人权了吗？那这个问题该怎么解决呢？

这就又回到我们多次提到的问题：我们要保护语言，要有语言人权，这些诉求都是合理的，但怎么解决语言交流的问题？我们可以将这一矛盾叫作"语言多样性与共同语悖论"。语言人权的著名学者斯库特纳布－坎加斯（Tove Skutnabb-Kangas），在她有关语言人权的大作中，选择的是世界语。为什么会有这样的选择？交流的问题是永远存在的问题，不管你愿意不愿意，都会在那儿。她认为，共同语的选择需要考虑很多要素，既要能交流，又要考虑平等、保持多语、不歧视、民主、高效，等等。如果我们选择英语，你生下来就会说英语，说得溜得很，而我花了很大的力气，学了几十年还说得磕磕巴巴，这就不平等。现在很多语言濒危了，要保持文化多样性，没有歧视，要民主，又要有效，那只能选世界语了。但是选世界语也有别的问题，要不然，它都出现100多年了，为什么还没有达到英语、法语作为国际语的水平呢？

有一本书叫作《语言：权利和资源——有关语言人权的研究》，已经被翻译成汉语了。在这本书里，罗伯特·菲利普森也提到，解决语言人权问题的办法就是采用世界语。他们原来也不相信世界语能够有效地工作，能够做一切自然语言能做的事情，但是后来他们参加了几次世界语大会，发现这个语言完全可以做到这些事情。这是一种理性的选择。但是我们知道，语言的事情、人的事情，只有理性是不行的，需要把理想与现实结合起来看。不管是后现代或者是多变量，各种东西突然汇聚在一起，就使这个问题更难解决了。英语全球化、濒危语言、互联网，这是我们今天面临的三大语言问题。在全球化进程中，你以为英语就是国际共同语了，但实际上很多人是反对的。因为从人权的角度，从后现代的角度反思，这种解决办法行不通。现在有很多构建超国家层面共同语的想法，也都会存在这样的问题。比如，我们要构建人类命运共同体，那这个共同体说什么语言呢？理想的解决办法是采用像世界语这样的中立语言。但现实告诉我们这样的选择很难，稍微考察下历史就会发现其中的问题所在。

1913 年，柴门霍夫发表了一篇文章，叫《人类一员主义宣言》（*Deklaracio pri Homaranismo*），刊登在一个叫作《人类》的杂志上，那是一个为世界上爱好进步的人士办的杂志。柴门霍夫说，我是人，我是人类的一员，我将整个人类视为一个家庭，人类之间的敌对是人类团结遇到的最大问题。在这个宣言里面，他提到一个与语言相关的内容：在生活中，每个人都能使用一种自己喜欢的语言，信奉自己喜欢的宗教，但在和使用其他语言和信仰其他宗教的人交流工作时，为了平等起见，应该使用一种中立的语言，遵守一种中立的风俗习惯。1913 年，柴门霍夫就已经意识到，不解决中立问题，所有国际合作都会遇到麻烦。遗憾的是，在 35 年之后的 1948 年问世的《世界人权宣言》里，并没有包括语言权。柴门霍夫有很多传记，但是我觉得这本传记的标题 *L'homme qui a défié Babel* 特别好，意为"挑战巴别塔的人"。注意，这个挑战并不是说要重建巴别塔，或者说全人类都回到用一种语言的状态，那样会满足不了现代人多样性与语言人权的需要。因此，柴门霍夫从一开始就明确了他的世界语是一种中立的国际辅助语，而不是要取代民族语，这为国际语问题的解决提供了一种理想的方案。

我们人类应该有理想，但也不能忽视现实问题。当前，影响语言规划的三大关键要素是语言多样性、语言人权、语言生态，其中语言人权是纲。重视人权是应该的，但是跨语交际的问题依然在那里。这三个东西交织在一起，你想找到一个面面俱到的解决办法不太容易，或者说基本上不可能。换言之，用现有的常规办法是解决不了的，因此不得不回到理想主义的解决办法，即，中立的人造语言——世界语。但要采用世界语，又会有别的问题。20世纪20年代，在国际联盟——联合国的前身——的一份报告中，国际联盟曾经郑重地把世界语拿到全会上讨论，因为那是理性的做法，是最好的解决办法[1]。但当时国际组织中最重要的语言是法语，不是英语。在那次会上，如果法国人同意，可能世界语就是国联的工作语言之一了。法国人不同意，最后就不了了之了。当然，今天我们知道，法语在国际组织中的地位也在被边缘化，但还边缘得不彻底。这也是为什么我们今天要给国际组织培养的人才是通用英法两种语言的人。比如万国邮政联盟，国外来的快递包裹上面会贴一个小单，有时候是英法两种语言的，有时候是只有法语，因为这个组织最早的官方语言就是法语。北京冬奥会开幕式上，用法、英、中三种语言播报，用法语的原因有些微信公众号说是因为现代奥运的发起人顾拜旦是法国人，这显然是由于不了解现代奥运创办时期国际语情况所导致的，因为那时法语是大多数国际组织优选的

---

[1]　Esperanto as an International Auxiliary Language. *Report of the General Secretariat of the League of Nations adopted by the Third Assembly*. Geneva: League of Nations. 1922.

工作语言。否则，如果顾拜旦是冰岛人的话，那奥委会的工作语言就是冰岛语了，这很难想象。说起奥运会，还有一个入场顺序也与语言有关。北京冬奥会的入场顺序是按照代表队的汉字笔画顺序进行的，这似乎也是一个不成文的规定，即，按照主办国语言来排序，比如，2021 年的东京夏季奥运会的入场顺序就是按照代表队日语的五十音图来的。

如果你是个空想主义者，不食人间烟火，怎么说都行。但是当你回到了人间，要吃饭，就要解决这个现实问题。比如说，讲好多语言的人在开会的时候，大家到底说什么语言呢？理想的解决办法就是世界语，但有人对此提出反对意见。因为世界语背后没有国家，没有母语者，也就没有人为它说话。但如果有人为它说话，如果它有"母语者"组成的国家作为靠山，它又失去了中立性，可能会造成语言人权的问题。这也就是我们之前所说的"共同语悖论"的问题。所以，我们在考虑共同语的选择问题时，对于这些历史的了解就变得非常重要。我们不能什么都不懂，无知者无畏，什么建议都提。实际上，可能很多年前就有人提过这些建议，但已经被历史证明很难实现了。

（六）从语言问题到语言生态的转变

最后，我们再来看从语言问题到语言生态的转变。语言问题早期重要的文献主要集中在 20 世纪 60 年代、70 年代。60 年代末，豪根提出 language planning 这个术语的文章，讲的就是针对挪威书面语进行的规划。挪威当时要选择国家书面语，有两种方案，到现在也还是两种方案，但至今都没有解决好。这说明要解决一个语言问题，在有一些国家和地方是非常复杂的。发展中国家的主要目的就是发展，其他的都可以先不管，首先解决能活下去的问题，但发达国家的情况可能又不一样。比如说挪威，为什么经过这么多年的规划，那两个语言至今仍然没有定下来呢？因为挪威相对富裕，境内只有 500 万人，旁边的北海里全是石油，挖出来就卖了，还有三文鱼，人家不用操心生存的问题。这也表明，规划针对人群所处社会的发展水平也决定了对语言问题的重视程度以及解决语言问题的迫切程度。

这里引出了一些新的问题，比如语言保护。现在可以谈一谈关于濒危语言的事情，因为这些东西都是相互关联的。很多年前，我记得看过一个故事，里面谈到对一个非洲酋长的采访。记者问他：现在让你搬到城里去住，和城里人一样过好日子，但是，到城里就不能说你部落的语言了，你愿不愿意？酋长欣然同意，说都要活不下去了，怎么样都可以。假设这个酋长所在部落的所有人，为了生计问题都到城里去了，而且也不再说部落的语言，那么他们的语言很快就会处于濒危状态。遗憾的是，这种故事，几乎每时每刻都在全世界重复着。

语言濒危以后我们应该怎么做呢？比如，有这样的一种语言规划，为了保护濒危语言禁止学国家共同语或外语。这时有人可能就会说：不让我家孩子学这些语言，难道我的孩子因为语言保护就应该一直待在村里吗？那为什么你自己的孩子一生下来就送到大城市、送到发达国家去了？作为语言学家或者专业学者，我们不能将问题简单化。假设有的语言没有人用了，这时候要出个主意。你不能说：这几个村的人就不要乱跑了，你们走了，你们的语言就没人讲了，就消亡了。一旦语言消亡，人类的语言生态就会被破坏。原来村里后头山上的那些草，你们给它们起了一些特殊的名字，没有你们的语言，我们都不知道这些草应该叫什么。你们河里的鱼，我们也不知道叫什么鱼，因为我们只知道大鱼和小鱼……这么说似乎有道理，但问题是，那些村民也想生活得好一点，所以不愿意住在这里了，那怎么办？有一些问题看似是孤立的，但我们必须联系起来看，不能简单化、理想化。

就语言规划而言，我们要有理想，但要实现理想，就要脚踏实地。如果根本活不了两天，怎么实现你的理想？必须要先活下去再说。这些东西是规划者或者研究者都应该要考虑的，在具体操作时千万不能空谈。历史已经告诉我们，空谈是不行的，否则最后就成了笑话。从现实的角度来看，语言规划过程中会面临各式各样的问题。比如，语言规划要改变"他人"的语言行为，虽然这个"他人"很重要，但一定程度上你很难改变，因为谁也不愿意自己的行为被别人所改变。在20世纪50年代、60年代的时候，基本上很少有人关注这个问题，后来才慢慢引起了关注。当然，其中的一个原因就是我们之前说的，随着后现代主义的兴起，人们开始对各种问题进行批判和反思。后现代为什么会产生？那也是人活下来了，日子好了，才会有精力做这个事情。对后现代主义而言，语言生态也是关注的重要问题之一，这其实也是80年代、90年代以后语言规划的一个重要转变。

语言作为一个生态系统，与周围的很多东西，特别是与其他语言，都是密切相关的。一种语言改变了或者消失了，对其他相关的语言和事物也会有影响。因为语言不只是交际的工具，也是文化的容器、身份的象征、知识的载体、心智的窗口、思维的手段和国家的资源。知识很重要，这是人类所特有的东西。正是在不断的知识积累的基础上，人类才能发展和进步。但发展到一定程度后，人类就会想着和平共处，也会想起来与语言有关的很多东西。关于生态语言学，我们上次说过米尔豪斯勒，在澳大利亚阿德莱德大学研究周围土著语的问题。其实还有一位芝加哥大学的语言学教授，叫萨利科科·穆夫温（Salikoko Mufwene）。他们都是在研究小语言、濒危语言以后，开始考虑语言生态的问题。另外，欧洲的一些学者也比较关注语言生态的问题。欧洲已经基本上没有什么濒危语言了，因为那里濒危的语言大多危险过了，消失了，所以就不存在这个问题了。但这也从侧面说明，很多时候，只有语言消失了，才开始引起重视。

再讲一个有趣的事情。从赤道往两极走：越往北经济发展水平越高，人口越密集，语言就越少；往南没有什么人，越到赤道周围，天气炎热，各种森林、热带雨林很多，语言也越多。语言密度最大的是巴布亚新几内亚，有 800 多种语言，是不是很神奇？有研究表明，生物多样性和语言多样性是一个正相关的关系。在很多年前，就有生态学家用生态学的方法研究过生物多样性和语言多样性的关系。从生态学的观点来看，生物的灭绝速度和语言消亡的速度等是相关的。

《生态语言学导论》可能是全世界第一本以生态语言学为名的书[1]，但这本书是用德语写的，所以关注的人不是太多。作者阿尔温·菲尔（Alwin Fill）是奥地利人，他是最早提出生态语言学的欧洲学者，但他不是研究少数族群语言和濒危语言出身的，也不是从生态学的角度提出来的，而是从话语或者其他的一些相关的角度提出来的。从生态学的角度看，语言消亡了，没人讲了，这应该也是演化的一个阶段。借用生态学的方法去研究语言，一般是那些研究小语言、濒危语言出身的学者，从语言保护等生态学的角度去做这件事情。但是，欧洲的这批学者不是研究小语言的，而是从其他角度（比如哲学、话语的角度）出发。真正比较接近生态学意义的语言生态学，就是穆夫温和米尔豪斯勒的研究。米尔豪斯勒自己出过一本书，研究太平洋地区的语言状况，他更进一步提出了环境语言学或语言环境学，可以看作是一本在生态语言学的基础上进一步升华的书。总之，在语言规划领域，生态学已经成为当前比较重要的一个研究视角，值得进一步探索。

综合以上语言规划的发展趋向与转变，我们小结一下这部分的内容。过去我们强调语言规划的时候，强调的是语言的工具性，正因为它是工具，我们才能改变它。但是后来我们把工具改革到我们能用的

---

① Fill, A. (1993). *Ökolinguistik: Eine Einführung*. Tübingen: Gunter Narr Verlag.

时候，我们才发现语言不仅仅是工具，语言还有很多其他功能。第一，语言是文化的容器，它包含了很多文化的东西，承载着文化。第二，语言是我们身份建构的一个象征。所以说，新时期的语言规划者和政策的制定者可能要考虑这些问题，过去我们更多的就是从工具的角度来考虑语言，而忽略了它在文化和身份认同等方面的作用。

在不同的时期、不同的阶段，语言规划和政策的重点会有不同。刚成立的国家，交际和象征功能就强于文化功能。一定时期以后，各民族的均衡发展变得重要了，这个时候就要考虑语言多样性。我们可以将语言政策与语言规划中的这种转变视为社会变化中的一种；语言政策是社会政策的组成部分，社会发展各个时期重点的不同也要求不同的语言政策与语言规划来适应。语言有不同的功能，我们在不同阶段只重视一个功能，因为能力有限，到不同的阶段，关注不同的功能。语言是复杂的，它对人的许多方面都有影响。

一个具有多种功能的物件，在不同的场景下，其首要功能会随着场景的变化而转变。比如，某人有一件珍贵的"东阳木雕"艺术品，价值不菲，显然这种价值指的是内在价值或文化价值。在一个寒冷的冬夜，只有将这件木雕烧掉才能保命的时候，该选择木雕的实用（工具）价值还是内在价值？每个人有不同的选择，不同的人在不同的时期面临同样的问题时，处理的方式也可能会不一样，这也是产生争论的原因。

如果我们把"木雕"换成"语言"，不难看出，语言既有内在价值，也有工具价值，二者的高低既不能一概而论，也不是一成不变的，而应视具体的环境而定。尽管每一种语言都是和人类知识密切相关的，一种语言的消亡就是我们知识体系中某一部分的丧失。但是工具价值是最根本的。没有人用，没有人学，是不行的。也就是说，交际是语言最重要的功能，不能交际了，就很难保护它。确实，保护一个已经不能交际的语言，实际上很难做到。这就是说，对弱势语言不应该仅仅保护它的内在价值，而忽视其工具价值，因为不能交际的语言实际上已经丧失了语言最根本的价值。在这种情况下，也很难去保护语言所承载的文化和知识。语言，是人驱动的复杂系统，一旦没有人使用，这个系统就失去了运行和发展的动力。

因此，忽视语言的工具价值，就很难来保护语言的文化价值。对于强势语言，又是另一种情况。我们有时候说，把外语引进来，全民说外语，只是把它当成一个工具，但任何语言都不可能只是工具。当全民说外语的时候，语言所携带的其他价值会慢慢地在语言的使用者身上显现出来。这个时候再想动，就不好动了。因此，就强势语言而言，不能仅仅认为它的工具价值，而忽视它的文化价值；对于其内在价值的忽视，会导致它对其他文化的侵蚀，严重时会导致国家安全问题。

为什么要讲这个问题？是为了提醒语言的规划者、政策的制定者，这是他们必须考虑的问题。我们在前面也讲过，当全民在学习一个国际语的时候，同时还想让母语也变成国际语，这怎么可能？比如母语是汉语的老师，只讲汉语，到美国、英国能当教授吗？不能。你到其他国家也不能当，你必须学那个地方的语言，你得会英语。到挪威，不学挪威语行吗？很难的。而在我们这里是行的，为什么会这样？换言之，我们的语言规划不能只规划汉语，也要进行外语的规划，因为它们是互相影响、交织在一起的。

所有这些都说明，语言规划与语言政策不再是一个单变量的过程了，而是一个与具体的社会环境密切相关的多变量过程，并且导致语言变量改变的因素很可能来自非语言变量。语言政策与语言规划的研究者们应该寻求非语言变量和语言变量之间的关系，要从实际出发来进行研究，力求语言系统的平稳运行。在可能的情况下，充分挖掘语言的自我调节和发展能力，就是要顺势而为，做符合语言规律的规划。

如果语言只是一种工具，那么，人们只需追求工具的实用性、易用性、高效性就行了，想怎么改就改。而作为资源的语言，在人们眼里就有了更多的含义，为了人类的可持续发展，任何资源，特别是难以再生的资源，如何利用和保护就显得格外重要了。语言的资源观也会使人们从更广泛的背景去处理语言和生态的关系。我们要实事求是地弄明白这些非文化、非语言的因素在何种程度上影响着语言的演化和发展。

内特尔（Daniel Nettle）说过，不同的生态模式青睐不同的社会网络，后者又造就了不同的语言群体。我们从社会网络的角度能不能研究语言？用社会网络的方法研究生态的因素到底对于语言群体的形成会产生什么影响？它是个复杂的东西，但不意味着它就是无章可循的。作为一个研究语言的人，我们要客观地、本着探索的心态进行研究。经常有人笑话我研究世界语，作为一个语言学研究者，我很纳闷。为什么一个40页的小册子可以变成在全世界有几十万人讲的语言？从一页纸怎么能变成上千页的词典？这个现象你不好奇吗？当然还有很多令人好奇的东西，但语言奇妙之处之一就在于很多东西没有记录下来的话，后人就没法研究。现在有这么好的一个样本，你完全忽视它，还自称是一个学者，难道你重新定义了学者？这也就是说，我们要从这些角度来真正地把它当成一个学科去研究。各种因素在语言的演化过程中起到什么样的作用？前人有很多的思考，我们要在继承的基础上来研究这些问题。对语言学家的期待是要观察研究真正的语言，而不只是你脑子里的语言，要能够解释人类真实语言的现象、要能解决现实问题。

语言是人驱动的复杂适应系统。语言有普遍性，也有多样性。不要轻易说某一种语言很独特，与世界上其他的语言都不一样。世上有

7000 多种语言，有的人只了解自己母语一种语言，就说它很独特。你怎么知道这 7000 多种语言里面，没有和它差不多的呢？各种非语言因素可能会影响语言，使之与其他语言有一些差异，但这种差异不可能大到使这种语言看起来不像是人的语言了。换言之，语言之外的因素对于语言演化的影响，需要重视，但不能过于放大。因此，我们要在力所能及的范围内，探索一些语言的规律，探索在有人为影响及干预情况下和自然发展情况下相比，语言的演化有什么异同。

第三节　语言规划流派

最后，我想再简单说一说语言规划流派的事情，这对了解这门学科的历史发展还是很有作用的。作为学科，语言规划发展了六七十年，在事实上也形成了一些学派或流派。学派或流派是中文的叫法，它的英文是 school。比如说在术语学领域，有维也纳学派、奥地利学派（创始人就是前面提到过的维斯特）。假设我研究术语学，到了奥地利，想去这个 school 看看，该去哪儿找？这是一个只知其一不知其二的典型例子，我们在小学英语里就学过 school（学校）是个实体。但在维也纳没找到这个"学校"，这时才发现"school"还有"学派"的意思。

我们一再强调，语言规划就是要解决现实问题的。但由于政治、经济、社会的发展阶段不同，采用的方法不可能是一样的。同时，人们在解决问题的时候，考虑的因素不一样，这种因素的不一样，导致他们在看待语言规划及其本质的时候，就会有所不同。从学理上来讲，他们是有意识地干预语言的演化进程，有可能是加速了，也有可能是倒退了。他们从事的是干预或改变他人语言行为的一个活动。在有些地方可能容易改变，你采用的措施可能就需要 a 方案，但有些地方你要采用 b 方案，还有些地方要采用 c 方案。这种方法的不同、理念的不同、所处社会环境的不同……，就构成语言规划学派的基础，基本上与其他语言学分支是差不多的。当然，学派或流派的形成也需要传承。

周庆生老师分析总结过 60 年来语言规划领域的主要理论流派。比如，弹性规范学派，主要是在北欧和捷克。这其中有个丹麦人，就是叶斯柏森，他自己对于语言的有意识改变也有非常重要的贡献。比如，在前面提到的 1931 年 *International Communication* 的那本书里，叶斯柏森将国际语学（interlinguistics）作为一门新的学科引入语言学，并把它定义为：语言科学的一个分支，研究人类语言的结构和构成的基本原则，旨在建立一种国际语的标准。所谓国际语是指由于母语的不同而产生理解障碍的人们之间口头或书面交际的辅助语言。他自己还创造了一种叫 Novial 的计划语言，所以在语言规划学科里出现他的名字，很正常。布拉格的这些人更正常，因为布拉格是语言功能学派的发源地。这个功能实际上就和语言的使用有关，所以他们有一套成熟的研究语言结构、功能与使用关系的方法。

另外一个是理性选择学派，这是语言规划中的主流或标准学派，因为选择本身就是语言规划的要素，豪根是这个学派的代表人物。实际上这个学派讨论的就是共同语的选择。从 19 世纪开始选择到现在，挪威的那两种语言还没有选好，这就说明，事情很复杂。选择学派后来基本上是美国的这一批人在做，比如说费什曼。豪根虽然做的是挪威的事情，但他本身也是美国人。第三个是适应学派，以发展中国家的学者为主，主要就是非洲的一些学者，立足非洲各国的国情开展语言规划工作。还有一个语言治理和管理学派，主要是从社会规划的角度来进行研究。请注意，治理和管理都是要有一个规范，而所有的这些都不是今天本领域研究的主要内容了。换言之，这些传统学派关注的东西基本都不再是目前的研究热点。

为什么传统学派关注的事情并没有解决好，但有很多人却不再做传统的东西？这其中，有关语言的理论研究跟不上，可能是主要的问题。比如，对于语言演化的研究——对演化规律的研究和发现——并没有什么进展。什么是规范？为什么要这样规范？你怎么评估？这两步做不好，后面的也就很难进行下去。这就说明，学科发展史上的一些东西都要联系起来看才行。我们要努力去发现语言演化的规律，尤其是人参与语言的演化——语言的演化本来就离不开人的参与，而且是有意识的参与。比如，今天这个词说得好好的，明天告诉你，不要再说这个词了。那么这对语言会有怎么样的影响呢？这些重要的东西，能够解决问题的这些东西，我们在后面还会谈到。

　　接下来，我们主要会分析一些经典的语言规划模型。为什么要用经典模型？因为经典模型经过时间检验，已经成为学科的核心组成部分。进入一个学科，就意味着要了解这个学科的历史，掌握它的方法，然后了解它的成果，即已有的理论模型。这些模型是你可以拿来操作的，比如去分析世界各地的语言规划活动，在发现问题的基础上进行比较，这样有可能会得出一些具有普遍意义的东西。此外，在比较分析的过程中，我们也可以充分利用已经掌握的资料，对这些经典模型做进一步的补充和完善，这对语言规划学科的发展会起到一定的作用。受时间与篇幅所限，对那些不能操作的、目前很难说清楚的事情，以及新出现或者转变趋向的内容，比如说语言人权、后现代主义等，我们就不多说了。

第四讲　语言规划的理论框架（一）

　　对任何学科而言，理论的提出和完善无疑标志着学科的进步和发展，语言规划也不例外。我们在前面多次强调过，语言规划的初衷就是为了解决语言问题，这使得它看起来像是一种技术性学科，或者说更偏向于应用实践。但一门学科要成熟、要发展，不可能一直只停留在实践层面，还应该有一定的理论突破和理论贡献，为人类的知识库添砖加瓦。在过去的半个多世纪里，语言规划领域也产生了一批经典的理论框架和模型，这对推动学科的发展起到了一定的作用。从本讲开始，我们会讲一些重要的语言规划经典模型，希望通过对这些模型的分析讨论，进一步加深大家对学科的理解。

第一节　语言规划理论框架的重要性

　　说到语言规划理论框架，就不得不提到一个人，他就是已故的澳大利亚语言规划专家——昆士兰大学巴尔道夫教授（Richard B. Baldauf Jr）。在语言规划领域，很少有人没看过巴尔道夫的论著，如果没看过，那很有可能就是没有真正地入门。早些年我研究语言规划的时候，跟巴尔道夫有过一些交流往来。大概是在 20 世纪 90 年代初的时候，我开始从计划语言研究转到了语言规划的研究。我进入一个领域的方法，就是先要把这个领域已有的主要文献都读一遍。那时，互联网还不怎么盛行，主要还是通过传统的邮政系统去寻找文献。其实，这个过程是非常麻烦的，不像现在网络和各种文献数据库都比较发达，鼠标轻轻一点就可以获取想要的文献。正是在这个时候，我联系上了当时还在悉尼大学语言中心任职的巴尔道夫。于是，我便开始跟他通信，他也给我寄来一些资料。

大概在 1997 年，巴尔道夫和卡普兰出了本书，名字叫作《语言规划：从实践到理论》（*Language Planning: From Practice to Theory*），看名字就知道它跟语言规划理论是有关系的，当时 *Multilingual Matters* 出版社介绍说它是语言规划领域最完整的书。我在网上看到这本书后，考虑到国内语言规划的理论研究才刚刚起步，还没有类似这样的书，所以就想把它介绍给咱们国内的学者。后来，出版社给我寄来这本书，让我写个书评，时间大概是 1997 年、1998 年，至今也差不多有 25 年了。可以说，是我把这本书首先介绍到中国来的。20 多年来，我们也一直想把这本书翻译成汉语，这样更多的人就能够了解作为一种学科的语言规划。终于在 2019 年底，中译本在我主编的《应用语言学译丛》中由商务印书馆正式出版了。我为这个译本写了一个导读，结尾是这样的：

> 20 年前，为了向中国大陆的学者介绍这本书，我通过邮件结识了当时在悉尼大学任职的巴尔道夫教授。期间，我与他通过许多邮件，也与他的博士生赵守辉、李明琳成了好友。20 年后的今天，作为《应用语言学译丛》的主编，我很荣幸有机会在这里向各位推荐这本书的中译本。感谢郭龙生教授，感谢商务印书馆，使我们可以不再等待。

没错，我们已经等了 20 多年了。20 多年前，我是一个语言规划研究的业余爱好者；20 多年后，我却以职业语言学家和语言学译丛主编的身份，写了这样一段话。我们说，人生有时候会看到底，但有的时候也不一定会看到底，只要坚持做一些事情，那么一切皆有可能。

现在，我们开始说理论框架的事情。语言规划这个领域，我们在前面已经讲了不少，细心的人可能也发现一些问题。比如内容比较散乱，没有形成一个体系，但是这种散乱是文科的一个特点。既然如此，为什么要用框架框住自己呢？有人说，搞文科的天马行空就行，为什么非要限制到所谓"理论"的盒子里看不到蓝天呢？因此，也有很多人不理解，说你们这些懂外文的人，就爱拿外国的东西限制自己泉涌的才思。我们认为：任何学术研究都是想发现一些普遍的东西，在普遍的东西之下，再来发现它的个性。比如说，就语言来讲，普遍性下的多样性可能是重要的。如果我们否认语言的普遍性重于它的多样性，最终有可能使你所研究的语言成为一个不是人类语言的物件。框架肯定会有约束，但是框架让我们能够研究普遍性，发现人类行为的模式，而模式是构成人类知识体系最重要的东西，这可能也是任博德的新书标题为什么叫《模式的世界：知识的全球史》的原因[1]。

　　但我们也应该清楚，没有哪个框架是完美的。比如分析一个语言规划案例时，可以从 5 个角度去分析。假设在分析 100 个语言规划案例时，都按照这 5 个角度来，会出现什么情况？有时候这 5 个角度可能不够，需要 6 个角度或者 7 个角度；也有可能 5 个角度多了，只有 3 个角度或者 4 个角度。框架的价值就体现在这里。如果不够，我们可以扩充这个框架，从 5 个角度发展到 7 个角度。但同时我们也要考虑一些问题，比如这两个角度是普遍的还是特殊的？在另外一个地方是不是又能够发现包括这两个角度在内的共同角度？也就是说，如果没有一个统一的框架，所有的比较研究或者发现普遍性规律或模式的研究都是不切实际的。当然，想起来什么说什么，说了 100 遍，最终

---

① 　Bod, R. (2019). *Een Wereld Vol Patronen: De Geschiedenis van Kennis*. Amsterdam: Prometheus.

也只是 100 篇文章而已，很难推动学科的发展。我们也充分意识到，尽管这些框架可能不那么好用，不那么完善，但有了这样的一个框架，就可以对不同国家、不同时期、不同阶段的语言规划行为进行比较；而通过这种比较，也许可以发现在人有意识干预他人语言行为的活动当中的共性，这也就是我常说的语言研究要发现规律、发现模式。

比如，巴尔道夫和卡普兰的《语言规划：从实践到理论》（1997），是目前语言规划领域最权威，而且也是经过时间考验的一本著作。在这本书里，他们提出了一个生态模型的框架，并且后续用实例做了进一步验证和修正。2003 年，巴尔道夫和卡普兰出版了《太平洋地区的语言和语言教育规划》，用 1997 年提出的模型分析了 14 个国家和地区的语言教育规划。太平洋地区是一个非常有趣的地方，这个地区的文化、社会环境非常多样和复杂，如，政治制度多样化，有殖民的，也有被殖民的，有工业相对发达的地方，也有一些比较落后的地方，还有一些岛国与外界的联系不多。通过用一个统一的模型来分析、比较这些国家与地区语言教育规划所涉及的各种因素，有助于更好地理解语言教育规划的诸多问题以及各个因素之间的关系。由此可见，模型或者框架在语言规划研究中是非常有用的。巴尔道夫的博士生，现任挪威卑尔根大学教授的赵守辉曾经和我商量过，如果让我们俩仅推荐一本语言规划的著作，我们都认为 2003 年的这本书是比较合适的。

上面说了这么多，其实就是想表明在做语言规划研究时，还是应该重视模型或者框架的作用。为此，我们接下来将介绍一些比较经典的模型，希望对当前的研究能够有所启发和借鉴。这些模型跨越的时间线较长，有 20 世纪 60 年代的，也有 80 年代的，2000 年以后的也有，它们的共同点在于都经受住了实践的检验，能够用来分析一些具体问题。首先，我们来看陶里的语言规划理论。

第二节　陶里的语言规划评价理论

　　库普尔曾说过，在没有一个好的社会规划或者社会变革理论的情况下，语言规划实际上是一件比较困难的事。我们很容易发现，术语语言规划包含了"语言"这两个字，但是如果把语言规划的因素都归结到社会，那么语言规划似乎就不是语言学家而是社会学家应该做的事情了。针对语言规划的这种社会学倾向，陶里曾经一针见血地指出："目的论要重于社会语言规划的目标，应该是尽可能使得语言成为一种更有效的工具……我们应该使语言更适用于现代文化和现代社会。"换言之，作为一个语言学家，你要参与语言规划这件事情，能做的大部分都在语言本身。

　　而语言功能的分配或者推广问题，比如，要把一种语言推广为全国共同语，要全国人民都来学，这是政治家的事，语言学家很难搞。至于国家共同语应该采用哪种具体形式，需要什么样的老师去学校教书，教什么样的形式，选择哪些东西教书，哪些教哪些不教，严格说来，这些也不是语言学家的事情。传统上，在开展语言规划工作的过程中，语言学家负责的主要工作就是要做语言本身的改变。现在问题来了，如果回到本源，也就是回到对语言本身的改变，那么接下来的问题是：为什么要做这些改变呢？难道我不对语言做改变就不能使用了吗？这是首先需要解决的问题。如果说答案是我们希望有个更好的语言，接着就会产生新的问题：什么语言是更好的？当然，我们知道没有最好，只有更好，但什么语言是更好的？

　　要确定什么语言是更好的，就会涉及评价语言的问题，这也是大多数现代语言学家尽量想回避的。但对从事语言规划的语言学家来说，这是无法回避的问题。我们认为，从这个意义上看，陶里（1968）提出的语言规划理论是有价值的。即使语言学家不愿意正视，但作为研究语言规划的语言学家，你必须去面对。如果你要规划，说某种语言不太好，但要搞清楚它为什么不太好，这是很重要的。现在语言学家面临的就是这个问题。哪怕你说我最怕这个问题了，但还是要做这个事情，必须回答这个问题。语言学家在参与语言规划时，大部分做的都是针对语言本身的规划。所谓规划，那只是好听一点的名字，通俗来讲就是要做出改变。为什么做出改变？因为你不满意现状，觉得语言现在的形式达不到预定目标。这自然而然会涉及评价语言的好坏问题。

　　然而，在没有对语言演化有科学的了解之前，语言评价很不好做，甚至是个得罪人的事情，搞不好就出问题。这方面比较有名的例子是，以德国人洪堡特为首的欧洲人曾经认为，汉语这种孤立语，在人类语言的发展中是比较落后的、原始的，还没有发育好。我们当然不会认可这种观点，谁没发育好？汉语都有几千年历史了，你们西方语言才有几年呢？但只是这么说说可能解决不了问题，语言演化还需要更科学的研究。就拿欧洲语言来说，拉丁语形态变化丰富，过去按形态变化丰富程度来评价语言的好坏，语言形态变化越丰富就越发达、越高级，没有形态变化的语言被认为是低级的。但有关语言演化的研究表明，语言类型结构的发展似乎与此相反。例如，从拉丁语到罗曼语族里的法语、意大利语、西班牙语、罗马尼亚语等，一个趋势就是这些语言的形态变化越来越不丰富，词在句中功能主要靠语序与虚词来实现。换言之，社会发展了，语言的使用范围更广了，但语言向孤立语转变的倾向或趋势却越来越明显。再比如英语，当它在世界上使用得越来越广泛，或者说第二语言使用者越来越多的时候，它慢慢地就接近于一种孤立语了。这意味着什么呢？孤立语可能才是语言演化的最终形态。很可惜，当时说汉语落后的那些人现在都不在了，否则这脸都没地儿搁了。所以说，评价语言的优劣不是一件容易的事，语言学家尽量避开这个问题，也就不难理解了 ①。下面我们再回到陶里。

　　陶里（Valter E. Tauli），1907 年出生于爱沙尼亚的首都塔林。1931 年毕业于塔尔图大学，1937 年获得硕士学位，论文题目为"校正惯用法和语言规划的原则和方法"。1944 年，陶里移居瑞典，并于 1956 年在隆德大学获得博士学位。1963—1973 年，陶里任乌普萨拉大学芬兰–乌戈尔学院的副教授。陶里的著述不多，一生大约发表了 30 余篇学术论著，其中不少是使用爱沙尼亚语写的。20 世纪 60 年代、70 年代时，陶里在语言规划领域还比较活跃，他的代表作就是《语言规划理论导论》（以下简称《导论》）。从标题可以看出，陶里的这本书讲的就是语言规划理论，实际上这也是语言规划领域第一部以理论构建为主要目标的专著，它所构建的理论就是基于语言评价的。关于这一点，后面我们还会有介绍。《导论》非常重要，但我却不是在阅读语言规划文献时接触到的——语言规划领域几乎都已经忘掉它的存在。从 90 年代开始，语言规划转向后现代以后，大家基本上也忘掉了陶里，忘掉了这本书，同时也可以说是忘掉了语言学家的初心。

　　事实上，《导论》是我在研究人造语（计划语言）的时候，经常见到的一本书。由于年代久远，而且是乌普萨拉大学出版的，因此想要找到原书非常困难。我问过很多人，包括巴尔道夫，他们都说没有。这时候，世界语发挥作用了。我认识一个瑞典人，叫克塞尔曼（Christer Oscar Kiselman），他是乌普萨拉大学的数学教授、瑞典数学学会的会长、瑞典皇家科学院的院士，他也研究世界语。我就联系了这位教授，拜托他能不能去图书馆给我复印一下《导论》，过了一段时间他告诉我，图书馆可以卖给他一本原书。于是，我最终拿到了这

---

① 随着人们对于人类语言的深入研究，这个禁忌也正在被打破，如：Dixon, R. M. W. (2016). *Are Some Languages Better than Others?* Oxford: Oxford University Press。

本我在研究计划语言时知道的书，而且还是毛边的。有趣的是，《导论》在 1968 年时定价 32 克朗，但克塞尔曼 90 年代时则花了 207 克朗。正因为陶里的这本书印量比较小，在市面上也比较罕见，所以人们了解陶里的思想大多是通过他发表在费什曼主编的《语言规划进展》（1974）一书中的文章《语言规划理论》，这篇文章是对其 1968 年著作的简单介绍。

我们介绍陶里，不是因为这个人被大家遗忘了，而是由于他基于爱沙尼亚语言规划活动所做的研究。现代爱沙尼亚语是一个人为干预比较多的语言，或者说，在爱沙尼亚语的标准化过程中，人造成分比较多，甚至被人称为"人造语言"，而且这个语言规划活动最后获得了成功。爱沙尼亚在以阿威克（Johannes Aavik）为首的语言改革过程中积累了很多经验，陶里对此进行了详细的研究和分析，并在 1936 年答辩通过的硕士论文中已经讨论过语言规划的原则和方法。一个人的研究很多时候是和他的社会环境有关系的，假如没有爱沙尼亚语比较成功的语言规划实践，如果没有陶里这个人，有关爱沙尼亚语言规划的许多东西就会被埋没。我们知道，爱沙尼亚语、芬兰语、匈牙利语，虽然它们都在欧洲，但它们并不是印欧语系的语言，他们叫芬兰乌戈尔语系，也有叫乌拉尔语系的，而芬兰乌戈尔语系在欧洲就这三种语言说的人比较多。按理说他们应该具有语言亲属关系，但是实际上，从表面来看，这三种语言之间互相是看不懂的，而且几乎看起来也没有亲属关系。

我为什么会对爱沙尼亚语、匈牙利语这么有兴趣，这里多啰嗦两句。1987 年左右，为了练习我的世界语能力，我开始与国外通信，其中有一个直到今天还有联系的匈牙利人，佐尔特（Váradi Zsolt），小名叫左左（Zozo）。有一天，左左给我寄来一本匈牙利出的世界语小杂志，里头有一篇报道说，爱沙尼亚塔林的某某出版社正在准备出一本标题叫《国际辅助语》（*Международные вспомогательные языки*）的书，收录了公元二世纪到 1973 年的 917 种计划语言。计划语言指的是像世界语这样的语言方案，这本书对研究计划语言和世界语而言是一笔宝贵的财富。我想要这本俄语书，但那时候不像现在这样，拿信用卡就可以随便买；那会儿，也没有信用卡，即便有信用卡，也不能付钱到外国去。然后，我就开始在网上找写这篇报道的人。最后发现是塔林的一个退休老人，叫奥亚罗（Jaan Ojalo），是爱沙尼亚世界语协会的负责人。那时，他已经 70 多岁了，然后我就跟他开始通讯。我问他说，你这个书要出版了，能不能多给我点消息呢？其实我就是表达出想要这书的意思。老头也是聪明人，懂我，说这个书现在还在出版社，具体出版时间还不知道，但可以给我先寄点相关的书。于是，老头给我寄了好多关于爱沙尼亚的书，以及一些用俄语写的有关国际语的书。这里面有些是翻译成世界语的爱沙尼亚文学书，读了之后我觉得这个民族还挺有意思。他也给我寄来一本世界语讲塔林风光的书，看完我觉得这个城市太美了，我也想去看看。

这本书为什么要在塔林出版呢？因为爱沙尼亚有一个历史悠久的塔尔图大学（建于 1632 年），里面有一个研究国际语的教授叫作杜里钦科（A. D. Duliĉenko），他就是这本书的作者。当时，杜里钦科可以招收博士生，那会儿我最大的理想，就是这辈子能当个语言学博士，最好是研究国际语的博士。我就和奥亚罗说，我想研究国际语，你能不能帮我联系塔尔图的这个教授，让我去他那读博士。他说那你要学爱沙尼亚语，于是就给我寄来一些爱沙尼亚语教材。我看了看这些材料，发现完全学不会，基本上等同于天书，我以前学的欧洲语言对我识别爱沙尼亚文字几乎没有帮助。学了一阵子，最后大概学会了几十个单词，还是很难掌握这个语言。然后，他就跟我说，实在不行，你就再练练你的俄语，因为那时候他们还是苏联的加盟共和国，俄语也是他们的官方语言。那时的爱沙尼亚有一个叫爱沙尼亚对外友好协会，似乎是负责与社会主义国家之间开展交往的。他说，爱沙尼亚对外友好协会愿意资助你来爱沙尼亚留学，那是在 80 年代末的样子。结果呢，苏联那边一出问题以后，包括爱沙尼亚在内的波罗的海三国马上宣布独立。于是，这个事情也就不了了之了。奥亚罗也告诉我，爱沙尼亚独立后，物资短缺，那本《国际辅助语》可能出不了了，因为没纸印。我一听到这个非常消息，非常沮丧，因为，这好几年我几乎是天天都想着这书啊。1991 年 1 月 30 日，我收到了奥亚罗寄来的一个包裹，打开一看正是《国际辅助语》。这就说明，哪怕是找一本书，也需要坚持，更不要说研究了。当然，这本书并不是一般的书，是与我们的课程主题密切相关的，杜里钦科所说的"国际辅助语"，更常见的名字是"人造语言""计划语言"等，其实就是语言规划的产物[①]。下面我们再回到爱沙尼亚，回到陶里，回到语言规划。

正如前面所说，陶里在语言规划领域的主要贡献，就是 1968 年的《导论》。尽管书中不少想法可能来自阿威克，但陶里进一步发展了它们，并用英语将阿威克的思想传播到更广阔的世界。然而，也不能简单地将陶里的书看成是爱沙尼亚语言改革（规划）思想的一个推广。更确切地讲，它是一本基于爱沙尼亚语言改革基础的、汇集了当时与这一领域主要思想的集大成之作，是一部具有跨学科意义的语言规划奠基性著作[②]。这本书不仅提到了那个时代的主要语言学家的名字和研究，还有我们这门课里提到的维斯特、叶斯柏森、豪根、霍格本（Hogben）、博德莫（Bodmer）、佩（Pei）、雅各布（Jacob）等人的著作，甚至还参考了赫尔丹（Gustav Herdan）的两本计量语言学著作。

[①]　刘海涛：《计划语言和语言规划关系初探》，《外国语》，1996 年第 5 期。

[②]　更多关于爱沙尼亚语言规划的信息，可参考 Erelt, T. (2002). *Eesti keelekorraldus*. Tallinn: Eesti Keele Sihtasutus。

此外，在计划语言方面不仅多次提到了世界语（Esperanto），也提到了基础英语（Basic English）、伊多语（Ido）、英特格罗沙语（Interglossa）、英特林瓜语（Interlingua）、无屈折拉丁语（Latino sine flexione）、诺维亚语（Novial）、西方语（Occidental）、世界德语（Weltdeutsch）等语言。

如果用一句话概括陶里的语言规划理论，那就是：语言是一种符号系统，其主要目的是交流；语言是一种工具，是一种手段，绝不是目的。既然语言是一种工具，那么就可以对语言进行评价、改变、纠正、规范和改进，也可以创造新的语言。陶里一再强调，语言规划的前提是语言评价。一个从事语言规划研究的学者，你对语言学的意义和价值在于你能够拿出别人拿不出来的东西，在于你对语言中的人造成分了解得比别人更多。我们知道，几乎每一个语言都有人造成分，有的多，有的少。因此，语言中的人造性，实际上就是语言规划应该研究的重点。从学理的角度来讲，语言规划学者不应满足于做一件与语言有关的工作，而是需从学术的角度来研究语言中的人造性，研究人为干预之后语言演化的规律与模式。更通俗点说，对于语言中的人造性，我们这些搞语言规划的人，应该比别人有更多的了解。

陶里明确提出，语言规划的前提是语言评价或者评估。语言的哪些地方是好是坏，这就是对语言的评价，大家对此往往是比较忌讳的。你没事评价别人干什么呢？即便对于使用者而言，只要能达到目的就行，语言能作为一个交流工具就足够了。但是，语言规划要改变语言，就必须进行语言评价，否则就没有改变的理由。当然，我们最需要的不是对语言作为整体的评价，而是从经济性、明晰性、灵活性等角度对具体的语言特征进行评价。语言规划最基本的、最困难的问题在于：如何协调明晰性和经济性的矛盾，即如何平衡明确性、冗余性和经济性之间的关系，从而使语言最有效？在衡量语言的时候，我们应从说者和听者两个角度出发。如果从说者角度衡量，对听者而言是不一样的。俗话说，说者无意，听者有心。说者出于人的生理结构原因，当然是说话越省劲越好，这是正常人最基本的一个特性，也就是能躺着就不会坐着。因此，从说者角度，一件事情可以省时省力地表达是最重要。但是，从听者角度，表达清楚显然更重要，这与说者的愿望显然是矛盾的。

比如，对于听者而言，假设一件事情用四个字才能说清楚的，就不要用两个字，因为两个字可能会带来理解上的困难。但这一点，说者是听不到或者是感觉不到的，因为他们脑子里都在想这个事情，听者脑子里却没有这个概念，需要靠说者用语言重构这个事情。那么，这里就产生矛盾了，实际上也就是听者的清晰性（明确性）和说者的经济性之间的矛盾。中间差的就是冗余性，或者说是多余成分。多余的意思是说，对于说者来讲，大部分情况下是说得很清楚了，可听者还是听不懂。但是当他从说者变为听者的时候，就希望别人多说一点，但是不要太多余，要达到经济性。听者和说者之间存在一个经济性上的平衡——大家都想省力。我们真正面向交流的话语，说出来的话或写出来的东西，其实就是要在听者和说者之间达成一个平衡。换言之，真正用于交流的语言，呈现出来的正是听者与说者之间达成的能够接受的平衡状态。从这个意义上看，我们也就容易理解为什么有学者会将格赖斯的会话"合作原则"与陶里提出的语言规划原则联系在一起[1]。

就语言规律而言，人类语言在交际系统中展现出一种特征，反映了听者和说者之间在省力方面达成的一种平衡状态，大多时候可以用

---

[1] Traunmüller, H. (1991). Conversational maxims and principles of language planning. *PERILUS*, XII, 25–47.

一个数学形式呈现，也就是我们常说的幂律分布。这种幂律分布，当幂指数在接近于1的时候，就叫齐普夫定律，而齐普夫定律正是现代计量语言学的基础。由此可见，语言规划和计量语言学，必然是要联系在一起的，否则很难解释上面的现象。语言规划要解决的问题是，哪种结构最有效、最经济？用一句更有普遍意义的话来说，你要想最优化（optimize）一个系统，你得先搞清楚这个系统的最优性（optimality）。回到语言，当我们改变一种语言时，要把它变成理想状况，但现实中的语言不能改太多，所以要对理想状态和现实状态进行折中。由于要考虑到现实情况，你不可能让语言像股市那样熔断。因此，我们在实施语言改变的过程中，要在现实和理想之间达成平衡。其实，我们每个人的人生都是理想和现实的平衡。作为理想主义者，我们希望全世界都能用共同语，即便很多人不用，我们也不能放弃理想。如果每个个体都放弃理想，人类就等于没有理想了。传统与理想之间最恰当的关系，实际上也是一种折中和平衡的状态。我们不能走极端，否则会出问题。假设字母词都不要说了，外来词也都不要说了，我们可能就会没法交流，或者说交流起来比较辛苦，所以有时候在处理这些问题时还是要慎重。理想的语言是用最小的手段达到最大的目标，这不容易达到，但这是一个追求的目标，真正的语言处于现实和理想之中，处于交流双方的平衡之中。

我们认为，仅从针对语言本身的规划角度看，陶里《导论》书中提出的语言规划理论，是迄今为止所能看到的针对语言本体最详细、最具操作性的语言规划理论。也正因如此，使得陶里的著作成为计划语言研究领域引用率最高的文献之一，几乎在每一本关于计划语言的现代著作中，都可以看到陶里（1968）的踪迹。与此相反，我们很难在现代的语言规划著作中发现陶里这本半个多世纪前的《语言规划理论》专著。因为，当前的语言规划研究者们更喜欢采用后现代的方法反思、解构、推倒重来，而陶里所倡导的方法更关注建设、改革、发展。目前，《导论》一书还没有中译本，原书也比较难获得。如果将来有机会，我们希望可以把它纳入商务印书馆的"应用语言学译丛"出版，这样有更多的学界同仁可以接触并理解陶里的语言规划思想，开始从事与语言评价相关的语言规划研究。有鉴于此，这里我们简单介绍下陶里在《导论》中归纳的一些原则。

既然涉及评价，你肯定要告诉别人什么样的语言是最优的、最有效的[①]。陶里（1968：30）把这样的语言称之为"理想语言"（ideal language），并概括了它的四个标准：（1）理想语言**必须**完成作为交际工具所需承担的所有工作，即它必须传达所有必要的信息和意义；（2）**必须**尽可能地经济，即对说者和听者来说，应该尽可能地容易；（3）**必须**具有审美形式；（4）**必须**具有灵活性，易于适应新的（表达）任务，即表达新含义。总体来看，这四个标准其实也就是进行语言评价的标准。无论哪种语言，当它符合上面的标准时，都可以叫作"理想语言"。细心的人可能会发现，陶里的表述也很有意思，因为每一条都含有一个"**必须**"（must）。当然，我们可以将这个现象归结于陶里的母语不是英语，因此在表达措辞上显得并不那么地道（native）。但这个问题可能没有那么简单。这使我们很自然地想到，语言使用与社会的关系，大家不妨回想下陶里是来自哪里的。

说到这里，我突然想起一个事情。不少与苏联世界语者打过交道的人都发现，苏联人说的世界语非常神奇，包括用词、句法等各方

---

① 说到"最优性"（optimality），这是一个采用科学的方法研究系统时常用的词语。这也意味着，语言规划作为语言学的一个分支实际上是可以科学化的。有兴趣的读者可参考《物理评论》新近刊出的《句法依存距离的最优性》一文。Ferrer-i-Cancho, R. et al. (2022). Optimality of syntactic dependency distances. *PHYSICAL REVIEW E* 105, 014308.

也要注意原则的应用问题。主要有以下几条规则：P1：原则E1和E2必须符合C3；P2：通常原则E2必须符合E4；P3：在语言规划问题中，当现有的表达形式不能提供任何理论上不可推翻的解决方案时，可以构造一个新的合适的表达形式；P4：在高频表达中，不规则但明显较短（至少一个音节）的语素变体可能比规则的较长的变体更受欢迎；P5：当语言规划问题不能用演绎法解决时，需要考虑语言的一般趋势和给定语言的趋势；P6：E1、E4、A2原则多应用于语音和形态层面，A5原则多应用于句法和词汇层面。

上面只是概述了陶里语言规划评价原则的核心观点，其背后的深邃思想仍然值得进一步挖掘研究。看过《计量语言学导论》（商务印书馆，2017）的读者，可能会对以上这些原则有更深入的理解，也易于把这些原则与具体的语言结合到一起。总体来看，陶里的《导论》里最关键的立论基础在于：语言是一种工具，而且是用于交流的工具；正因为它是工具，所以能被有意识地改变；如果要有意识地改变语言，那么前提就是要做好语言评价，在评价的基础上有针对性地做出改变。当然，正如陶里在原则应用中所说的，原则与原则之间可能会存在矛盾和冲突。我们在对语言做评价和改变时，需要权衡原则的重要性。一般而言，优先级高的原则应该先考虑，反之亦然。对于已有的本体规划案例，我们也可以根据这些原则来检验，看符合原则的案例是否更容易成功。

按照陶里的设想，语言规划是可以纳入到科学研究的范畴，也可以采用科学的方法去做一些事情。这也是他为什么坚持使用术语"语言规划理论"（theory of language planning，简称TLP）的原因所在，并且将其定义为："系统地研究语言规划的目的、原则、方法和策略的科学"。我们认为，语言规划研究可以和语言的演化、评估、习得等问题联系在一起，这样有助于在学理上强化其作为一个语言学分支的基础。事实上，在80年代、90年代语言规划的社会化和后现代转向之后，语言规划领域的学者大多都不再做针对语言本身的研究了。也就是说，大家基本上不再从语言的角度关注语言规划，忽略了它作为一个语言学分支学科存在的价值。在这方面，陶里的语言规划评价理论为语言学做出了重要的贡献，值得进一步挖掘、发展，希望有更多的人关注到这点。

总的来说，如果语言是一种工具，我们就可以改进、完善它，但改进的前提是知道它的问题所在。要明白一种理想的交流工具应该满足的要求，要衡量什么样的语言是一个理想的语言，这些都必须依靠一些具体的、可以操作的指标。而这些衡量语言的指标，也揭示了人类语言最本质的一些特征。这样，语言规划才能发展为一个独立的学科，而不仅仅局限于对已有工作的简单梳理和经验总结。有了科学的目标与科学的方法，我们才能充分发挥人的主观能动性，有意识地助推语言的发展，使它更早地达到或更接近理想（最优）状态，进而服务于社会，服务于人。这可能才是语言规划作为一个学科存在的意义和价值。

第三节　豪根的"四格模型"

20世纪60年代，是语言规划领域的草创时期，总体上出现的成果不太多，具有理论意义的成果更是没有多少。除了前面讲的陶里，60年代还有一位更有名气的语言规划专家，他就是大家所熟知的豪根。豪根是挪威裔美国人，当过美国语言学会会长，他在语言规划方面代表性的研究是关于挪威书面共同语的。挪威书面共同语实际上有两个：一个是原来的丹麦语和挪威语混合成的一种语言，还有一个是在挪威原生方言基础上改进形成的语言。针对这两种语言，挪威人想从国家的层面规划成一种，因为一种语言毕竟好办事，虽然这两种语言也是可以互通的，但毕竟不太方便[①]。豪根很早就研究了这个事情，比如此前我们说过他在 1959 年第一次用 language planning 这个术语的文章标题就是"为现代挪威规划一种标准语"。简单来说，挪威的语言规划其实就是一个二选一的过程。

有意思的是，挪威人不多，只有 500 多万人，两种官方语言的二选一到现在都没结果。老的那一种，也就是与丹麦语相近的那种，有 80% 的人、也就是 400 万人在用，还有剩下的 100 万人在用另外一种。挪威的语言状况还不是特别复杂，但它的语言规划活动似乎没有取得理想的结果。这就说明，从国家层面来看，有些事情看起来很简单，但实际上却搞不定。也就是说，语言的事情其实是一个很复杂的事情，看起来很简单，但实施起来可能会很难。尽管挪威的这个事到现在还没搞定，豪根却因为自己的研究成了语言规划学科的奠基人之一。因此，有些事情虽然没有搞定，但并不妨碍对它进行研究。换言之，语言学家不是工程师，工程师造一把椅子，如果没造出来，就是失败，但语言学家做事，比如语言规划这件事情，最后没有达到预定目标，二选一没选出来，但照样可以对此进行分析总结，找出为什么没有选出来的原因，进而发现一点有意思的东西。

在基于挪威语言规划案例的基础上，豪根提出来一个 2×2 的模型，也可以叫作"四格模型"。2×2 模型实际上是对语言规划的一个分类。1966 年，豪根在他的专著《语言冲突与语言规划》（*Language Conflict and Language Planning*）里总结了挪威二选一的国家语言规划

---

① 更多信息可参看 Jahr, E. (2014). *Language Planning as a Sociolinguistic Experiment——The Case of Modern Norwegian*. Edinburgh: Edinburgh University Press。

活动，提出来这样的一个分类框架，并且在1983年又做了补充完善。今天一般认为，豪根是第一位把语言规划分为地位规划和本体规划的学者。但实际上，第一次使用这一对术语的人，不是豪根，而是海因茨·克洛斯（Heinz Kloss），一位德国语言学家，他在1969年的时候写了一个报告，使用了本体规划和地位规划这两个术语。status（地位）这个词没有什么歧义，但对corpus却有些误解，特别是，这两年因为语料库语言学的流行，有人一看到这个词就想到了语料库。错，在语言规划的语境下，corpus指的是对语言本身，这也是corpus（身体）的拉丁语原义，在世界语中的"身体"（korpo）也源于此。

我们先来看看克洛斯怎么说的。克洛斯在1969年这份81页的技术报告里认为，规划当然包括对一个语言本身做出的一些改变、修改、规定等。对语言本身的这种改变，克洛斯把它叫作本体规划。换言之，对于语言的规划可以区分为两种，一个是对语言本身的改变，这种规划叫作本体规划。但第二次世界大战以后，很多规划实际上不只是要对语言本身做出改变，还要对它的地位做出改变，也就是对语言的功能做出改变。前面说过，1951年联合国教科文组织对语言功能进行了分类，比如从全球共同语到土著语言，中间还隔了好多种语言功能。调整一种语言的功能，实际上就是对语言的使用范围、使用领域进行调整。也就是说，规划本身是两部分，一个是对于语言本身做出的改变，一个是对语言在社会上的使用范围、使用功能做出的调整。前面的叫作本体规划，后面的叫作地位规划。

克洛斯也指出，这两种规划之间是有差别的。本体规划，如果没有专家的参与是搞不定的，主要就是语言学家和作家。比如编个词典、写语法书，没有语言学家或者作家的参与肯定不行。作家非常重要，回顾语言规划的历史和人类发展的历史，实际上对他人语言行为影响比较大的是作家，而不是语言学家。作家通过他的作品可以影响很多人。虽然语言学家可以编词典，但作家不屑于干这件事情，有谁学语言只通过词典呢？很少。各国的语言标准化机构的组成，比如法兰西学院里，很大部分人都是作家，他们通过写作对语言产生影响，影响语言的规范。过去又没有互联网，不是发个朋友圈就能成为知识分子。过去说的话别人听不到，作家都辛辛苦苦在写东西，通过写作把文字留在纸上，进而影响其他人的语言行为。

说到这里，顺便提一下与语言规划活动密切相关的一种专门学术机构，语言学术院（academy），这其中，最有名的是1634年成立的法兰西学院，今天叫法兰西学术院。法兰西学术院已经有400多年的历史了，最重要的一个功能就是保证法语健康发展。有这样一本书，我推荐大家没事的时候可翻翻，叫《塞纳河畔的一把椅子：法兰西四百年》。写的是什么呢？巴黎法兰西学术院有一个40人院士制度，不多，只有40把椅子摆在那里，这个椅子是固定的。大家会在一起讨论问题，比如说编个词典、写语法书等。这40个椅子是终身制，也就是你一旦坐上这个椅子，直到你生命结束了，这把椅子才能空出来，才能选另一个人来坐这把椅子。那么这本书讲的是什么？法兰西400年就是指法国学术院的400年。这本书讲的是，29号椅子原来那个主人归天了，作者阿明·马洛夫被选为这把椅子的继任者以后，按惯例，就要讲一下上一任做了些什么值得一提的事，因为这是法国人作为一个学者或者知识分子来讲最高的荣誉。当作者去了解历史的时候，他发现400年里，法兰西学院的这40个人，按名字来讲，已经有700多个人了，不到800人。于是他就写了这400年来坐过29号椅子的人，实际上就是把400年来法国学术的一些东西理了一遍。这是非常有意思的一件事情。在法兰西学院成立的前后，意大利、德国、西班牙、瑞典、俄罗斯等欧洲国家也设立了类似的机构。

历史表明，作家在共同语的形成中发挥了重要作用。例如，国际世界语界的最高学术组织世界语学院（Akademio de Esperanto）里也有不少人是作家和翻译家，比如，李士俊院士把中国的四大名著，除了《红楼梦》之外，都翻译成了世界语，几大厚本，全本译的；谢玉明院士，则把《红楼梦》翻译成了世界语。他们对语言的敏感性和操控能力是高于、优于我们常人的。所以一般情况下，在本体规划的过程中，作家的参与必不可少。而在地位规划过程中，政治家起的作用更大一些。也就是说，本体规划和地位规划的主体不太一样。1952 年，联合国教科文组织就有个对语言的功能、使用区域的划分。地位规划的本质是决定一个语言在联合国教科文组织那个榜上的地位，这事一般不是语言学家所擅长的。因为决定一种语言能否成为共同语，不管是国家共同语和国际共同语，语言本身的好坏并非主要因素。

现在我们再看"四格模型"的具体内容，见表 4.1。豪根认为，分析任何语言规划活动时，总能将其定位在这四个格里面的一个或多个格里。他在 1966 年的书里，用文字阐述了这四个方面，而四格的雏形来自同年发表的另一篇文章①。值得注意的是，括号里的这些东西以及 a、b 开头的内容，都是后人根据豪根的文章进一步细化的结果。

表 4.1　豪根的"四格模型"

	形式（政策规划）	功能（语言培育）
社会 （地位规划）	1. 选择（决策过程） a. 问题的确认 b. 规范的分配	3. 实施（教育推广） a. 改正 b. 评估
语言 （本体规划）	2. 符号化（标准化过程） a. 文字系统 b. 语法系统 c. 词汇系统	4. 精细化（功能发展） a. 术语现代化 b. 文体发展

---

① Haugen, E. (1966). Dialect, language, nation. *American Anthropologist,* 68(4), 922–935.

横着来看，社会（地位规划）那一层，实际上就是功能规划，说的是语言的社会地位或功能。本体规划在下面一层。纵向来看，有一个是政策规划，就是制定政策和选择的过程，还有一个叫作语言培育，是说规划了不实施也没有用。尽管这个框架可能会有这样那样的问题，比如你收集了 100 个语言规划的案例，按这个框架来分析，有一些案例，可能根本就没有经历过其中的过程，有一些可能还不止有这些过程。但这个框架的用处在哪儿呢？我们认为，它是比较的基准。在这100 个案例里，有哪些符合完整的 2×2 阶段？有哪一些只经历了，比如说 1、3 阶段？然后在对比效果的基础上，就有可能得到一点规律性的东西。如果没有豪根框架的基准，我们也就只能随便说说了。比如，今天到 XXX 开了会，明天又到 YYY 开了个会，谁说了什么东西。这些对历史活动的记录，有存在的价值，但从发现模式与规律的角度，从学术的角度看意义有限。意义有限，不是说不值得做。我们现在是从学术的角度来说的，很多事情是有意义的，但可能不是学术。学术，像我们这种做基础研究的人，第一要务是发现规律或模式。当然，如果能解决现实问题更好，解决不了也没有关系，一定不要认为自己什么都能解决，那不可能，做好自己的事情就行。

另一方面，这个框架也反映了语言与社会的关系，即，地位是社会地位。关于地位，他提到两个东西，一个是选择，一个是实施。语言选择实际上是一个很复杂的事情，范围越大，所涉及的因素就会越多。试想，为一个县和为一个国家选择共同语的形式与标准，两者的难度肯定不一样。语言选择一般是一个系统工程。我们说过语言的三大功能，正常情况下是交流的工具，但如果仅是个交流工具，那就好选择了，用哪个不是用呢？只要好用就行。但语言也是文化的容器、身份的象征，选择了一种语言之后，那些自己的语言没有选上的人心里会有不同的感觉，所以理想的选择是对社会造成的影响最小的方案。

为什么"四格模型"中会有语言选择呢？挪威是二选一的事，这样豪根认为选择可能是普遍现象。事实上，第二次世界大战以后，很多国家面临的问题确实是个语言选择问题。比如：要选择哪种语言当国家共同语？这是必须要面临的问题。因为大多数国家都是多语国家，就会面临语言选择的问题。过去，大部分是不同语言的选择，但在今天，我们面临的可能是一种语言不同变体的选择。挪威面临的是国家共同语的二选一，但直到现在都没选出来，仍然使用两种变体。为什么没选出来？这么小的一个国家，五百万人，从一种语言的两种变体中选一个国家共同语，都没选成，说明语言选择不是那么简单，也不是一个技术问题。除了豪根，后续也有很多相关研究，有兴趣的人可以去看看。选择是为一个社会的未来做选择，但不仅限于选国家共同语，还可以选区域共同语。比如自治区、自治县，都有一个语言选择的问题。"四格模型"的意义在于，尽管它源自对国家共同语的分析，但实际上它不仅仅适用于国家层面，也可以用于其他层面的分析。

提到语言选择，这里我想再插一句。很多学语言学的同学会问：为什么有一些人说的话，互相之间听不懂叫作方言，而有一些互相都能听懂却叫作语言呢？其实，这个问题的答案在于，"语言"不是一个严格的定义，要综合语言之外的很多东西来考虑。比如说德语，北部和南部的人说的都叫德语，但很难互通；反之，北部的德语和荷兰语可以互通。所以，这是一个普遍现象，全世界都有的，没办法在技术上来定义一个语言，它是连续的。关于语言与方言，有一个流传甚广的说法[1]，即，"语言是一种有陆军和海军的方言"，这个说法源于前面我们提到的瓦恩里希的父亲马科斯·瓦恩里希（Max Weinreich），老

---

[1]　Maxwell, A. (2018). When Theory Is a Joke: The Weinreich Witticism in Linguistics. *Beiträge zur Geschichte der Sprachwissenschaft*. 28(2): 263–292.

瓦恩里希是一位意第绪语专家，其代表作为厚厚的两大本《意第绪语史》，英译本是在费什曼的帮助下翻译出版的。尽管我们很容易找到没有军队的语言和有军队的方言，但这个说法毫无疑问强化了区分语言与方言的技术难度，而且从中我们也不难体会到人为因素在这一过程中所起的重要作用[①]。说到这里，还需提一下克洛斯。1952年，他在研究日耳曼语言演化的专著中[②]，提出了距离语言（Abstandsprache）和扩展语言（Ausbausprache）的概念，可从语言特征和社会文化角度对语言变体进行判定，在一定程度上解决了区分一个方言连续统上具有多个已标准化的语言变体的问题。这也再次说明，语言本身其实是一个概率系统，很多语言的事情不是非黑即白的，而是一个或多或少的连续统，不要纠结这些永远也说不清楚的东西，而要去寻找你这个领域里的真问题。但是你说那我不干，我是语言学家，我连什么叫语言都分不清楚，那我还研究个什么劲？我想，如果是这样的话，我们的语言学是很难有长足发展和进步的。因此，有一些事情是自己解决不了的，就不要在那纠结，说这个东西不解决，我就不能继续往前走。怎么不能走？没有语言学家，人照样还是人，地球照样转。

我们接着看语言选择的问题。有学者曾经研究过将近两百个国家的宪法里规定的官方语言或者国家共同语，发现它们有一个共同的特点，虽然不是百分之百，但大多数国家的共同语都会选择首都附近的语言，或者在此基础上加工出来的一种语言。这其实包含了政治家的多重考量。第一，首都的确立考虑了很多综合因素，这些因素也会影响到语言的选择。第二，大量政府部门的管理人员或者工作人员很多

---

① 更多关于语言和方言的问题，可参考：Van Rooy, R. (2020). *Language or dialect? The history of a conceptual pair*. Oxford: Oxford University Press。

② Kloss, H. (1952). *Die Entwicklung neuer germanischer Kultursprachen von 1800 bis 1950*. München: Pohl.

时候都是从附近招聘的。当然，很多时候并不会原封不动地选择首都所在地的语言作为国家共同语，因为也要考虑人们的心理接受程度。我们可以做下面的一项调查研究。比如，这个国家的共同语的来源地是哪里，距离首都多远，做了多大改变，这个国家的语言多样性又怎样？可能会得到一些有趣的结果。

当然，语言选择不是很简单的一件事情，可能要考虑很多因素。比如说，殖民地独立了以后，按理说从实用的角度——就是把语言当作一个交流工具来看，选择原来殖民者的语言也说得过去，因为大部分人（比如国家管理机构的人）都懂这种语言，从而能够顺利开展国家管理的工作。但是选择原来殖民者的语言还算是独立吗？所以，一般不可能只考虑语言的工具价值，还要考虑语言的其他价值，也就会有其他的选择，有时甚至是比较极端的选择。非洲的阿尔及利亚，原来是法国殖民地，世界上第二大的法语国家，讲法语的人数仅次于法国本土，但同时它也是伊斯兰国家。1962 年，阿尔及利亚宣布独立，次年，阿尔及利亚宪法规定经典阿拉伯语是国家唯一的官方语言。但不幸的是，由于在法国统治期间，经典阿拉伯语被视为一种外语，从1938 年起，阿尔及利亚国内就不再有人将阿拉伯语作为日常语言使用了。为了依法行事，政府不得不从埃及引进大量懂这种语言的人才担任工作人员和教师。由此可以看出，为实现"一种语言，一个国家"的理念，阿尔及利亚抛弃了法语，否决了本国的阿拉伯语变体，采用了一种完全只具有象征意义的语言。这种极力追求语言"身份"的做法，导致了竟然要靠外国人来支持国家运作的奇怪现象。

总的来讲，在做语言选择的时候，语言的中立性是一个政治上需要考量的因素。中立性意味着谁也不占便宜，意味着公平。因此在选择国家共同语的时候，中立性也是一个需考虑的因素。理论上，中立了，也就公平了。但是如果你选择一个自然语言，总有人占便宜，这时候中立性就会出现问题。如果你现在是五选一，你直接把五里的一个拿来用，对其他四个不公平。或者说十选一，选定一个以后对其他九个也不公平。比如挪威，也就是二选一的问题，最后也没有搞定。所以怎么才能做到政治上的中立呢？地位规划是这样，任何一个语言规划行为也都是这样，你以为你从技术角度搞定了，但是实际上还要平衡其他很多因素。这时，本体规划和地位规划之间是有关系的。比如说在五选一里，我考虑到中立性选了语言1，但是为了让剩下的四种语言更好受一点，我可能要动用本体规划里的一些手段，让语言1相关的人也不能生下来就享受语言所带来的红利。这是一个新的观点，我之前没有在文献中看到这一点。其实，我们可以找到很多类似的案例来做具体的分析。当然，在做共同语选择的时候，语言的声望（这个我们后续会讲）也会发挥作用，包括有多少人使用或者传统是什么，都是应该考虑的要素。但是可以肯定的是，中立性在语言选择中很重要，因为这与公平和语言权密切相关。

语言权是一个什么权？是个人权，但又是一个集体的权利——有的时候，语言权是一个集体的权利，不只是个体的权利。当进行规划的时候，实际上就不宜将其视为个体的，从规划的角度和权利的关系来看，它是一个集体层面的权利。因此，保护语言的通行原则是用属地原则，比如说，自治县、自治州、自治区的最大区别就在于所保护的地域面积有差别，但一般来说，自治区域内的语言在本地区都是受到保护的。例如，尽管法语是加拿大的官方语言之一，但其主要是在魁北克使用，法语在这里是优先的，是受到法律保护的。但离开魁北克，英语就成了主要语言，法语在魁北克享有的很多权利可能就难以得到保护了。就语言权而言，如果每个人的语言权随时随地都要得到保护的话，那么这个世界可能就难以运转了。因为语言作为一种交流工具，其运作遵循一定的规律，语言规划或语言政策的制定在正常情况下不能违反这些规律。但我们也应该认识到，作为社会的人，集体是由个人组成的，要正确理解个人与集体的关系，集体权和个人权的关系。

　　语言选择完以后接下来就是标准、规范的问题。选择一个语言，就会产生问题。比如要求学生选修外语，最后选了英语。当然为什么选择英语，可能会有很多的考量，政治、经济、文化因素等，这里不再详细展开。现在的问题是：学哪种英语呢？过去常听到一个笑话，说：这个人很厉害，会外语，会好几种英语……当时一听这个话，我们就觉得太搞笑了，英语就是英语，怎么还有好几种呢？后来懂得多了点，发现这确实是个问题。拿中国香港做例子，英语是官方语言之一，但它境内有多种英语变体。鉴于中国香港与英国的关系，英式英语肯定是备选之一；因为离澳大利亚近，很多香港人在这里接受教育，就有很多人讲澳大利亚英语；美式英语是必不可少的，因为肯定有不少人是从美国回来的；还有一大批人说印度英语；更多的是香港中式英语。那到底选哪种英语呢？为什么这么选？这个问题是不是很有意思？香港选英语变体的事情说明还有一个问题：一旦定下来选择了 a 语言，而 a 语言有很多种变体，那标准和规范怎么办呢？

　　我们选择了一种语言，然后又确定了语言变体的标准以后，自然就要落实，这是语言最后的执行阶段。政策需要落地，然后就需要去落实，也就是怎样普及推广的问题。一个语言规划最好的实施方式，就是教育系统。对此，豪根在"四格模型"中使用的术语叫作"教育传播"（educational spread），这说明教育是很重要的。确定了一个国家共同语，怎么让更多的人掌握？如果都不识字怎么办？这些实际上就是在教育系统中采用政治家所选择的这种语言的变体。选择了以后要推广，要让更多的人掌握这种语言，最好的办法是通过教育系统。教育系统在后来和地位规划、本体规划的重要性是并列的。在执行的过程中，选定了某个标准或者某个变体，教育体系的作用就是要把人们的语言使用慢慢带到标准、系统的轨道上。通过教育系统，我们调节或者是重建了一种语言系统。其实在一个人还没上学以前，至少就掌握了一种语言。因为我们国家比较大、语言状况复杂、多样，只用校正或者调节可能不够，如果平常讲的语言和普通话差别很大，就需要重构一套系统。不要说重构，就是调节也不简单，尤其是在有一些地区，可能一辈子也调节不过来，虽然说的普通话，但我们一听就知道你是哪里人。因此，在国家共同语的推广过程中，各个国家播音员的话都被当作标准，比如 BBC 的语言对标准英语推广普及的影响就很大。

通过教育系统教语言一般需要教材，这在我国是个有趣的事情。20 世纪 20 年代之前，我们国家的学校用的课本基本是文言文的，但日常并不说这种话，这也导致不上学的人不会看文言文或者写文言文，就是识了字的人，也不一定看得懂。我们知道，语言是随着时间的变化而变化的，短期内这个变化不明显，但长期来看，这个变化还是很明显的。比如，500 年前学的文言文和 500 年后学的文言文可能差不多，但是口头说的语言可能差别很大。这有一个好处，因为写的东西是一样的，记录到纸面上的东西，只要上过学你就能看得懂，这对国家统一、文化传承、国家行政系统的正常运作无疑是有益的。如果我们采用拼音文字记录语言，黑龙江人可能就完全听不懂广东人在说什么，但是有了汉字，有了文言，这些都不是问题。但对研究语言演化的语言学家来说，这却带来一些问题，因为过去没有录音机，全靠文字记载，按理说通过记载应该能感受到语言的变化，但是因为文言变化不大，所以很难来研究语言的演化问题。但汉唐以来，经常有日本、韩国等国家的人来中国学习，这些国家当然有懂文言的人，但实用性的东西，比如吃喝拉撒睡，也要教给来访的使者，因为街上大部分人不会文言文。于是就要给这些外国人编教科书，不同的时代有不同的教科书。人们在海外，主要是日韩，挖掘出了不同时期的汉语教科书，这些基本上反映了当时中国人说的语言的情况，与文言文相比，也更接近当时的口语。类似的，还有传教士编写的各种汉语学习材料。近年来，随着这些材料的不断发现，汉语演化研究有了更多的新语料。

既然说到语言教育规划，顺便提一下我们国家的情况。我们发现，我国的语言教育规划实际上有一对矛盾，即没有规划好外语和汉语的关系，一方面想让全世界的人都来学习汉语，另一方面，我们在国内又想让全国人都来学英语。尽管，我国的各种法律里并没有明确英语有如此高的地位，但它的地位实际上几乎是"至高无上"的，从中考开始一直到博士考试，乃至工作升职，都需要考英语。但如果全世界的人来这儿都能用英语交谈，他们为什么要学汉语呢？这两者显然是矛盾的，需要协调，需要解决。也就是说，选择了以后，如果没有落实、实施的问题，也会造成问题。其实，语言规划除了明面上写的东西，还有很多东西是没有写出来的，有的时候，隐性的东西比写出来的明文规定起的作用更大。

语言规划实施后还会涉及评估的问题。因为一个规划、计划项目实施了以后，必须对采用的策略、效果以及整个过程进行评估。评估也要不断地校正，以便更好地了解计划的效果，形成及时的反馈。有计划没有实施，落不了地，永远是纸上谈兵；但是没有评估的实施，不知道实施的好坏，又有什么意义呢？比如，民国时的政府定下条例之后，刚规定完中小学应该怎么做，就干别的去了，顾不上实施，甚至教育部都没有了，最终也没做成什么东西，这说明实施也需要条件和环境。假设选择制定了一种形式，接下来要通过教育系统来实施，最终对实施的效果进行评估。但评估有一个问题，因为语言规划是人力资源规划，而人力资源规划是比较难进行评估的。我们现在有很多关于语言的评估，人口普查的时候也有普通话普及率的数据，比如全国有多少人能够说普通话，还有多少人不仅能讲还能写等。每隔几年都会有一次大的人口普查，五六十年过去了，我们总能感受到变化。这些东西都是可以用数据展现出来的，也可以为研究做支撑。我们总说语言和经济有关系，那么经济发达地区是不是共同语就掌握得比较好？延伸一下，他们的英语是不是也掌握得比较好？语言情况比较复杂的其他国家和地区，比如印度，会不会也是一样的呢？我们可以结合数据去做实证研究，但是现在这样的语言规划研究还不太多。

提到评估，普通话测试就是这样一种评估办法。记得 20 年前，我从企业转到北京广播学院①教书，先是让我进行教师培训，学 4 门课，然后考教师资格证。我有次发牢骚，他们告诉我：你岁数大了，我们还没让你进行普通话评估，普通话评估你能行吗？我想我的普通话不及格应该不太可能，但在我当时所在的播音学院，大家开个会一说话都像播音员，我还是很有压力的。到广院后不久，有次我去校医院，因为学校小，医生差不多都认识老师。那天，医生问我：老师，你是新来的？我说：你怎么知道？她说：没见过你。我说：对，我新来的。她就问我哪个学院的，我说播音学院的。她说，完了，以后我们的播音专业完了。我说：不会完的，因为我是搞语言学的，就是研究一些用不着的东西，培养不了播音员。她说：那还好，要不然就真完蛋了……后来，有一次我遇到在国外工作的一位语言学教授，他是上海人，吃饭的时候，他刚好坐在我旁边。他说：刘老师，你的普通话太标准了。我说：也只有你说我标准了，我的普通话水平在我原来工作的单位是不行的。他说，还有这样的事呢，那他们要求太高了。我说：对，确实高，新闻联播的要求。这也说明由不同的人来评估同一件事，得出的结果可能是不一样的。所以这个事情很复杂。那怎么来评估？

---

① 现为"中国传媒大学"，下文简称"广院"。

这是我们后面要讲到的另外一个问题。

评估涉及各种因素。就普通话的评估而言，普通话推广做得最好的省份是福建。为什么？要是福建人不努力推广普通话，他们和全国其他地方的人就很难交流，因为福建的闽南话和客家话确实不太好懂。温州人的普通话推广做得也比较好，从地图上看温州和福建是挨着的，他们对国家共同语的需求都很迫切。还有个例子，我们都知道，广西是壮族自治区，而壮族是我国除了汉族之外人口最多的民族。我在广西，用普通话畅通无阻，完全没有问题，但我去内蒙古就不行。跟内蒙古人说话、问路都没有问题，但一开始吃饭喝酒，一桌子蒙古人互相之间都说蒙古话，他们其实都会说普通话，但却不和我说。广西和内蒙古都是我国的少数民族自治区，但这里涉及的问题是，在同一个政策下，不同的人对于自己语言的态度是不一样的。这也是一个非常有趣的点，需要做进一步研究。

现在我们来看豪根"四格模型"中的本体规划。本体规划和地位规划密切相关，比如我们刚才说，确定了一种标准的形式，要通过教育系统普及，但标准形式怎么提供？我们实际上可以看出，要选定一个标准，选定一种语言，选择语言的哪种变体，自然会涉及语言本身，这就属于本体规划的内容。刚才地位规划的选择、语言的选择，其实是赋予语言一种功能，这种功能是和原先的功能不一样的。没有降低功能的，大部分是提升。选择的时候，比如说我们设立了一个自治区，要去选一种语言，大部分情况下是从该区域现有的语言里进行选择。但地位规划是语言之外的影响规划的东西，而本体规划是语言内部的一些东西，语言内部为什么要修改？有时候是为了落实地位规划不好解决的事情，也就是说这两个实际上是分不开的。但豪根有意把它们分开，说明有些地方可以分得开，这又是一个很有趣的研究点。我们可以通过大量的案例来探讨，二者是不是就完全分不开呢？有没有一些地方就完全没有本体规划？没有地位规划一般是不可能的，因为语言规划很多时候做的就是地位规划，本体规划是地位规划做了以后的一种形式选择。

本体规划的标准化，其实就是一种形式的规范化。我们要用哪一种形式去推广、普及、让人来学。形式当然有语法、词汇、拼写法等，这些都存在标准化的情况。语法就是指语法方面的规范化，不是语言学里的语法化。再强调一下，因为这涉及语言本身的一些东西，是语言学家所擅长的专业领域，因此语言学家成为本体规划的主角。一般而言，在对共同语进行本体规划的过程中，有一个不可替代的东西，就是会有一本权威的词典或者字典，因为这是交流的基础。比如，英国的约翰逊和美国的韦伯斯特，分别就编辑过这样的英语词典，对英国英语和美国英语的标准化、规范化起到了重要作用。但在词典和字典形成之前，经典同样也很重要，在西方国家，这个经典一般就是《圣经》等宗教典籍。《圣经》有很多版本，但是突然有一年，国王或者皇帝规定了要使用某种语言，或者某种语言变体写的《圣经》，并将这种语言确认为标准语。在欧洲，一个重要的经典版本的宗教著作的出现，往往也就标志着国家共同语规范的形成。

中国有一个很特殊的事情，就是我们有字典，外国一般没有字典。字典是我们中国特有的一个东西，有着悠久的历史传统。我们原先没有词典，因为一个汉字就是一个词，所以我们之前说上学去其实就是识字去了，识字了就会写东西了。在古代，我们有《说文解字》，还有《康熙字典》，而不是《康熙词典》。新中国成立后又出版了《新华字典》，随后才有《现代汉语词典》。因此，从历史上看，我国的本体规划还是很有特色的。白话文运动后，书面汉语不再以字而是以词作为基本单位。当然，一个词可以由一个字组成，不过现代汉语中二字词的数量更多一些。在这种情况下，仅认识字已经不足以让人们看懂现代汉语了，所以才开始重视词，这也是我们现在有这么多词典的重要原因。

再插一句，白话文运动以后，书面语言不再是文言文，传统方法不灵了，需要研究白话文的语法与规律。新中国成立后也是采用白话文作为标准的书面语，因为几千年的实践证明老百姓很难学会文言文，说的与写的东西差别太大，而我们国家建设又急需能识文断字的劳动者。与此配套的语言规划措施还有汉字简化，因为要避免复杂，提高习得效率。语言是交际的工具，全世界的语言文字系统，只要还有人用，大多都是越来越简单。新中国成立以后，做的几个语言规划是全世界最成功的实践，几十年前世界上没有普通话这种语言，但现在有这么多人都在讲，确实是很伟大的成就，但遗憾的是，我们并没有基于这几个成功的实践案例，为这个学科贡献更多理论方面的东西，并没有从科学的角度总结出规律性的东西，而这些理论与规律对全世界的语言规划研究者是有意义和有价值的。

说到这里，有必要提及一下费什曼有关本体与地位规划关系以及本体规划中隐含的社会要素的研究。费什曼晚年写过一本书 *Do Not Leave Your Language Alone*，这个书名很有意思，乍看起来似乎是，"别让你的语言寂寞"，但实际指的是"别不干预你的语言"，为什么起这么个不好理解的名字，可能是为了回应霍尔题为 *Leave Your Language Alone!* 的书[1]。霍尔的这本书反对任何对人类语言的有意识干预或改善，换言之，就是认为语言是不可规划的，语言学家的任务是让语言自己随意演化，而不是去干预它的发展。显然，费什曼是反对霍尔的这种说法的，反对的方式也很简单粗暴，直接在霍尔的书名前加了两个词"Do not"！当然，时至今日，语言是否能规划，早已不再是个

---

[1]　Hall, R. A. (1950). *Leave Your Language Alone!*. Ithaca: Linguistica.

需要讨论的问题了。既然如此，费什曼的这本书还有什么新意？新意来自书的副标题"The Hidden Status Agendas within Corpus Planning in Language Policy"（语言本体规划中隐含的地位要素）。这本书填补了语言规划领域的一个重要空白，受到了学者们的广泛关注。书中认为，本体规划中实际上隐含着地位规划。根据豪根"四格"的框架，人们一般会认为本地规划和地位规划是分开的。因为两个规划的实施的主体是不一样的，本体规划的主体大部分是语言学家，负责语言规范化和现代化的问题，而地位规划的主体是政策制定者。

费什曼分析了世界各地的许多本体规划案例，发现本体规划和地位规划其实很难分开，大部语言规划活动实际上是交替进行的。比如说一个大的语言规划项目，我们一开始可能可以把它分开，首先对本体规划进行操作，本体规划结束后开始地位规划操作，但后面就是一个交替、交互进行的过程，也就是说，本体规划和地位规划是关系非常密切的两种规划性行为。费什曼认为，语言规划中的本体规划（CP）和地位规划（SP）是通过一种非均衡和不规则的方式组合在一起的。一个语言规划的进程可以图示如下：

......>

SP3 → SP1 --→ CP1 ----→ SP2 -----→ CP2 --→ SP6 ---→ SP5

....

图中 SP、CP 后的数字表示某种地位或本体规划活动。两种活动之间的箭头长度表示这项活动的持续时间。

费什曼这本书的封面上有一个图（图 4.1），这个图就是他提出的双极模型。这个模型用直观的方式给出了在进行本体规划的时候要考虑的一些社会（地位）因素，图 4.1 上这 8 个因素如果在一条线的两端，那么就是有矛盾的，有冲突的，需要规划者在综合诸多因素后，选择、平衡二者之间的关系。

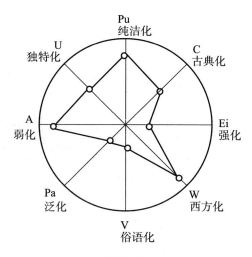

图 4.1　费什曼的双极模型

下面我们简单介绍一下图 4.1 中符号的意义。纯洁化（Pu）和俗语化（V）反映的是本体规划的制定者对外来语的一种态度。独特化（U）反对来自其他语言的所有借词，而西方化（W）则与此相反，对外来词采用的是一种来者不拒的态度。古典化（C）和泛化（Pa）都与古典语言有关，前者试图通过本体规划追求一种已经存在的俗语，而后者希望把不同的俗语重构为一种假想的古典语言。弱化（A）和强化（Ei）这两个来自于德语的词，表达的是本体规划中两种语言之间的关系。弱化指的是减小两种语言之间在各个方面的相似性，而强化旨在加强这种相似性。费什曼认为纯洁化、独特化、古典化和弱化的作用是凸显一种语言特点的手段，而其余四种的作用则有助于强化语言之间的关系。这些维度和倾向是可以出现在同一种语言的双极图中，如，图 4.1 中实线所勾勒出的图形为一种逐词翻译宗教语言（calque language），它在过去的一千年间保留了其翻译的神圣性，但在上一个世纪也同时进行了较大的现代化和 ausbau（弱化）规划。

费什曼的双极模型包括了四个维度的八种本体规划倾向，可以用来分析绝大多数的本体规划。比如说土耳其语、法语、希伯来语等，它们在做本体规划的时候优先考虑的是纯洁化，而英语和西班牙语优先考虑的不是纯洁化而是俗语化。爱沙尼亚语和巴斯克语在本体规划中则更强调了独特化。如果我们给任何本体规划在双极图中的八个因素之间选择一个合适的值，就会得到一个形状、面积各不相同的图形，比较不同案例的图形，我们可以更好地比较和定位不同国家、不同时期的本体规划。这个双极模型也可以作为语言本体规划定量研究的基础。

再回到豪根的"四格模型"，这里面还有一个精细化的过程，即标准化以后的精细化。精细化实际上指的是狭义或更专业的功能规划。例如，把一种语言定为标准语以后，不可能只用作日常交流。不管是区域共同语、国家共同语，还是国际共同语，只管吃喝拉撒的日常表达不行，因为任何语言都能做这些。一个国家共同语可能要有一些其他更高级的功能。本体规划里的精细化，一般指的是扩展语言使用的领域，也就是这个语言什么场合都能用，上至研究新冠的论文，下至——但是没有"下至"，就日常的交流，一般都是"上至"搞不定。精细化或语言更精确的时候有两种：一个是科技领域，科技领域就涉及术语的问题；另外一个是文学作品，语体要更丰富。文学作品里总出现长词，可能就不美，要丰富，要多样，于是就发明了更简短的词。这些东西就是语言的精细化，就是满足各种要求。其实，这也就是术语现代化，以及各种语体的丰富化。

语言的精细化还涉及词语的"国际化"的问题。世界语基础语法只有16条，但第15条规则就是说这件事的，即，只要按拼写法把外国语言的词语转成符合世界语拼写法的词语就行。很多采用拼音文字的语言，大多也采用了类似的办法。但对于采用汉字的中文而言，词语的引进或国际化，相对比较复杂。如果采用意译的方法，就不知道这个词原来是什么，从而难以实现国际化；而采用音译的方法，则会遇到其他奇奇怪怪的问题。比如，"电脑"是意译，人们能大致猜出来，这个东西类似于大脑的功能，只不过是用电的；如果音译过来为"坑普特"（computer），我们还能猜出是什么吗？因此，如何平衡词语的"国际化"和"立即可理解性"这对矛盾，需要语言学家去认真研究，尤其是科学技术专有的这些词语。五四时期，我们把科学叫作赛先生，民主叫作德先生，但日本人找了两个汉字词，即"科学"和"民主"。当时去日本留学的人多，发现这两个汉字词不错，就把它们引进来了。词语，尤其是基本词，人们需要很长时间来适应和使用。随着用汉字的词语越来越多，日本人觉得用这种办法引进外语词有一定的问题，也就是说当看到"科学"的时候，很难联想到"science"这个词，于是他们放弃了这些汉字词，转为采用音译。而我们自己则沿用了下来，今天这些词语已经成为中文词汇的核心部分了。

以上，我们结合一些具体的例子，讨论分析了豪根的"四格模型"。近年来，语言规划关注微观的比较多，比如说一个小机构、一个学校语言课程的选择、家庭里孩子语言学习的选择，等等。那么，豪根的模型还能不能用？哪些东西还能用，哪些东西不能用？这也是值得研究的。豪根的"四格模型"是在他那个时代，根据他的实践和考虑其他人的一些实践总结出来的模型。更确切地说，这是从国家层面的语言规划中理出来的模型。通过这个模型框架我们可以更好地分析、比较不同国家不同时期语言规划的活动，从中可以发现这类行为或活动的普遍性，而对普遍规律的追求是所有领域学者的共同目标。赵守辉认为，豪根的模型对语言规划领域具有跨时代的意义，它奠定了语言规划这一新兴学科进一步发展的理论基础。从语言规划领域的发展历史来看，这个评价也是相对客观、公正的。

第五讲　语言规划的理论框架（二）

在本讲中，我们继续探讨语言规划的理论框架问题，主要涉及哈尔曼（1990）的"声望规划"、阿格（2001）的"7i 模型"以及卡普兰、巴尔道夫（2003）的语言规划目标框架。

第一节　哈尔曼的"声望规划"

在上一讲讨论豪根的 2×2 "四格模型"时，我们认为这一模型是对语言规划活动所做的分类，从大的方面看主要就是地位规划和本体规划。这种分类在当时有其合理性，但不可能解决所有问题，语言规划仅仅停留在这两个分类上肯定是不行的。学科要发展，分类自然也会不断细化和完善，这时候德国有个叫哈尔曼（Harald Haarmann）的学者对这个架构进行了分析，并在原有的语言规划二分法的基础上加了一个新的维度，即"声望规划"（prestige planning）。这里我想指出一个误区，大部分人都认为"习得规划"（acquisition planning）是继地位规划和本体规划之后语言规划的第三个维度，但实际上不太准确。库普尔提出"习得规划"的时间是 1988 年，出现在一篇叫作《规划语言习得》（*Planning Language Acquisition*）的论文中，其后在《语言规划与社会变迁》中得到广泛流传。但实际上，哈尔曼早在 1984 年就明确提出了"声望规划"（德语 Prestigeplanung）的概念，并且将其定义为"影响语言规划活动评价的各个变量的总称"。由于这篇文章是用德语发表的，所以长期以来并没有引起学界的重视。这也提醒我们在做研究时要尽量看原始文献，如果一直引用二手甚至三手文献，有时候可能会错过或误解一些东西。

1990 年，哈尔曼用英语发表了一篇文章，声望规划的概念才逐渐被人们所注意到。表面看起来，"声望"这个词用在这里似乎不太贴切，容易使人们联想到名牌产品，但哈尔曼正是在这个意义上使用"声望"一词的。语言规划的结果就是一件产品，不管是地位规划还是本体规划，要使产品被人们接受并经受住历史的考验，规划者就要关心它的声望。语言如同空气一样，是生活不可缺少的公共用品，但大众对规划出的新产品，却有选择使用的自由。汤金说得更直接，认为语言规划者的作用就是对这种"选择过程"进行"有意识地"干预和影响。以前的语言规划人员，习惯于把自己的工作看成是一种自上而下的政府行为，认为社会的接受和使用都是理所当然的，便很少考虑所规划出的产品的可接受度，即"声望"。哈尔曼的贡献主要有两点，一是针对以往语言政策的单向缺陷，增加政策实施的双向性维度，即，政策的制定者是一方，但成功的概率更取决于接受者；二是强调语言规划产品实施者的多样性和推广者以及推广过程的声望。

哈尔曼 1990 年的这篇文章发表在《国际语言社会学》杂志上。这个杂志创刊于 1974 年，由该领域最有影响力的学者费什曼创办，是语言社会学的一个重要杂志，主要刊登宏观社会语言的研究。我们知道，社会因素会影响语言的演化和发展，把社会因素加到语言学理论中是微观社会语言学的研究范式。而宏观社会语言学则与此不同，研究的是语言和社会的关系，宏观社会语言学的起源之一就是语言规划。哈尔曼认为，声望这件事情是有权利单列为一个规划类别的，因为我们不能只考虑地位规划和本体规划，那些都是从规划者角度出发的，还要考虑一个心理因素：语言规划行为最终对被规划者的心理有什么影响？因此，声望规划应该是一个语言规划最终能不能成功的关键因素。

哈尔曼指出，必须有一种声望来保证语言规划的实施。如果，本体规划是语言学家在起主要作用，地位规划是由政治家或者其他决策者主导，那么，声望规划的主角便是接受者，即语言规划行为的被规划者。在做语言规划时要考虑被规划者的感受，应由他们来评估规划的效果。本质上，声望只是又加了一个因素，即心理因素。鉴于语言是一个人驱动的复杂适应系统，而心理普遍性是语言普遍性的一个动因，因此这个声望实际上也是一种普遍性的维度。所以我们说，语言规划要顺势而为，因势利导，这个势就是语言规律。

在我看来，哈尔曼对语言规划的最大贡献可能不是提出了"声望规划"的概念，而是倡导一种多因素的生态语言观。在他 1990 年的文章和 1986 年的书里，哈尔曼均认为要从多种因素来考虑语言规划这件事情。可以说，哈尔曼是语言规划从单变量到多变量转变的代表性人物。哈尔曼 1986 年的书里列出了语言规划过程中涉及的 12 种生态关系：（a）语言间的语言距离；（b）语言接触的具体特征；（c）一个语言的扩张状态；（d）一个扩张语言的社会文化潜力；（e）民族政治组织；（f）语言的交互分布；（g）讲话者语言状态关系；（h）语言的制度地位；（i）语言的再生产潜力；（j）一个民族的自我分类、自我认同；（k）外国群体的分类（民族接触群体）；（l）语言维护与社区文化保护的特点[①]。其中，a 到 e 属于本体规划，d 到 i 属于地位规划，而 f 到 l 是声望规划，其中部分变量是有交叉的。由此可以看出，语言规划要考虑很多因素，这些因素之间也是相互关联的，当我们在考虑受众的时候，也必须要考虑受众的心理感受。

哈尔曼明确表明，提出声望规划是为了弥补豪根"四格模型"的

---

① Haarmann, H. (1986). *Language in Ethnicity: A View of Basic Ecological Relations.* Berlin: Mouton de Gruyter.

不足，并认为地位和本体规划失败的原因，常常可归结为对声望规划的忽视。为了强调不同的规划者对声望规划的影响不同，哈尔曼把规划者分为四个层次，即：官方的（政府行为）、机构的（授权组织—即国家语言规划部门—行为）、团体的（群体行为）和个人的（个体行为）。尽管这四个层次的规划效果是递减的，但它们对规划对象的影响却各有所长。需要指出的是，随着新媒体通讯方式的发展与普及，对规划者的作用及影响产生了不少改变，有很多影响是我们预计不到的。媒体在不同的时代有不同的传播方式，而且相关因素也都会发生变化，当然最终也会影响到语言，影响到政策的制定与实施。尽管在现代语言规划活动中，国家扮演着重要的角色，但个人也是可以发起一些倡议或改革的，如萧伯纳英语拼写改革，这是个人层面的行为；当然还有其他团体发起的活动，如盖尔语保护，维护特定语言里的一些东西，等等。对于个人来说，机构参与的越多，声望似乎就越高；若发起人声望高，人们心里就更容易接受一些，成功的概率就会高一些。

但声望本身很难来衡量，因为构成声望的要素也不是单一的，而且不同时代不同地域，各种要素发挥的作用可能也不同。前面我们说的是声望积极的一面，反过来，声望高的人如果不遵守有关语言方面的法律或规定，是不是造成的损害就更大？或者他带头遵守了，是不是结果就能更好一些？他不遵守，人们对他又会是一种什么看法？比如说，我们提到过世界语和人造语言的问题。现在成功的、还有人用的人造语言就四五种，其中使用人数最多的就是世界语。但世界语的发明者柴门霍夫本身的声望并不高。相反，有一些计划语言方案的创立者和主要推广者的声望很高。如，支持 Ido 语的威廉·奥斯特瓦尔德，是德国著名化学家、诺贝尔化学奖得主，Novial 语是由著名的语言学家叶斯柏森发起的，Interlingua 语的支持者是范德比尔特财团和不少著名的语言学家。那么，声望到底起了多大作用？按道理讲，高声望可能会推动语言规划更成功一些，因为人们心理上更容易接受权威人士所做出的规划；但是人还有另外一个心理，即逆反心理，并且权威人士不可能在哪个领域都权威。所以这是个多因素的问题。如果我们多了解一些不同的案例，可能会考虑得更深入一些。库尔马斯（Florian Coulmas）写过一本《语言守护者》的书，讲述了人类历史上20位与语言规划密切相关的人物的故事。这方面，古今中外还有许多有趣的例子，值得挖掘。

上面都是个人的例子，下面再看看机构的情况，这里我们以国家间合作和企业的语言规划为例。北欧国家术语标准化工作做得非常好。北欧国家的语言除了芬兰语之外，瑞典、挪威、丹麦、冰岛等国的语言本来是同源的、相似的，尽管如此，它们互相之间也存在术语统一的问题，于是成立了一个实现术语标准化和现代化的机构，叫作NordTerm。二十多年前，NordTerm 出了本简明扼要的《术语学指南》小册子，我看到后，感觉很有用，就动手把它翻译成了汉语①。这书是一个芬兰学者写的，我翻译完后，需要她授权才能出版。她说授权之前，需要找一个她信任的人来审阅一下译稿。于是她让我把译稿发给诺基亚北京公司的一个部门，当时，我还奇怪，一个制造电话的公司，怎么还有一个语言部门。这给了我接触大企业语言部门的机会，其实就是语言规划机构。

那么，这些语言部门和语言规划具体有什么联系？第一，公司采用什么样的术语，怎么样把说明书翻译过来，比如说诺基亚的、西门子的产品说明书里面，所用的术语需要精确、统一；第二，采用什么样的语言，今天一般是采用英语，跨国公司大部分都用英语。这些语

---

① Heidi Suonuuti. *Guide to Terminology*. 2nd edition.NORDTERM 8. Helsinki: TekniikanSanastokeskus. 2001. 刘海涛根据 1997 年第一版翻译的汉语版可见 http://www.lingviko.net/tg.html。

言部门有一项职能是构拟一种用于受限领域的语言，词汇、语法都比标准语更简单一点，这样便于世界各国文化程度不高的使用者也能看明白。从本质上来看，受限语言其实也是一种计划语言，或者说是一种简化了的自然语言。最有名的简化语言，是现代语义学的奠基人之一奥格登（C. K. Ogden）发起的"基本英语"（Basic English，1935），它由精选的 850 个英语词构成，曾经盛极一时，还有这种语言的《圣经》。尽管简化语言的优美性与表现力不如自然语言，但在某些受限领域，还是有一定用处的。林语堂先生在谈到 Basic English 时举的例子很有代表性："white root that makes eyes full of water"，字面意思是"使眼充满水的白根"，实际上，它就是根普通的"葱"。

这里，我想再强调一个大多数语言规划的研究者过去可能都忽略了的事情，但对声望规划而言却很有意义。计划语言，如世界语，这类语言过去 100 多年的实践已经能说明很多的问题，因为它们的实践是没有政府推动的，也就是说没有政府或很少有政府来支持，不仅不支持，往往还打压人造语言。即便如此，它也活了下来，这背后的原因是什么呢？怎么声望低的语言反而更成功一些？我们前面说过，声望这个东西其实就是一个接受者心理维度，因此，这不意味着几个反例就能把这东西搞废了，但要将其列为与本体、地位和习得并列的规划类别，还是有一定难度的。这也是为什么虽然哈尔曼早在 80 年代就提出了声望规划的概念，并且发表了一系列的论文和著作来讨论这个事情，但并非所有的人都愿意去接受声望规划，至少是像接受地位规划和本体规划那样的。因此，很多语言规划的书里都不提声望规划，或者只是简单提上一两句，我们猜想其中的一个原因是声望很难来衡量，效果优势也说不清。

实际上，哈尔曼用"声望规划"这个词，主要是指要从多因素的角度来考虑语言规划问题，不要只从规划者自己的角度来说你应该怎么做，这个是不够的，还要考虑接受者的想法。在语言规划中，我们要仔细挖掘这些因素，这样才能更好地评估语言规划的实施效果。当然，哈尔曼的声望因素能起多少作用，这也需要进一步研究。比如说我们推广简化汉字时，一些有声望的人仍然在使用繁体，但我们仍要推广，这看起来似乎是矛盾的。但无论从哪个角度来研究语言，无论怎么定义，都要回到最本质的东西，也就是说：为什么有的语言规划起效了？有的却没有起效？我们认为，在简化汉字方面，起作用的可能是驱动人类行为的省力原则，这也是文字演化的规律，而不是取决于有声望的人是在使用繁体还是简体。因此，即便有声望的人使用繁体字，也不妨碍简化汉字的推广。

　　总体来看，哈尔曼提出的"声望规划"，对语言规划的发展而言是有益处的，它深化了人们对语言规划本质的思考，倡导从多层级、多因素的角度来考虑语言规划问题，这是值得肯定的。但另一方面，声望这个东西到底能起什么作用？能起多大作用？哪些因素在起作用？未来可能还需要更多的研究。

第二节　阿格的"7i 模型"

　　提到"声望规划"，提到多因素，就不得不介绍下本世纪初，英国语言规划专家阿格（Dennis Ager）提出的"7i 模型"。为什么叫"7i"呢？因为阿格提出的这个模型是由 7 个要素组成的，而每个要素都以英文字母"i"开头，所以我们把它叫作"7i 模型"。当然，更准确的说法应该是"动因模型"，因为阿格在书里讨论的问题其实是影响语言规划行为的各种动因（motivation）。这本书也有中文译本，把 motivation 翻译成"驱动过程"，我理解了半天也还是不太明白——尽管我自己本科就是学驱动的。什么叫驱动过程？语言规划里的驱动过程又是什么？当然，译者可能也有自己的考虑，也许是翻译成"驱动过程"感觉更高级一些。抛开翻译不谈，我们主要看内容。"7i模型"的核心概念其实就是7个动因，即认同、身份、意识形态、不安全、不平等、融合、工具。阿格认为大多数语言规划活动或多或少都包含其中的一个或者多个动因。为验证模型的有效性，他还用这个模型分析了世界范围内的多个语言规划案例，我也写过一个文章评论这本书[1]，大家可以去看，这里就不详细地讲了，只讲几个我感觉比较有意思的点。

民族主义抵抗、身份认同等，书里有很多的案例。例如，我们之前讲过，阿尔及利亚独立以后，把经典阿拉伯语定为国家通用语，但1830年被法国殖民后，他们就都用法语和本地的一种阿拉伯语变体了，国内没有懂经典阿拉伯语的人。于是他们又从埃及引进了懂这种语言的人来当公务员和教师，换言之，他们创建了一个属于自己的独立国家，然后再从外国雇人来当公务员，管理他们的国家。当然，你也可以把这理解为驱动过程，民族主义的驱动过程。书里也提到了印度，也很有意思。印度独立了，是和平脱离英联邦的。印度有很多种语言，33种语言的使用人数都超过百万，独立了以后总得要定个共同语言和官方语言。但是定少了好多关系不好平衡，于是就多定了一些，分层级定了不少官方语言。除把印地语定为官方语言、英语定为第二附加官方语言外，还定了21种地方性的官方语言。官方语言多，只是政治上的需要，或者在其他层面说得过去，但是实际没法操作。于是印度人的语言模式就成了3+1的模式。3就是你生下来那个地区说的语言（母语）、所在邦的共同语再加上印地语。这是一个知识分子的语言模式。

当然，如果你在印度不流动，只要会讲一种语言就好了，基本能

---

① 刘海涛:《语言规划的动机分析》,《北华大学学报（社会科学版）》, 2007年第4期。

够解决日常交流的需求。但是你要流动，要到大城市去做事，不会讲其他语言肯定是不行的。基于现行的 3+1 语言模式，一个想过得好一点的印度人，至少要掌握 2 到 4 种语言才行。那么，3+1 模式的 1 是什么呢？其实就是英语，印度人说要把英语再请回来，因为大家都知道，过去印度是英国的殖民地，受殖民影响，英语成了官方语言，而且英语用起来还都挺好的。但是，现在政治上倒是独立了，官方语言却有好几十种，交流反而不见得比过去好多少。如果这样的话，那还不如把英语再请回来。其实，英语在印度使用的时间虽然比较长，但地位比较特殊，它不是任何人的母语，而是一种中立的、自然的语言，也可以称之为一种基于中立的自然型计划语言。选择了英语意味着对大多数普通群众来说都是平等的。于是，英语成了印度的附加官方语言（subsidiary official language）。实事求是地说，今天的印度实际上也是这一语言政策的受益者，或者说享受了英语作为全球语言的红利。全世界的英语论文几乎都是在印度排版的，很多跨国公司也把客服部门设在印度。

阿格的"7i 模型"还有个好处，就是可以进行一定程度的量化操作，具体见表 5.1。有了这个表，大家就可以打分了，对每一个语言规划案例中的动因进行打分。当然，我们也需要清楚，这个打分仍然是偏向于主观的，但有总比没有强。试想在做社会科学研究时，有时候说发放问卷调查，这样的问卷其实也都是主观的。我们认为，阿格的模型其实主要还不是打分，它的作用在于根据你对语言规划案例的理解，然后在表里填上应得的分值，填好以后就可以进行对比分析。我们一再强调，对大量语言规划案例进行分析比较后，就有可能发现一些普遍性和规律性的东西。"7i 模型"还有一个特点：突出了其他的语言功能，即文化和身份认同。我们说过，语言不仅仅是交际的工具，还是文化的容器和身份的象征，这个模型就比较注重容器和象征。阿格还发展了哈尔曼的声望规划，哈尔曼的声望规划就是要考虑受众的感受。但是语言规划最重要的目的，从语言学的角度来讲，是改进和改善交际效率。所以我们在分析具体案例的时候，也可以把这点补充进来，这样就可以对所分析的对象，有一个更深入的了解。

表 5.1　阿格的语言规划 "7i 模型"

动因名称	态度因素构成								理想和目标
	优劣性		生命力		吸引度		参与度		
	L1	L2	L1	L2	L1	L2	L1	L2	
身份（个人）									
身份（社会）									
意识形态									
形象									
不安									
维护身份（独立性）									
保卫身份（独立性）									
维持不平等									
消除不平等									
融合									
改善工具									
彻底绝望									

填表分析时，首先选择动因栏，然后在 4 个相应的态度因素里填写数值 1、2、3，来表示各因素的强度。L1 表示语言 1，一般指语言规划行为中的相关母语，L2 表示语言规划活动中涉及的第二种语言。阿格用详实的案例和数据告诉我们，语言规划的动因不是单一的，而是一个复杂的、涉及心理和社会等诸多因素的多维结构。这种将语言

规划与语言政策的动因进行量化的做法，非常有利于对语言规划行为的分析。从某种意义上讲，阿格的"7i 模型"是对已有模型在社会心理层面的扩展，为语言规划理论模型的完善做出了重要贡献。

此外，阿格对语言规划的另一大贡献是推进了声誉（声望）规划的研究进展。他在这一方面的工作，实际上也是和"7i 模型"密切相关的。他在声誉规划的研究中引进形象规划（image planning）的概念，进一步强调社会心理因素在语言规划中的作用。声誉和形象的这种心理学特质，也使得语言规划的决策变得更加困难。尽管如此，这种多角度分析语言规划行为的方法还是值得肯定的，因为语言规划的大量实践活动证明声誉、形象以及阿格在"7i 模型"中提出的其他因素都会影响到语言规划与语言政策的制定、实施。总之，阿格的"7i 模型"是本世纪初语言规划领域极为重要的理论模型之一，它可以用来分析各种类型的语言规划活动，而且根据表 5.1 中各个维度的动因以及打分情况，我们很容易就会得到相关的数据，并在数据基础上做进一步分析。

第三节　卡普兰、巴尔道夫的语言规划目标框架

无论是豪根的"四格模型"，还是哈尔曼的声望规划，又或者是阿格的"7i 模型"，都没有明确语言规划目标的问题，他们都忽略了这个重要内容。语言规划和其他类型的规划活动一样，在开始的时候就需要定一个目标，也就是说通过规划想来做些什么事情。比如说，正常人讲规划，会说规划是为了建个大坝、建座桥或者修条路，这是正常的规划。而语言规划如果没有目标，没有以一定的目标为导向，就会产生问题。此外，不同的目标可能就需要不同的方法，需要不同的人参与其中。假设说一个目标是叫人不要再用字母词了，另一个目标

是让人不要再说某种语言，这二者是完全不同的概念。因此，语言规划的目标是非常重要的。换言之，我们要进行规划，"到底要干什么"这一目标必须要明确。

语言规划是一个国家的资源规划，虽然它不是自然资源而是人力资源，但也要有目标，而且要把目标定得更明确一些。当然，我们也应该认识到，针对一个语言规划，至少应该有一个目标，但通常也会有多个目标，并且某些目标之间还是互相矛盾、冲突的。比如，汉语的国际推广是想让世界上更多的人（除了我们中国人之外）说汉语。但反观我们国内的外语学习，好多地方要从娃娃抓起。单独看，这两个目标都没有问题，但只要回到简单的逻辑，其实问题很大。假如全世界的人都会说汉语了，那我们学外语干什么？如果我们中国人学外语都从娃娃抓起，都会说外语了，那么外国人为什么要学汉语？这都是和语言规划有关的目标，但表面上看起来还是有些矛盾的。所以，对于语言规划目标，作为规划者要意识到这种矛盾的存在，突出主要的目标。

这里我们想说一说语言规划目标的事情，以卡普兰和巴尔道夫2003年提出的语言规划目标框架为主，因为这是截至目前以语言规划目标为导向的比较全面的理论框架。但在此之前，我们先简要回顾下学界早期对语言规划目标的研究。

关于语言规划的目标，有不少说法。这是因为，语言规划不仅仅是一个有关语言的事情，它表现在语言上，但又不只是语言的事情。比如，拉宾（Rabin）在1971年那本《语言可以被规划吗？》里有一篇文章，从目标的角度提出了一个分类：一是语言之外的东西，语言规划有时候实现的是语言之外的目标；二是半语言的目标；三是针对语言学的问题。对语言外的目标而言，如果需要学者参与，很多时候都是社会学家或者政治学家。而语言学家大多参与的是与语言相关的目标。如果目标只是简单的、与语言有关的东西，比如编词典，或规范某个语言在具体使用方面的东西，那么就是语言学家的事情。但是，如果局限在这些方面，实际上我们能做的事情是很少的，尤其说到一些规范或规定时，能做的更是少之又少。当然，这也是随时代而变的，比如说在大众识字很少的时候，要编纂一本语言规范的书，一本语法书、一本词典可能就能起到决定性的作用。

摩西·纳哈尔（Moshe Nahir）是较早研究语言规划目标的一位学者，他分别于1977年、1978年和1984年在《语言问题与语言规划》期刊上发表了相关文章，基于语言规划的这种目标导向，对语言规划进行分类。比如说他在1977年的文章里讲到，净化、复兴、改革等一些标准化目标。1978年，他又提出了词汇现代化，分析了以色列现代希伯来语的语言规划行为。

1984年，纳哈尔还根据语言规划的目标和语言的功能，提出语言规划的目标就是规划语言的功能，修订并扩展了语言规划目标（功能）的框架，并将其分为11个子类：（1）语言净化，包括外部净化和内部净化；（2）语言复兴；（3）语言改革；（4）语言规范化；（5）语言传播；（6）词汇现代化；（7）术语统一；（8）文体简化；（9）语际交流（包括两种类型：a.世界范围内的语际交流，细分为辅助语言和英语作为通用语；b.区域语际交流，细分为区域通用语和同源语言之间的互通性）；（10）语言维持（包括两种类型：a.主导语言维持，b.民族语言维持）；（11）辅助代码标准化。

在李圣托主编的《语言政策导论》一书里，美国应用语言学家和语言规划专家霍恩伯格（Hornberger）提出了一个综合性的语言规划目标框架，主要还是采用了传统上三大规划的架构：地位规划、习得规划和本体规划。当然，这个框架不是突然间就提出来的，而是其题为"*Literacy and Language Planning*"（《识读与语言规划》）一文的拓展。

我们也发现，霍恩伯格并没有将哈尔曼的声望规划吸收进框架中，这可能也再次说明人们对声望规划的认可度还是有限的。

事实上，卡普兰和巴尔道夫在 2003 年构建了一个更综合、更完善的语言规划目标框架，见表 5.2。这个目标框架不仅包含了地位规划、本体规划、习得规划，也有声誉规划，是对众多语言规划框架、模型（包括他们在 1997 年提出的生态模型）的概括总结，特别是在豪根（1983）"四格模型"的基础上，融入了库普尔（1989）的"习得规划"和哈尔曼（1990）的"声望规划"。他们用这个框架分析了太平洋地区 14 个国家和地区的语言教育规划。这个模型中所含的大大小小的目标，在实现的时候不是孤立的，而是互相有联系的，某个目标可能是更大的目标的一部分。比如，文字简化不是孤立的，有的时候不仅仅是指从文字角度、简化的角度来讲，它本身可能就是扫盲整体计划中的一个部分。

卡普兰和巴尔道夫总共分析了 14 个国家和地区，对亚太国家语言习得规划的历史发展做了广泛深入的考察，总结出了这个综合的模型框架。他们选取的案例也非常有趣。比如说朝鲜和韩国，关于朝鲜的内容很多我们是根本不知道的。日本是一个单语国家，但是在第二次世界大战时侵略了亚太地区大部分国家，这里就会看到殖民者或者侵略者对于语言的影响。另外，对于太平洋岛国的诸多语言，我们知之甚少。巴布亚新几内亚，这是全世界语言密度最高的地区，在这么小的地方有 800 多种语言，尽管英语也是它的官方语言，但实际上广为使用的官方语言却是一种叫作托克皮辛语（Tok pisin）的克里奥尔语。在 800 多种语言中选一种克里奥尔语和原殖民者的语言做官方语言，不仅可以看出政体、政治制度等因素对它的影响，也可以体会到一种以较低成本解决跨语交际现实问题的务实态度。

表 5.2 语言规划目标框架

方法类型（显性 – 隐性）	政策规划（形式）	培育规划（功能）
1. 地位规划（关于社会）	地位标准化 　官方化 　国家化 　语言禁用	拯救 　再生 　拯救 　恢复 语言维护 跨语交际 　国际语 　地区语 语言传播
2. 本体规划（关于语言）	语言标准化 　文字 　语法 　词汇 辅助代码标准化 　文字 　语法 　词汇	词汇现代化 语体现代化 革新 　净化 　改革 　语体简化 　术语统一 国际化
3. 习得规划（关于学习）	课程对象 师资人员 课程建设 教材教法 资金来源 社区政策 评估政策	语言再习得 语言维护 外语 / 二语 语言变迁
4. 声誉规划（关于形象）	语言推广 　官方 / 政府 　机构 　利益集团 　个人	知识化 　科学语言 　专业语言 　雅文化语言

　　要想研究语言的普遍性，寻求规律和模式，不能只用一种语言，这在逻辑上说不通。同样，研究语言规划，如果只研究一种因素、同

一种环境下的规划，也很难发现多样性中间蕴含的普遍性。尽管由于各种条件限制，在卡普兰和巴尔道夫《太平洋地区的语言规划和语言教育规划》这本书里有一些国家和地区的内容相对比较简单，但有总比没有强。总体来看，这本书对语言规划理论和实践的研究贡献很大。正如我之前说过的，如果只推荐一本语言规划的著作，赵守辉和我都愿意投这本书一票。由于这个框架里的内容或多或少我们都提到过一些，因此下面主要讲一些此前没有说过的。

（一）地位规划目标概述

地位规划目标里包含政策规划目标和培育规划目标。政策规划目标里面主要是地位的标准化，比如官方化、国家化、语言禁用这些事情，培育规划目标里面主要有关濒危语言的语言生态（再生、拯救和恢复）、语言维护、跨语交际（国际语言及地区语言）和语言传播。

从功能的角度来看，地位规划的本质就是让没有某种功能的语言重新再恢复功能，让有功能的语言在官方化、国家化以后，其功能和使用范围更广泛。总的来讲，考虑语言人权和语言生态的话，就是让所有的语言都有人讲，后现代语言人权和语言生态的视角尤其强调这点。综合人权和生态学的视角考虑多种因素，我们应该保护语言的生存权，不仅保护自己的语言，对别人的语言也应如此。在整个地位规划中，先让大家的语言都活下来，然后再来考虑其他事情。至于语言怎样才能活得更好，也是要考虑各种因素的。比如说，一个国家有 20种语言，你很难将这些语言都作为官方语言，那就等于没有官方语言了，这样的系统也没有办法运作，这些因素也是需要考虑的。但卡普兰和巴尔道夫在他们的框架里指出，所有的语言都应该先活下来，然后再讲其他的事情。比如，从 20 种语言里选择一种或者两种作为官方语言，而其他语言都停留在词典里、录像带里、云盘里，但这有什么用呢?

语言禁用在历史上很少有,但在第二次世界大战期间,日本干过这个事情。当日本占领了一个地方以后,他们就不让那个地区的人说原来的语言,而要说日语。我们中国台湾省在 1895—1945 年间被日本占领,期间日本人禁止台湾省人使用本地的语言。日本不仅仅是对台湾省,对朝鲜等其他国家和地区也都采用了这种政策[①]。在朝鲜,甚至规定姓氏都要按照日本的来。1945 年,日本投降后,被占领地区又全都马上恢复了以前的语言。对于语言来说,采用暴力和强力,短时间可能是不起什么作用的。语言规划是要改变别人语言行为的事情,是一个长期的规划,短期内很难见效,哪怕你用外力或强力,都很难。在外力作用下,语言的演化轨迹能不能发生什么变化? 实际上,即使日本采用了这么残酷的禁用手段——当时的目标就是禁用,要消灭某种语言——但由于时间短,效果不明显。因此,语言的事情,语言规划的各种因素,需要更深入细致的研究。

对语言来讲,如果用外力改变了人们的语言行为,依据哈尔曼的理论,接受者的心理感受会反抗这种改变。语言不像别的事物,不仅仅是一个交流的工具,也是文化的容器和身份的象征。因此,试图通过语言规划改变别人语言的行为,是多么难的一件事情! 这是用强力改变语言的状况。但是话又说回来,为什么有时候我们不用强力,反而又改变得那么快? 举例来说,我们看留学回来的人,或者教外语的人,明明能够用母语来表达一个简单的东西,有时候却不愿意。这中间没有人去强迫,为什么他们又这么做了呢? 甚至说,这些场景下其实都是没有显性规划的语言规划行为。那么,有趣的事情来了,使用强力的语言规划没有达到预期的目标,而没有显性规划的语言规划却

---

① 石剛:《日本の植民地言語政策研究》,明石書店,2005。

成效斐然，这又是什么原因？语言，是一个神奇的东西；使用语言的人，也很神奇。

培育规划目标中的拯救濒危语言，通俗来讲是一种语言没有人使用了，要出问题了，这就是濒危语言和语言人权相关的问题。对于这些濒危的、即将消亡的语言，我们要想办法让曾经讲这些语言的人恢复使用这种语言，从而实现语言的再生、拯救和恢复。拯救濒危语言要根据相关语言的各种状态（比如说濒危程度）来提出具体的再生、拯救和恢复方案。如果一种语言没有人使用，那它就失去了语言作为交际工具的意义。即便通过录音把它记录下来，也难以恢复它的交际功能，因为做这些事情已经不是针对一个一般意义上的人类语言了。拯救濒危语言提到的目标，比如拯救、再生、恢复，总是需要有人在日常生活中使用这个语言，而这同样要看使用者的感受。这也是为什么日本在第二次世界大战期间采用了禁用这种极端的措施却没有成功的原因之一。但总的来说，如果我们想拯救濒危语言的话，根据不同语言的状况，应该有针对性地采用恢复、再生、恢复等措施。正如我们多次强调的那样，有意识影响语言的活动，要想起效，最好是顺势而为，这个"势"就是语言演化规律。就濒危语言的拯救而言，穆夫温曾经列举了语言学家在此过程中，遇到的种种困难和必须面临的问题[①]：如何界定濒危语言使用者的语言权利，这里面是否也包括他们能够根据新的社会经济生态环境而做出的选择？语言再生的辩护者们也应该回答，是否能够在无法重构这种语言以前的生态环境的情况下，再生或振兴语言？如同文化一般，语言也是一个动态复杂适应系统，任何有关语言的活动不能忽视语言使用者本身根据需要做出的选

---

① Mufwene, S. (2004). Language birth and death. *Annual Review of Anthropology*, 33: 201–222.

择。要回答或解决这些问题，还需要大量基础性的调查和研究。黄行在《中国大百科全书》的"濒危语言"的词条里写道：客观地说，部分语言的消亡是人类文化发展过程的一个自然部分，语言学家能做的应该只是记录和描述语言的资料，而不是设法干扰语言消失和替代的过程。语言死亡的循环和通过"克里奥尔化"（creolization）出现新语言是一个正常和持续的过程。我们同意他的观点。

（二）跨语交际（国际语）

现在学界都在谈全球语言治理的问题，所以我想着重讲一下地位规划目标里国际交流语言的问题，即国际语问题。正常情况下，一种语言基本上是在国内使用，但后来有一些语言的使用范围超出了一个国家，比如汉语、英语、西班牙语、法语等。我们现在可以用普通话走遍中国，甚至走遍周边的一些国家，按照这个势头下去，再过 50 年或者 100 年，汉语或许也可以取代英语的位置。因为没有一个长久不变的世界共同语或者国际共同语，下一个是谁？可能性大的就这几个，一个西班牙语，一个汉语，还有印地语。从历史上的拉丁语到法语再到英语，国际语有其自身的发展规律。但就目前的实际情况来看，英语仍然是严格意义上的国际语。从理论上来讲，我们用母语思考、母语写作，未来也能用母语在 *Nature* 和 *Science* 上发表文章，这不是不可能的事情。语言的国际性指标是可以量化的，而这些量化指标为我们设定了可努力的目标与方向①。

在语言的国际化进程中，也需要考虑一些原来难以遇到的问题，拿汉语来说，现在有不少国家和地区在使用。虽然这些汉语可以互

---

① 刘海涛、王亚蓝：《国际语基本特征的衡量指标探索》，《语言文字应用》，2021 年第 2 期。

通，但还是有差别的。因此，当语言的使用范围超过了一个国家和地区，语言的标准化程度可能也不一样。在汉语国际化的过程中，这个语言的交流和统一是我们要考虑的问题。原来在国内，大家都引入同一本教科书就可以了，但现在怎么让其他国家和地区的人用我们的教科书呢？全世界都会说汉语当然是件好事，但也要尽早关注语言分化的问题，否则200年以后同一种语言的变体可能就无法互通了。今天最好的案例就是英语变体的研究，有个世界英语语料库，可以找到世界各地人讲的英语，从而进行很多有趣的分析。我们也做过一个研究，就是考察世界各地的人写的科技论文有没有什么区别，会不会受到比如说母语的影响。这也是一个比较有趣的问题。

另外一个问题是，在地位规划里，为什么把国际语言列为培育规划而不是政策规划？国际语在语言规划的传统模型里并不属于本体规划和地位规划，因为它没法规划。比如，我们规划自己的语言成为一个国际语言，但其他国家的人大概率不会买账。在传统语言规划的模型和框架里，国际语在功能上只是一个培育目标。我们说的国际语，指的是跨国交流用的语言。培养国际化人才的时候，要客观地来分析世界上当前的国际语情况，了解跨国之间的共同语的现实情况，然后再去培育这方面的人才。假如在某个时期认定英语是世界上的国际性语言，那么你在课程中就要适当培养学生这方面的能力。但在传统的语言规划里并没有国际语规划，而且国际语的规划本身也很困难。我们要去跟别的国家打交道，必须要有可以进行国际交流的语言，在了解国际语言交流状况的情况下，要有意识地去培育这方面的人才。我们正处于全球化的时代，当前也致力于要构建人类命运共同体，还有"一带一路"建设等，这些都需要跨国交流，要求同世界各国人民交流，而交流用什么样的语言，这怎么规划呢？因此，国际语的问题是很难规划的。即使是世界语，也有其他问题存在。世界语之所以鲜有人支持，是因为大多数推广者都是靠理想在推广使用这个语言。但是没有钱只有理想，是很难推动的。联合国的前身，即国联，曾经讨论过这个事情，但由于法国反对，最后没有搞成。

世界语等中立语言的出现表明，国际语问题是有理想的解决办法的，但是理想的办法放到现实中也会有问题。在这种情况下，国际语问题目前成为语言规划研究里一个亟待解决的问题，比以前更迫切，所以我们也要来研究这个问题。作为一个学者，我们在研究某个领域的时候，首先要了解这个领域过去的工作和已经取得的成果。在人类共同语、国际语的领域有大量文献[1]，其中有一个叫尼古拉斯·奥斯特勒的人出了三本书，我觉得都非常好。《语言帝国：世界语言史》讲到了人类有史以来使用过的、并且使用人数较多的语言的发展历程，特别强调某种语言成为一种跨国交流语言时的演化过程[2]。这本书已经有中译本了，是很有趣的一本书，实际上是介绍了一些使用人数比较多的语言的发展历程。在人类历史上，很多语言都曾作为跨国、跨民族的语言，其中最有名的就是拉丁语和英语。于是，这本书的作者又写了一本介绍拉丁语历史的书[3]。

拉丁语从一门使用人数较少的语言最后成为国际性的、世界性的语言，尤其是在宗教和科学领域。在宗教领域，拉丁语至今还是一门重要的宗教语言；在科学领域，拉丁语在自然哲学和数学原理等方面都有使用。在拉丁语之后还有很多国际语言，比如法语、英语和西班牙语，比如东亚地区的汉语。如今，在历史上超过拉丁语、作为一种

---

[1] Blanke, D. (2003). Interlinguistics and Esperanto studies: Paths to the scholarly literature. *Language Problems and Language Planning,* 27(2), 155–192.

[2] 尼古拉斯·奥斯特勒：《语言帝国：世界语言史》，章璐、梵非、蒋哲杰等译，上海人民出版社，2016。

[3] Ostler, N. (2007). *Ad Infinitum: A Biography of Latin.* London: Walker Books.

跨国或者跨民族的国际语言，那就只有英语了。于是，他又写了一本关于英语历史的书，介绍英语怎么发展成为国际语和世界性的语言[①]。这三本书合起来，可以让我们对世界性语言的演变有一个更全面的了解。有些语言曾经作为跨国的、跨民族的共同语言，发展到最后却衰落了，我们要从它们的历史中寻找这个过程中的规律。语言的衰落，是一个过程，比如拉丁语的衰落，需要经历较长的一段时间。所以，尽管国际交流目前不是语言规划的主流，但是它已经被提到议事日程上，需要我们去研究，并提出相应的解决办法。

上面所讲的是国家与国家之间（international）的交流语言，还有国家内部（intranational）的跨语交际语言。一般来说，使用单一语言的国家很少，因此大多数国家都会面临选择国内交流语言的问题。在国内有多种语言和方言时，为保障国内讲不同语言的人之间的沟通更顺畅，为了使国家机器运行更正常，本国政府可以来做一定规划，选择一种或几种国内交流的共同语言和官方语言。传统的国内语际交流问题，在第二次世界大战以后尤为突出，事实上，这个问题的解决过程也推动了语言规划学科的诞生。

（三）语言传播

语言传播，也有叫语言推广的，在英文中使用的词语是"language spread"，这也是地位规划的一个重要目标。这个词好像给人一种感觉，它是自然而然散播开的而不是有意识的行为——用"spread"感觉是一种无意识的事情。尽管语言传播看似无意识，但语言规划本身是有意识的。按照上面提到的奥斯特勒的三本书，我们可以看到任何

---

① Ostler, N. (2010). *The Last Lingua Franca: English until the Return to Babel*. London: Walker Books.

语言的传播过程，哪怕在成为一个国家共同语言、区域共同语、国际共同语的过程中，都很少出现自发扩散的情况。比如，在英语推广的过程中，英国文化协会（British Council）就起到了很大作用。以澳大利亚为例，在过去二十年里，英国文化协会得到了澳大利亚国际开发署和澳大利亚海外服务局等当地组织的支持，为英语的推广提供了很大的帮助。

我们要了解某个语言怎样成为国际共同语或者区域共同语，要探索这个过程中的规律，不能对历史一无所知、只是凭直觉去做一些事情，这可能是不行的。比如说在语言传播过程中，当某个国家的语言要传播到别的国家时，对方国家的人是自愿的还是被强迫接受的？第二次世界大战时的日本，强制要求其他国家的人使用日语，禁止使用当地的语言，但战争结束后，这些地区马上就恢复了自己的语言。西班牙在拉丁美洲区域殖民，除了巴西用葡萄牙语之外，今天拉美国家的官方语言大多都是西班牙语。法国的殖民地主要在非洲，于是非洲的许多国家使用法语。对比分析上面三个区域的案例，日本在东亚地区，法国在非洲，西班牙在拉美，可以发现一些有趣的事。日本对殖民地的语言政策用力最猛，但是第二次世界大战以后，东亚地区国家的官方语言都不是日语，而法语是一些非洲国家的官方语言，西班牙语在拉丁美洲的使用也很广泛。这三个例子表明，语言传播可能还是存在规律。

事实上，在语言传播的过程中，不只是花钱的事，也不是靠武力就能解决所有问题。我们认为，语言传播与教育密切相关。澳大利亚、英国、新西兰和美国的机构都开设了相关课程，通过在该地区提供教育项目和招收国际学生来创收，尤其在高等教育阶段。此外，这些国家也经常在一些世界性的活动中添加英语的成分，千方百计为英语的传播创造条件。语言传播是一个正反馈的过程。比如，去日本、去法国、去德国留学，过去你需要学日语、学法语、学德语，也就是说出国留学首先就要过语言关。但现在我们发现，这些国家针对大部分国际硕士都是用英文授课的。民间有句话说，学英语要从娃娃抓起的，但遗憾的是你学了一辈子英语，最终却帮助别的国家出口教育产品。当然，教育的问题不只是个语言问题，它的复杂之处在于语言不仅是交流的工具，还有文化和认同功能。为什么语言传播和教育密切相关？其实，巴尔道夫他们2003年那个书就是研究亚太地区的教育规划。

当全世界都淹没在英语的环境下，懂英语的人在全世界几乎所有较为发达的地区教非英语国家的人英语，你还说我要用我的语言去做一件事情，这是不大现实的，是很难的。所有这些都涉及语言规划的问题。你用英语上课，为了学习最新的东西，这是可以的。比如说工程技术人员要学习国外先进的科学技术，而英语又是事实的国际科学语言，你不会读英文，这是不行的。但任何事情，都不能过分，你为了沉浸在全英的环境中，什么都看英美的，那可能会出问题。另外，我们也要客观、理性地看待一些问题，要实事求是地去分析某些与语言有关的现状。针对"一带一路"的语言问题，目前设置了不少与沿线国家有关的语言专业，乍看起来没有啥问题，但是不是还有更好的办法呢？比如，"一带一路"沿线的大部分地区都有自己的区域共同语，那我们培养掌握区域共同语的人才是不是更好一点？这样做，对学生，对教师，是不是更可行一点？总之，我们要客观理性地去看待这些事情。

顺便提一下，语言传播本身也有自己的理论框架，在这方面有一个经典的工作是库普尔做的。库普尔在1982年编了本书，叫《语言传播》，提出了一个语言传播的框架，我们也可以用他的这个框架去研究一些东西。原先我们不知道有这东西，现在知道了，大家有兴趣的话，也可以去做这个事情，用库普尔的语言传播框架去分析一些案例。这里面有影响大一点的，有传播失败的，有传播稍微成功的或者不太成功的，我们可以看是哪些因素导致这些不同的结果或情况，然后来制定一个政策，这样在制定或者实施语言传播政策时，可能会更有针对性，效果会更好。

（四）辅助代码标准化

在巴尔道夫他们这个框架里，本体规划的目标也分为政策规划目标和培育规划目标，政策规划目标主要包括语言标准化和辅助代码标准化，培育规划目标主要包括词汇的现代化、语体的现代化、革新、国际化等。这里面的有些内容，明显比豪根"四格模型"要多。这里，我们想讲一点此前没有讲过的东西。本体规划中的标准化，指的是书写形式的标准化。比如汉字，在我们中国大陆、中国台湾、中国香港、中国澳门，新加坡都在使用，但某些汉字的形式不太一样，大陆地区基本上是简化汉字，其他地方大多使用繁体字。对于这种情况，现在有一些关于书面语互通性的研究，也需要从文字演化、沟通效率等各种角度进行更深入的研究。

还有一个比较有趣的就是辅助代码的标准化，具体来说就是各种标语和标志的标准化。比如，与交通有关的各种标志，大街上的路牌，各种商业标识等，有的是用一种语言写的，有的是用两种语言写的，还有画的，这就形成了所谓的语言景观。有些学者，在街上有时候看到挂了个小牌子，但是英文写错了，然后就去分析深层次的政治经济原因，进行文化层面或者心理层面的原因分析，有时候可能会有这些原因，但也不排除对店家来说，他就是照着旁边人家画的，他看着别人的很好看，就做了这个牌子，实际上根本就没有想那么多。

在大部分地区，辅助代码只是为了交流沟通，可能并没有特别复杂的深层次原因。为了达到无歧义的、更有效的交流，这些辅助的代码和符号，本身是需要标准化的。同时，针对是国际性的还是国内的、跨地区的还是本地区的代码，具体的标准化可能又有所不同。面临国际性问题时，这个比国际语的问题更容易解决。比如说，国际航海组织或航空组织可以规定一种国际性的代码或者符号体系来使用。国内的辅助代码符号体系也是如此。用于交流的辅助工具的标准化，不管是在国内层面还是国际层面，都是有可能实现的，这比创造一个完全的语言更容易实现。究其本质来看，辅助代码是一个受限领域的事情，涉及的东西没那么广泛。

所谓受限领域，就是指一个符号体系可以在某个领域内通用，比如说交通标识，再比如说海事领域的旗语。大家想想看，在舰艇上交流是没法喊的，那么两艘军舰在海上遇见了，又该如何交流呢？这时旗语就发挥了作用。这种符号体系是可以统一的，也很有效。顺着旗语的思路，我们自然会联想到：是不是可以基于符号、图形、图像发明出一种全世界通用的符号系统，在不用说话的情况下就可以达到沟通交流的目的。一些专业领域里的实践，像辅助工具、辅助代码这样的交流方式，会导致我们觉得很容易就可以发明一种基于符号体系的跨民族、跨语言的交流工具。这些在狭小的、受限领域的成功案例，会让人们盲目乐观。

但话又说回来，如果去做符号体系的交流语言，全世界的人至少可以在书面上沟通，我们一见到符号就知道是什么，就可以交流。这比学有声语言要好得多，也比学自然语言要容易得多。在很多场合下，我们的交流其实并不需要全功能的语言，只要使大家都能搞清楚我们的意思就行了。二十多年前，有一个中国人就基于这样的思想发明了一套图像语言①。其实不只是她，在她之前也有很多人做过类似的事

---

① 刘莎：《一种电脑图像世界语新方案》，《语文建设》，1993 年第 8 期。

情，国内外都有。所有这些做符号代码和图像语言的人，都认为世界各国的人对这些图像的解读是一样或者差不多的。现在大家不妨猜猜下面这个图里面的图案都是什么意思，见图 5.1。

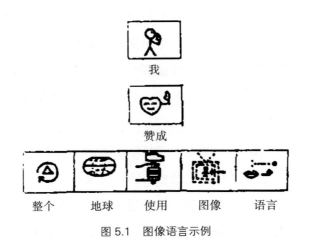

图 5.1　图像语言示例

第一行指鼻子的小人是什么意思？代词"我"。第二行举着手的心又是什么意思？表示赞成。第三行的第一个圆圈是什么呢？是整个的意思。第二个代表地球。那一个人握着榔头是使用的意思，接下来的两个图分别代表图像和语言。如果没有图形下面的汉字，有一些图符的意思是不好猜的。作为中国人，我们和这个图像语言的发明者，使用的是同一种语言，拥有同一种文化背景。但是假设你在实际交流的过程中，突然遇到了这样一个句子，你还能清楚它是什么意思吗？答案可能是否定的。用图像表示一个简单的东西是可以的，但是如果要表达一个复杂的意思就很难。图 5.1 的整体意思是：我赞成整个地球使用图像语言。这么简单的一个句子，在我们的交流中也并不复杂，但谁能猜出来这些图像连在一起表达的是这个意思呢？如果一个外国人看到这个，估计可能要纠结半天。可见，用图像或代码的形式进行日常交流，实际上并不容易，尤其是当你的目标是做成一个跨文化、跨语言的辅助交流系统时，会更加困难。之前有很多人试图做过这个事情，但都没有成功。因为在跨文化、跨语言的情况下，各国人民对于某些东西的理解不一样。用索绪尔的话来说，就是语言符号具有任意性，一个符号在 a 语言里是这个意思，但在 b 语言里可能就是另外一个意思。因此，语言符号与使用者所处的社会环境、自然环境是密切相关的，我们很难创造出一个面面俱到的国际语言，哪怕仅仅是辅助代码。

（五）词汇现代化

词汇现代化的重点是发展新的词汇以满足现代语言的需要。在词汇现代化的过程中主要涉及两种词汇，一种是日常生活词汇，另一种是科技术语。比如希伯来语现代化后，它的日常用语和几千年前的日常用语肯定是不一样的。我们说词汇现代化往往指的是科技术语，但现代化也不仅仅是科技术语的现代化。例如，同样的意思在古汉语里一般用一个字，因为那时的词大多都由一个字构成，而现代汉语大部分情况则是二字词居多。当然，这里面还有一个静态和动态的区别。我们现在翻开现代汉语词典和古代汉语词典，可以发现，现代汉语词典中二字词（就是两个字组成的词）居多，而古代汉语以单字词为主。我们把词典中存在的东西称为是静态的，而实际使用的东西，比如我说的话、我写的东西，称为动态的。

当你统计词汇的动态特征时，你可能会发现，尽管现代汉语词典里的二字词多，但单字词的实际使用频率似乎更高，这充分体现了语言作为一种动态系统的特征。现在汉语里面的二字词这么多，究竟是哪里来的呢？有研究表明①，近代汉语中的二字词，有70%是从日本输入的，像我们日常使用的"服务""组织""纪律""政治""革命""政府""方针""政策""申请""理论""哲学""原则""经济""科学""商业""健康""抽象""美术""文学"，等等，差不多都源自日本。这再次说明，只要语言是开放的，是活的，就无法避开与外界的接触，也就不可能有百分之百纯洁的语言。拿汉语来说，如果考虑语言纯洁化，把这些外来词全部去除，我们几乎无法进行基本的交流了。

但是，语言是一个动态的复杂适应系统。汉语的二字词增多后，语言的其他方面也会发生变化，这是语言演化发展中的一个正常现象。我们不能为了说明语言的特殊性，就完全不顾语言演化和发展的基本规律。比如说，语言演化有一个总的趋势是简化，不管是文字拼写，还是句法和词汇，都有简化的趋势。语言最初是复杂的，之后会被简化，这是语言演化的一个规律。我们既然知道了这个规律，就应该理解推广白话文和简化汉字的必要性，而不是在社会上呼吁恢复古汉语和繁体字。语言规划要顺势而为，这个势就是规律。规律就包括语言本身结构的规律，要对语言进行本体规划，就要对语言本身的结构和模式有所了解。

（六）语言国际化

语言的国际化也很重要，这里的国际化主要是指术语的国际化。语言的国际化历来就和本土化是密切相关的。就汉语而言，汉语中引入了很多日源词，这些词语不少都是日本从外国引进一些先进东西时，使用汉字创造的词汇，有一些甚至原本就是日语在更早的时候从汉语

---

① 沈国威：《汉语近代二字词研究：语言接触与汉语的近代演化》，华东师范大学出版社，2019。

引进的。比如说"科学"（science）这个词，我们最早从西方引进的时候，科学是"赛先生"；后来，我们发现日本的"科学"这个词很好，就引进来用了。有趣的是，日本现在又直接采用了音译的方式，把外来词直接转成日语的假名。但我们向日本借来这些词，觉得它们符合汉语的构词体系，就一直沿用至今。日本作为那些词语的输出国，现在反而都不用了，这也是很有意思的现象。这是否说明，这种"二字词"更适合于汉语的结构体系呢？

另外，国际化也意味着某种语言的词语或发音在形式上和大多数国家的语言是一样的。尤其是术语，在书写的形式或者发音上与国际上的其他语言相通，但形式和发音这二者经常是矛盾的。比如说"新冠病毒"的命名，我们没有采取音译而是意译的方式，因为"冠"字描述了病毒的样子，于是我们想保留这个字。推而广之，当我们需要构造新词语的时候，是根据语言本身的规律来构造一个词语，还是直接音译借过来？任何语言都可能存在这样的问题。这说明，在语言规划的过程中，术语的引进问题容易产生矛盾。比如，英语的 computer "计算机"，如果汉语也像很多语言那样，直接采取音译的方式叫"康皮优特"或"坑普特"，那么大众看到或听到这个词的时候，其实是搞不清楚这是什么东西。但如果说"电脑"或者"计算机"，根据汉语的构词原理则可以大致猜出它的用途。

再比如说，德语为什么有那么多合成词？德语的词为什么看起来很长？合成词多的意思就是说，我们可以把词语进行切分，切分后就搞清楚了词语的意思。这样我认识 10 个短词，就可以把这 10 个短词组成好多长词；否则如果来了第 11 个新事情，还得发明一个新的词才行。但词变长后，又会影响交际效率。在爱沙尼亚的语言改革中，阿威克为了解决这个问题，自创了很多短的词语，以致不少人戏称爱沙尼亚语为一种人造语言。因此，国际化历来就和本土化密切相关，也与所涉及的语言结构有关。

（七）术语统一

术语的统一和标准化，实际上是跨区域的统一。术语看似简单其实是很复杂的。比如说一个机器包含 30 个零件，每一个零件叫什么，必须要给出一个确切的定义，在不同的语言里要保持——对应，这样才能保证交流不出错。尽管，我们现在有 ISO 这样的国际性组织，来协调世界各国包括术语标准化和统一的工作，但正常情况下，即使有这样的机构，语言规范问题都很难使用强力来规范。不管是国家的机构或者是民间机构，对于语言问题很少使用强力，成功的案例一般都是起到助推的作用。因此，对于语言规划的问题，当人们想有意识地影响语言演化的时候，能够成功的先决条件是要符合规律。术语的统一和标准化历来是一个问题，当然这个问题似乎和我们老百姓关系不是很大，和一些专业人员的关系可能大一点。专业人员研究出来的东西，我们要使用，术语的统一和标准化对于科技交流等领域很重要，这个也是语言规划里的一部分，而且是做得比较成功或容易引起外界关注的一个部分。术语之所以重要，是由于它与科技发展密切相关，而科技的发展进步对于现代国家而言，是非常重要的一件事情。这可能也就能够解释，为什么中国科学院会有一个专门的机构"全国科学技术名词审定委员会"来做这件似乎是文科人才干的事[①]。

综上，我们以卡普兰和巴尔道夫（2003）提出的语言规划目标框架为基础，结合具体案例分析了地位规划和本体规划中一些比较重要

---

① 名词委有一个科技名词数据库 www.termonline.cn，可查询已公布的科技名词。比如，按照这个数据库，"术语"是各门学科的专门用语，在专业范围内表示单一的专门概念，如语言学术语"主语"、哲学术语"物质"、政治经济学术语"商品"等。

的目标。虽然这里没有怎么涉及习得规划和声望规划，但并不是说这两个分类下的目标就不重要。比如目前汉语想要走向国际，在很大程度上就会涉及习得规划和声望规划相关的具体目标，这也是值得我们进一步研究的。另外，我们也一再强调，任何语言规划活动，都至少预设一个目标，但也会出现多个目标的情况。在多目标的语言规划活动中，有些目标之间可能存在一定的矛盾、冲突，这时就需要政策的制定者和实施者根据具体的情况适时调整，以便顺利实现语言规划的目标。但通常情况下，只有语言学家的参与是不够的，往往还需要多学科和跨学科的协作，这也是为什么我们在研究语言规划的理论框架时，也应尽可能具备跨学科视角的原因。

第六讲　语言规划的理论框架（三）

　　在前面两讲中，我们探讨了陶里的语言规划评价理论、豪根的"四格模型"、哈尔曼的声望规划、阿格的"7i 模型"和卡普兰、巴尔道夫的语言规划目标框架，这些理论框架或者模型在很大程度上还是与语言学本身密切相关的。但语言规划不仅仅是语言学的事情，它还涉及其他学科的相关知识。比如，我们在第一讲时提到过第一本语言规划的教科书，即伊斯曼（1983）的《语言规划导论》，里面很清楚地提出语言规划是一门跨学科的研究领域，教育家、政治家、社会学家和经济学家等都会参与进来。可见，从跨学科的角度去研究语言规划，也不是新近才出现的稀罕事 [①]。

　　近年来，我们国家也在提倡"新文科建设"，这个"新"字其实也要求在研究文科时要具有跨学科的视角，同时借鉴其他学科的理论、方法为我们所用。事实上，语言规划领域就具备"新文科"的潜质，因为从学科诞生之初就融入了跨学科的元素。因此，这一讲主要是分析表现出跨学科特色的两种语言规划理论，库普尔的"八问方案"和卡普兰、巴尔道夫的"语言规划生态模型"。但在此之前，我们想说一说跨学科研究的事情，这对语言规划甚至语言学本身而言都是很重要的。

[①]　最近，出版了有关语言规划跨学科研究的论文集《跨学科语言政策研究进展》，感兴趣的读者可以参看 Grin, F., Marácz, L., & Pokorn, N. K. (Eds.) (2022). *Advances in Interdisciplinary Language Policy*. Amsterdam: John Benjamins Publishing Company。

第一节　语言规划、语言学与跨学科研究

　　语言规划已经发展成为一个多变量的、多学科的研究领域。既然是多学科，各个学科的学者都在参与相关研究，你就会想，你在这里头能做什么？你作为一个语言学家能做什么？通过前面的一些讲述可以发现，很多东西是语言学家做不了的。作为一个学者，你对别人的价值是你在你所研究的领域比别人有更专深的知识，而且你能发现这个领域的知识。只有这样，你的成果才能为人们所用，或者当用到相应知识的时候自然能想到你。因此，如果语言规划是作为语言学的一个分支的话，它的重要意义是有助于我们了解在人类有意识对语言进行干预的情况下，语言的演化会呈现出何种规律性。这种干预要么是改变语言的本体，要么是改变它的社会功能地位。

　　为什么我们要规划语言，或者说对语言的发展要进行干预呢？地位规划不是语言学家能说得上的，人家需要一个国家共同语，你编词典、编语法就好了，确定哪一种形式是我们要在教育机构去传授的就好了。在这种情况下，若涉及一些语言的基本问题，你能提供什么别人不知道的东西呢？在这个讲义里，我们不谈后现代的东西。最近这些年出来的理论，我们不能讲完全没有意义；但我可以讲，你们也可以讲，大家每个人都可以讲，每个人都可以对现状表示不满，但是这无济于事。我们对于为什么造成这种现状的原因有更多的了解了吗？语言规划最本质的东西还是要回到语言上来。不管你发表了多少篇文章，如果你没有发现与语言规律有关的东西，也就对学科没啥贡献。不论国内外，大部分人选择这个方向的原因在于搞不定别的专业，出于兴趣来干这个的人很少，对此我们要有清醒的认识。

　　这里我们就要说到跨学科的事情。我们跨学科该做什么呢？如果说语言学家都去操作核磁共振的设备了，那要医生干什么？这里我向

大家推荐何文忠博士翻译的书《语言的诞生》，这本书综合了语言学、人类学、生物学、生理学、认知科学等多种学科的东西，来探索语言的诞生问题。这本书的独特之处在于，这位叫埃弗雷特的作者并不是人类学家、生物学家和神经科学家，而是根据这些领域的研究发现联系语言学的事实，理出一条语言的发展、演化的可能路径。换言之，借鉴、引进、结合别的领域与语言相关的研究，对于探求语言的某些基本问题是必要的，也是可行的。语言是一个系统，一个人驱动的复杂适应系统，因此语言离不开人。人有普遍性，也有特殊性或多样性。那么，如何在统一性或者普遍性的架构中发现这种多样性，进而发现人类语言的规律，包括结构的规律和演化的规律，这才是我们要做的事情，也是跨学科语言研究的一个出发点。语言与人密切相关，而人又与生物关系密切，这样，研究语言不能不考虑生物相关的东西，但这不是说让你转变成一个生物学家。跨学科实际上就是要了解别人的东西，因为其他领域的学者，在他们擅长的领域，可能发现了一些和语言有关的东西，或者是在他们领域里发现了某些现象，当你收集到一些语言事实后，可以联系起来考虑，或更好地解释为什么语言系统会呈现出这种规律或者特征等。埃弗雷特的可贵之处就在于此，他一直在谈语言，而且用了各种领域里的研究成果来佐证支持他的结论和观点。

从这个意义上来讲，我要特别推荐哈德森（Dick Hudson）的《词语法导论》，这是我见过的最好的语言学理论教材之一[1]。它是剑桥红皮书——最有名的语言学教材系列——里面的一本。哈德森这本书分为三部分，第一部分讲的是认知科学，认知科学里，包括心理、生理

---

[1] Hudson, R. (2010). *An Introduction to Word Grammar*. Cambridge: Cambridge University Press.

等领域里与语言相关的研究，大多是关于语言理解、生成过程的研究，这些不是语言学的研究。这部分告诉读者，认知科学家在研究人的语言认知机制的时候有什么发现。在第二部分，如果我们将语言学视为认知科学的一个分支，那就不可能脱离认知机制来谈语言的结构。换言之，语言研究不是一个纯粹数学的东西，你可以从某些方面，比如从数学、形式的角度来研究语言，但你不能把它当成一个数学公式，一种随意演算的形式语言，而应该和人的认知机制结合起来看。所以，我们需要明白在认知科学的框架下，能够理解的语言以及与语言有关的一些东西和机制是什么样的。这样你就可以构造出来一套普遍的符合认知机制的、能在人的大脑里运行的语言系统，这就是语言的普遍性。但是语言是多样的，比如汉语、英语、德语、法语各不相同。但作为一种语言，它就应该有一些基本语言应该具备的、必须遵守的规律。否则，你研究的可能就不再是人的语言，发现的规律也可能解决不了与人类语言有关的问题。所以第三部分他就开始讲，在这样的一个框架下，英语的语法应该是什么样的。这其实也就是他自己的语法理论——词语法。这是一本结构非常清楚、逻辑性很强的语言学理论教科书，刘建鹏已经把这本书翻译成汉语了，即将由商务印书馆出版。

　　说到哈德森这本书，得提一下与词语法或依存语法相关的其他两本书。我们已经在《应用语言学译丛》里出过徐春山翻译的一本很薄的书，叫《英语语法论》[①]。这书也是哈德森的，用循序渐进、由浅入深的方法来讲语法，内容包括我们如何在大脑里从第一个句子开始构造一个语法的过程，怎样从一个简单的句子到一个复杂的句子，语法结构怎么逐步构造出来。这本书很薄，但我们在市面上根本没有见到过讲类似内容的书。而且这本书里整个都在讲依存语法。我们知道，

---

① 哈德森著：《英语语法论》，徐春山译，商务印书馆，2019。

依存语法是目前自然语言处理等领域，人们用得最多的语法，但我们不知道它是怎么构建起来的。所以这本书虽然很薄，但是很重要，通过书里教授的方法和实例分析，我们很快就能明白语法体系的构造过程。这样构造出来的语法就是智能时代最受欢迎的依存语法。这说明什么呢？语言研究要适时对真实的语言展开研究，要归纳出来一些普遍的规律，也就是说，要从表面的多样性中挖出深层次的普遍性，或者从普遍性出发找出导致多样性的因素。

还有一本就是马尔丘克（Mel'čuk）的《语言：从意义到文本》。尽管马尔丘克和哈德森的风格不一样，但他也是研究依存语法的人中被人工智能的研究者们引用最多的两个人之一。如果从语言学的角度来讲，马尔丘克的意义文本理论，是基于真实语言材料、面向人工智能来探索语言在人的大脑中从意义到说出来的话这整个过程，是这方面唯一的语言学理论。这是扎扎实实地、一步一步探索出来的理论。有人说，如果你要选当今最精确的、能操作的语言学理论，那就是马尔丘克的意义文本理论。马尔丘克写了很多，比如说他的语义学就有很厚的三大本。但是过去没有一本书能够既简短又全面地概括他的意义文本理论。马尔丘克的这本书大概也就 200 页左右，已由方昱翻译成汉语并由商务印书馆出版[①]。我们在这里提到哈德森和马尔丘克，是想说明语言学家必须要围绕着语言来开展工作，这才是你的本行。这样的话，人家想到语言，需要意见和建议的时候才会想到你。但如果你没做该做的语言研究，那么想到你又有什么用呢？你可能啥也说不出来，只会说一些空话、虚话，这些话，任何人都会说。不要脱离语言事实，脱离科学的方法，说那些假大空的话，否则只会让我们在学科鄙视链上的地位越降越低。

---

① 　马尔丘克：《语言：从意义到文本》，方昱译，商务印书馆，2020。

同样地，脱离了语言的语言规划，那可能就不是语言学家能解决的问题。我们说跨学科的语言研究，大概率是你用别的学科理论和方法来解决自己过去不容易解决的问题，没有解决好的问题。不是说让你去当医生，让你去当生物学家，而是让你用他们的方法来解决本学科的问题。比如，在语言学里常听到两个说法，一个是语言是个系统，这个很多人说过，包括索绪尔和他之前的人都说过。从第二次世界大战以后，出现了不少有关系统的理论，如，信息论、控制论、系统论、协同论等，所有这些都是科学家研究系统的理论。如果语言是一个系统，那我们语言学家要做的，就是把人家的那些东西拿过来研究你的这个系统，但有几个人这样做了呢？为什么不做，因为我们看不懂人家的东西，看都看不懂你说还怎么去做。还有人说语言是个网络，但研究网络也有专门的科学分支，大致从20世纪90年代开始，复杂网络的研究方法几乎渗透到所有的人类学科里。但话说回来，语言学研究里有几个真正用到了网络方法？我们嘴里在不断地说着网络，但又不用研究网络的科学方法。例如，在前不久国外出的一本《语法网络》的书里，几乎没有一点网络科学的东西，全是用概念构建的空中楼阁，不仅没有心理现实性，也难以用科学的方法来验证。当然，这样的研究不是没有存在的必要。但语言如果是一个系统，是一个网络，至少应该有语言学家用系统科学的方法，用网络科学的方法来研究语言。否则，别人就会认为语言学家只是新时代的"叶公"。我希望新一代的人，同学们或者年轻一点的同事们，少瞎扯一些，多学习一些科学的方法，回到自己的领域，做我们能做的，研究我们每天说的话，研究这个就行了，因为语言规律就在语言的使用之中。

　　人是语言的动物，生活在语言之中，我们每天看到很多语言现象，就自然会想，为什么在这种情况下，大多数人都会这样说，而那样说的人很少呢？这里面有什么规律？是不是受到了认知机制的影响？

为什么 1000 年前的语言会演变到今天这样子？为什么同样的语言规划活动，有些国家和地区的效果会好一些？你研究这些就好了，其他的不是你研究的重点。你可能会说这些东西不好研究啊，而我出于各种目的需要文章，但问题在于，发表这样的文章有什么用呢？这也就是为什么我们要反对以论文发表为导向的学术评价的一个原因。有的人，论文发表了一堆，实际上对学科的发展没起到什么作用。所以，大家要记得，我们在讲跨学科研究时，为什么要突出重点，而且要将重点放在语言本身，因为这是你的专业。如果我们讲社会学、政治学、经济学，或者讲后现代哲学，然后套上语言的外壳，能比人家社会学家、政治学家、经济学家或者哲学家讲得更好吗？

既然讲到语言学研究要回归语言本身，这里我想说一件最近遇到的事情，这件事情涉及巴斯克语，跟语言规划也有关系。巴斯克语是一个非常神奇的存在，使用巴斯克语的地区位于法国和西班牙的交界处，大部分地区属于西班牙。我们在讲到陶里的语言规划评价理论时，说到过为什么人类要改进语言，其中有些是因为语言的某些东西太繁复，不适合现代的快节奏社会。但现实中要找这样的例子，并不是一件容易的事，而巴斯克语似乎就是这样一个例子。它被称为人类语言中的孤儿，据说这是地球上 7139 种语言里唯一找不到亲戚的语言，并且非常复杂，很难学会，只有 100 来万人在讲。

2020 年 4 月 1 日，愚人节，我收到了一封没有主题的邮件，寄件人叫迈克尔（Mikel Mendizabal Ituarte）。看名字像是个巴斯克人。我就很好奇，巴斯克都有网络骗子了吗？尽管我在研究里用过巴斯克语的树库，但我在巴斯克没有认识的人。当然，我不懂巴斯克语，但研究一门语言不一定要会它，就像天文学家不必变成星星一样，或者说，并不是你变成一只蚂蚁，你才能研究蚂蚁。我打开邮件看到他说有事要问我。他首先介绍了自己，说他用巴斯克语写过一本书，叫《语言交际对等：神话，还是现实？》^①。他说他写这本书就是受了陶里的启发，他想探讨这样几个基本问题：是否所有的语言都有同样的交际能力？语言交际对等性是现实还是神话？某些语言说起来更容易吗？如果是这样，为什么？显然，他这几个问题触及了我们前面讲的语言评估，特别是语言作为一种交际工具的评价，这与陶里的思想也是一致的。

我问迈克尔是怎么知道我的。他说，他想在互联网上找一些对国际语学、语言规划和复杂理论都有研究的人。这三个方向，每一个都有不少人研究，但是把这三个东西整合起来研究的人在世界上却不多，而我刚好就在这个不多里面。迈克尔给我发的第 2 封邮件写了 6 页 A4 纸那么长，他说他在写这本书的时候，不仅想要解决刚才我们说的那几个具有普遍意义的问题，而且也想将这些问题落实到巴斯克语上。他给我寄来了这本书的电子版，虽然我不懂巴斯克语，但想看懂还是有办法的。我把这本书放到谷歌翻译里，因为谷歌有能力翻译 100 多种语言，所以需要确定到底译成什么语言。我当然可以选择汉语或英语，但是我没有选，因为这两种语言说的人多，语料也多，机器翻译的效果可能就会好。最终，我选择了世界语。巴斯克语和世界语是人类 7000 多种语言中，最不寻常的两种语言，一个是没有亲戚的语言，一个是有准确诞生日期的语言，它们之间竟然可以通过机器来互通，这是很神奇的一件事，也是智能时代才有可能出现的事情。

我们再来看迈克尔关心的几个问题。第一，人们使用巴斯克语的机会为什么那么少？人们为什么不爱使用巴斯克语？第二，为什么很多巴斯克人从来不讲巴斯克语？这个前提是他们会巴斯克语，但是他

---

① Ituarte, M. M. (2014). *Hizkuntzen berdintasun komunikatiboa: errealitatea ala mitoa*. Donostia: Utriusque Vasconiae.

们不讲，这是为什么？为什么在用巴斯克语跟人说话的时候，人们往往会转到用西班牙语去？一般认为，威尔士语、巴斯克语、加泰罗尼亚语和魁北克的法语，这几个是语言政策与语言规划里的经典案例。巴斯克人经过很大努力取得了自治权。据说它的自治权是全世界实现自治的区域里自治程度最高的之一。他们争取到了那么大的自治权以后，为什么他们的语言会存在这么大的问题？就是巴斯克人会巴斯克语，但是不讲。第三，到底是什么原因形成了今天的这种局面？迈克尔的这本书试图回答这几个问题。这本书里分成四个部分，分别由四个语言学家来写。其中两个语言学家认为巴斯克语太复杂，应该进行改进，这些观点符合语言规划里陶里的理论。另外两人的观点恰恰相反，认为语言不存在复杂与不复杂。这四个人都是巴斯克地区的语言学家、西班牙的语言学家。迈克尔说这是2014年的书，他想再找四个语言学家写一本书，这四个语言学家不限于巴斯克地区，最好是世界范围的语言学家。他想探讨关于语言简便性的问题，以及能不能对语言进行改变，让语言越来越简单。这就是他给我写信的原因。

从欧洲语言地图上可以看出，讲巴斯克语的地区被两个罗曼语族语言包围，南边是西班牙语，北边是法语。一般而言，如果一个语言孤立地存活，周围没有别的语言，这个语言便能够按照自己的方式存活。但是如果这个语言生活在一个周围有很多其他语言的环境中，虽然这种语言和其他语言没有血缘关系，但是在这样的环境中生活上几百年、上千年，也肯定会受这些周围语言的影响。这一点，我们采用计量语序类型学的指标已经有所发现。迈克尔采访过的一个人说，如果他会好几种语言，在跟人交往的时候当然要选最省力的。巴斯克语太复杂，所以他宁愿选择一个简单一点的语言。巴斯克语的语序是SOV，而罗曼语族的语言都是SVO。迈克尔认为，人类在演化的过程中，所有的语言一旦要放开，一旦要表达更复杂的各种东西时，都会有一个从 SOV 变成 SVO 的趋势。这一点已经有不少实证研究，但这是一个统计性规律。比如，日语的语序一直是 SOV，并没有变为 SVO。迈克尔想说明，巴斯克语是地球上的孤儿，是唯一保留了很多年以前人类语言特征的一个语言，但现在这些语言的复杂程度超出了需要，成了一个奢侈品。如果，我们不再需要这么复杂的语言了，是否应该改变它？能不能改它？

联系上面讲的濒危语言问题，这么小的一个使用地区，这么点人，又处于法语、西班牙语两个大的语种之间，为什么巴斯克语没有因语言接触而消亡呢？这是研究濒危语言和语言生态的一个重要案例。尽管没有消亡，但是巴斯克人已经意识到自己语言的复杂性、不符合人类的省力原则，因此需要改变。在迈克尔采访的四个人中，有一个人直接把巴斯克语的语序变成了 SVO，因为他觉得改革可以激进一点。但是直接改成 SVO 会带来问题——词尾消失了，需要引入介词，巴斯克语原来是没有介词的。这时又有一个很好玩的语言演化或者语言规律的现象。我们说，从拉丁语到现代罗曼语族语言演化的过程中，形态变化越来越不丰富，那么语言如何在传递意义的时候更有效地消除歧义呢？答案就是语序变得固定了[①]。现代罗曼语族的语言几乎都是 SVO，这也是很有意思的一件事情。但如果要表达更复杂的含义，仅有语序是不够的，还要引入虚词，介词就是其中一种重要的虚词。

我为迈克尔的新书，写了一篇题为《正常的使用造就正常的语言》的文章，即将用巴斯克语出版，这里简单提下主要内容：（1）几乎所有的巴斯克人都是双语者，由于省力原则的作用，如果没有其他非交际因素的影响，在语言交际中，人们自然会选用更容易操用的语

---

① Liu, H., & Xu, C. (2012). Quantitative Typological Analysis of Romance Languages. *Poznań Studies in Contemporary Linguistics, 48*(4), 597–625.

言。长久下去，会导致人们少用复杂或难于操用的语言，进而造成恶性循环。一个人如果只有一种工具，他无法选择，无论好坏，只能使用这一种，或者想办法改良自己的工具；但是，当他有更多的选择时，他一般都会选择更好用的工具。（2）一个逐渐丧失交际工具价值的语言，其存在的理由可能主要体现在文化以及身份认同等方面。巴斯克语特殊的历史与现状增强了其作为非交际工具的价值。由于它不再是必要的交流工具，便突出了在文化与身份认同方面的作用。而文化与身份认同更多的是维持与保护，注重的是语言的原生态样貌，这样又延缓了其进一步发展为有效交际工具的步伐。这方面，有关语言发展的机构（学院）的作用也不可低估。但是，语言的生命力是在使用中获得的，不能把语言作为一种文物来对待，否则，这种语言终将成为博物馆的展品。

语言的普遍性可能与人的生物共同性有关，省力原则在其中起到了关键作用。处于正常交际场景的语言，如果没有外力干涉，大多会越来越简单。然而，语言不仅仅是交际工具，也是文化的容器与身份的象征，如果语言的使用者或语言的管理机构，出于文化、社会等原因，有意识地强化自己语言的非交际价值，特别是如果该语言只是一种小范围内使用的区域性语言，那么可能不会被简化。此时该语言的一切，包括复杂性，都成为该语言的优点而非不足。因为，对于这种语言的使用者而言，交际已经不再是语言最重要的功能，如果这些使用者还有其他更易于使用的语言的话，将语言视为一种文物加以保护的意识会更强。对于这样的语言，如果不将其恢复到一种正常语言的使用状态，它将很难按照一般的规律演化。当然，语言演化不仅仅是将超出交际需要的复杂简化，为满足交际需要，也有一些语言会从简单变得复杂。演化的驱动力是语言的使用。没有作为交际工具的正常语言使用，纸上谈兵，无视现状，是无法改变语言的。

迈克尔这个巴斯克人之所以会对这些问题感兴趣，是因为他要回到本质来看语言到底有没有差别。使用者认为有差别，但相应的学术研究没有跟上。我们也说过，语言学界一般是不谈哪种语言好，哪种语言差的。当然，他们有一个冠冕堂皇的理由认为语言没有高低贵贱，都是交流的工具，文化的容器。但作为工具的使用者，实际上是能感受到这种不同的。另外，当你说某个语言效率不高、太复杂或者需要改进的时候，你需要拿出可以操作的指标。这样的指标并不容易确立，语言学家很多时候也拿不出来，只好做一些其他人也能做的事情。通过巴斯克语这个例子，我想再次强调，即便在当下跨学科研究的热潮中，语言学家也应该回到自己的研究领域，回归日常语言，回到关乎人类语言的基本问题，这才是一个语言学家应该做的事情。

说完了这些，我们再回到语言规划，回到两种具有跨学科特征的语言规划理论框架，即库普尔（1989）的"八问方案"和卡普兰、巴尔道夫（1997）的"语言规划生态模型"。这两个理论框架在语言规划领域都是非常有名的，即便20年、30年过去了，他们的影响力也没有衰退。

第二节 库普尔的"八问方案"

我们现在讲讲库普尔的《语言规划与社会变迁》，讲讲他的"八问方案"，这个语言规划模型是跨学科研究的典范。虽然库普尔主要研究语言规划，但他在模型构建过程中参考借鉴了其他相关学科的知识，这一点是非常明确的。库普尔说："我们可以借鉴创新推广、营销策略、政治发展和决策制定等领域中的理论框架，并把它们应用到语言规划中去。"①事实上，他也的确是这样做的，"八问方案"正是在吸收这些学科的经验与智慧的基础上提出来的。为什么叫八问？因为库普尔用 8 个问题来概括语言规划的全过程。他认为，这是分析任何一个语言规划活动都不能回避的 8 个主要问题。即，什么样的实施者？影响什么行为？试图影响哪些人？为了什么目的？在什么情况下？以什么样的手段？通过什么样的决策过程？取得了什么样的效果？虽然这同样也是描述性理论框架，但对比豪根的四格模型可以发现，库普尔的"八问"对语言规划过程的分析更详细、更有针对性。

当然，库普尔提出"八问方案"也不是一种偶然现象，而是他长期以来对语言传播理论不懈探索的结果。早在 1979 年，库普尔就呼吁采用统一的框架模型，探讨语言规划、语言传播和语言演变之间的互动关系。为此，他借鉴传播学领域的创新扩散理论，提出一个语言传播理论的初步模型。该模型可以用包含七个问题的一句话来概括，即谁采用什么、在什么时间、什么地点、出于什么目的、通过什么方式，这些已经出现了后来"八问方案"中的部分变量。1982 年，库普尔编了一本关于语言传播的论文集，"八问方案"里的不少观点大多也是这本书的延续和深入。这说明，很多研究都是长期积累的结果。比如，我自己研究语言规划，最早是从研究世界语这样的计划语言转过来的。换言之，从不同角度和方向来的人，最后集中到同一个地方；但因为大家走的是不一样的路，一路上的所见所闻是不一样的，因此，当我们这些不同的人会聚在一起，就有可能产生一些新的东西。

我们知道不管是语言规划，还是其他规划，均涉及对受众的改变。语言规划是想改变人的语言，改变了以后必须要有人使用这个新

---

① 罗伯特·库珀：《语言规划与社会变迁》，赵守辉、钱立锋译，商务印书馆，2020，第 70 页。

的或经过规划调整的语言。使用这个语言，实际上就是属于语言的传播。语言的传播分两种：一种指的是原来这个地区的人不说这种语言，现在让这个地区的人都讲这个语言；另一种是从微观的语言使用习惯来看，比如一种语言里某个用法或者某个语言细节的细微变化。语言传播在一定程度上是语言规划里的一个重要组成部分。规划的语言能不能实现，能不能推行，能不能流传开来，其中的一个关键就是语言的传播问题，这也是语言规划的一个理论部分和基础。正是因为语言传播和语言规划的关系极为密切，所以库普尔从语言传播的角度切入语言规划研究是有一定的道理的。下面我们来看"八问方案"的具体内容。

"八问"第一问问的是规划者，这些人可能是精英人士，即有话语权的人士。过去我们对于语言规划中的规划者，也就是制定政策的人研究得很少，我们往往聚焦在了这个行为本身上。但是近几年来，语言规划领域开始逐步关注制定政策的人，用现在流行的话来说就是"主体"（agency）。不管是做本体规划的语言学家，还是做地位规划的政治家，又或者是做习得规划的教育家，他们本身是什么样的人？鉴于语言是一个由人驱动的复杂适应系统，规划者虽然有共性，但也有不同的个性，有时候这种个性会做出不一样的事情。我的博士生王亚蓝和我曾经以规划者为切入点，探讨过世界语者在中国文字改革过程中发挥的作用①。我国的文字改革委员会（文改会），在早期做了一些重要的事情，可以说汉语的普通话、汉语拼音、汉字简化都是文改会做的。新中国成立后几十年的语言规划活动，最重要的也就是这几个。文改会早期的负责人与世界语或多或少都有关系。我们注意到了这个现象，因此从 20 世纪初开始追踪，一直持续到 50 年代。研究发现，

---

① Wang, Y., & Liu, H. (2017). From Planned Language to Language Planning: Esperantists' Activities in China in 1911–1958. *Language Problems and Language Planning,* 41(3), 265–286.

这些世界语者在中国语言规划活动中扮演的角色有很大的变化和不同。这是很有趣的现象，值得更深入的研究。

第二问是影响什么行为，这与语言规划的分类也是相关的，主要就是两个方面的内容：一个是结构，语言结构的本身，有些东西不要用，有些东西能用。还有一个是功能，调整和改变语言的某些功能，可以使用的领域或者地方、场合等。

第三问是关于被规划者的，也就是语言规划活动针对的对象群体，这也是很有意思的。被规划的人，我们一般认为是弱势的，而且往往也不怎么关注。当然，我们在前面讲到哈尔曼的"声望规划"时提到，在实施语言规划活动时也应该考虑接受者的因素。这里我想举一个威尔士的例子。威尔士隶属于英国。19世纪时，英国通过一个法律，威尔士人的孩子在学校不仅要学英语，而且也不准讲威尔士语，否则就会受到惩罚。然后人们就开始为了要讲威尔士语斗争。这样的一个政策，当然是不好的，人们自然会争取讲自己语言的权利。注意，在语言规划与语言政策里有几个代表性案例，一个是威尔士语，还有一个是加泰罗尼亚语。在西班牙，加泰罗尼亚的独立运动，也是语言规划里有名的案例。我们现在继续讲威尔士语。威尔士的孩子在学校不但要学英语，还不能说威尔士语，这本身就是非常糟糕的政策。有的时候历史、时间会改变很多东西，1900年左右，威尔士人在为争取说母语的权利而努力。后来，威尔士的孩子在学校不但可以学威尔士语，而且可以不学英语。这时候家长又不干了，因为不学英语不好找工作。可见，在不同的时间点，不同的条件下，相同的规划，被规划的人可能会有完全不一样的感觉。类似的事情在许多发达国家曾发生。我们认为，语言是一个人驱复杂适应系统，受到人所处的社会、自然环境等因素的影响，这些因素交织在一起，形成了扑朔迷离的人类语言演化图景，这也是语言规划吸引人的地方。

第四问是目的，这个针对的是语言规划的作用问题。辛辛苦苦制定一个政策，总是希望它能够实现一些目标的。如果从字面意思来看，语言规划的目的肯定是面向语言的，但事实情况可能并非如此。我们都知道，语言跟社会之间的关系非常密切，社会变化会带来语言使用的变化。同样地，致力于有意识改变语言的活动也有可能会影响社会的发展。正因如此，库普尔在这里强调，语言规划的目的有两种，一种是显性目的，即与语言直接相关的，还有一种是隐性目的，与一些非语言的行为密切相关。其实，这两个目的本身也是相辅相成的，举一个例子大家就会明白。在现代汉语里，表示第三人称单数时，男性用"他"，女性用"她"。但在民国以前，汉语里只有"他"字没有"她"字，意味着指人的第三人称单数都只能用"他"字来表达。这显然是不适应社会发展的，因为翻译外国作品时会经常出现 HE 和 SHE 的区别。后来，刘半农想出了一个办法，他在《叫我如何不想她》这首诗里首倡"她"的使用，这很显然是有意识地对语言做出的改变。但这个改变不仅仅是针对语言本身的，而且也针对当时社会上兴起的女性解放和男女平权运动。可见，如果将"她"字的引入看作一种语言规划活动，那么这个活动的目的就具有双重性，既有显性的也有隐性的。

　　第五问是规划的条件，这个目前研究不多，但也是非常有趣的。因为进入大数据时代后，有很多与语言、社会相关的数据可以用，因此可以去研究条件。语言是一个人驱动的复杂适应系统，政策制定实施所面临的各种环境都不一样。政策能不能实施下去，为什么制定政策，有的时候与它实施的条件密切相关，但是目前此类研究很少。比如制定和实施规划时整体情况是什么样的，包括政治、经济、社会、人口、生态因素，等等。这些以前可能有考虑，但都没有或者缺乏数据。有些因素是可以量化的，而且在采用量化方式后，我们可以在直觉的基础上更进一步去发现规律。

再比如环境因素，假设自然环境条件很恶劣，人与人之间都没什么接触，语言又该如何传播。如果没法传播，怎么才能把这种语言的用法教给八辈子也不来往的几个人、几十个人、几百个人甚至几千个人。还有一个是信息的条件、获得的数据。做决策要用数据，用事实说话，不是拍脑袋，或者凭小聪明。考虑制定和实施政策的因素，比如比较 100 个例子，可能会得出很好玩的东西。为什么同样一个政策，在不同地方实施的效果会不一样？我们总是说，语言规划有什么可研究的，但事实上好多问题，全世界的人都会感兴趣，关键是我们要找对方法，研究与人类密切相关的语言问题。我们也用库普尔的模型分析过中国的三次汉字改革，一次是国民政府的，一次是新中国解放初的，还有一次是 20 世纪 70 年代的，只有中间那次取得了成功，主要的原因不是在于简化得科不科学，而是在于实施条件是不是具备[1]。还有文化因素怎么影响语言政策的制定、实施，比如说外语教育政策。在东亚，我们有很多的共同因素，因此有很多可以做的东西。

第六问是方式、手段问题。是用权威、强力推广，还是通过说服的方式；是自上而下的传统方式，还是自下而上的方式。这个也还没有系统的研究，库普尔只用了四个完全不同的案例。我们如果找 100 个相似情况下的政策，有的成功了，有的没有，就可以发现这里面实施的手段起到了什么作用。比如，有人跟你说，你不要用字母词，弄得我们都很不舒服。你是个中国人，5000 年的历史有多少汉语词可用，怎么还要用字母词。比如为什么叫 CBA，中国职业篮球赛不很好吗？NBA 就算了，讲中国的事为什么还用 CBA？虽然有类似的规定，但人们好像还是在使用。如果说你用了就罚钱或者说把你抓起来，是不

---

① Pan, X., Jin, H., & Liu, H. (2015). Motives for Chinese Script Simplification. *Language Problems and Language Planning, 39*(1), 1–32.

是就不敢用了？有关语言政策的强力或暴力实施在历史上有不少，但结果是显而易见的。比如，我们在前面说到的日语和西班牙语的国际传播问题，也会引出推广、扩散一种语言最有效的手段是什么的问题。

第七问是通过什么样的决策来实现，也就是决策过程。比如在语言规划里的一个决策，这种决策本身可能是要求我们在多因素条件下，要更多地去研究和了解关于语言演化和发展规律的东西。但是在这些人类有意识影响语言演化的基本规律还没有发现之前，怎么决策？这也是当前语言规划活动需要重点关注的问题。

最后就是效果。效果，也就是语言规划的评估，历来都比较困难。经济学家格林等人做过一些语言政策的经济调查。按照格林的统计[①]，凭借英语的强势地位，英国每年可获得100亿欧元的净利；如果考虑投资方面的优势，英语国家每年可获得170亿至180亿欧元的收益。格林的这份报告也估计，如果采用世界语作为欧盟的工作语言，每年可节约250亿欧元。在另一项《语言的多样性和功能》的研究中，格林认为，瑞士语言的多样性，每年为瑞士创造了约500亿瑞郎的国内生产总值。这些事例说明，评估，算经济账很重要。真是不算不知道，一算吓一跳。但评估很难，我们很难说，如果一个语言规划不实行的话会怎么样。就像我们前面讲过，一个村里100个人，50个人去上学，50个人不要上，然后好让我们来评估上学的好处和用处。但是那50个人凭什么就不能去上学？凭什么拿他们做实验？这个就很难办，因为不这么做就很难评估这个规划或政策是不是有用。总之，规划的评估，也是语言规划和研究的一个弱项，需要进一步加强。

库普尔的"八问方案"是一种综合性框架，它将语言规划活动可

---

① Grin, F. (2005). *L'enseignement des Langues Étrangères Comme Politique Publique*. Paris: Haut Conseil de L'Évaluation de L'École.

能涉及的变量或者问题都囊括在内。因此，相较于前面提到的豪根的"四格模型"，"八问方案"在分析不同类型语言规划案例时的适用性更强，它可以称得上是第一个具有普遍意义的语言规划理论。事实上，"八问方案"围绕的一个核心内容就是"社会变迁"，所有这些问题都或多或少与社会的变迁有关联，这也是库普尔在1989年书的标题中把语言规划和社会变迁并列的重要原因之一。但总的来说，八问是针对语言规划而言的，旨在分析具体的语言规划活动，那么社会变迁又在这里面起到了什么样的作用呢？

库普尔在分析社会变迁的时候提到了四种不同类型的语言规划活动：1634年建立的法兰西学院，1881年在巴勒斯坦推行希伯来语，从1971年开始的女权运动影响下的语言变化，以及1974年埃塞俄比亚的扫盲运动。他分析了以上的几个案例得出了一个结论：语言规划活动大多是由社会变迁引起的。如果什么事情都好端端的，为什么要去改变别人的语言，而且是有意识地去改变。当一切都是好好的，大家都按部就班的时候，规划者说要对语言进行改变，结果很可能是谁也不会听他的，即使想改也很难改。一方面，在社会平稳时期，没有进行变革的理由，另一方面，社会平稳时期的改变是非常困难的。

库普尔在书里提到的核心观点就是：语言规划和社会变迁是密切相关的，社会的变化产生语言规划的需求。拿中国来说，在新中国成立后的这七十多年里，人类历史上可能没有哪个国家经历过如此复杂多样的变化。也就是说，我们现在已经有了足够复杂的社会变迁，怎么样把这些变化和我们的语言变化以及语言规划活动联系起来呢？这对中国语言规划研究者来说，是一个得天独厚的优势——对一个规划来说，影响五个人和影响十亿人的语言行为，是完全不一样的概念。而且最特别的是，这十亿人中，过去可能有七亿人根本不识字。后面，我们会单独再来讲中国语言规划的相关情况。但中国这些成功的案例是不是也启示我们，在某些重大社会变迁的时候，如果规划合乎语言规律，就更容易取得成功呢？这是需要深入思考的问题。

另外，究竟什么样的社会变迁才会引起语言规划？库普尔提到了几种。

自然条件的变化：自然条件的变化指的是物理变化或者气候变化。

随着自然条件的变化，人类的自然环境变化了，语言就会变，这是必然的。比如一个地方原来是一片绿洲，现在都变成沙漠了，原来是海边，由于气候变化，导致良田变成了盐碱地。火山爆发了，或者海平面升高导致住所被淹，居住者搬入山里，原本每天使用的有关渔业的词汇，只能转变为有关黄土的词汇。在这个时候，由于自然变化而导致的社会变迁会影响语言的发展，因为语言本身和你所处的自然环境密切相关。在大多数情况下，自然变化不是人为的，因此也是不可控的。但有时候自然发生的变化是由于人类有意识的活动造成的，比如修水电站。原来人们在某个地方居住，现在因为修水库，住所被淹了，不得不搬到其他地方，这不仅会带来自然环境的变化，也会带来各种语言的变化。

人口的变化：过去中国人老说我们关于亲属的词语特别多，有各种姨舅叔姑等亲属称谓，大多数外国语言里同辈就两个词，一个男用，一个女用。不过据我一个认识几十年的匈牙利笔友左左说，匈牙利的亲属词也比较复杂，另外，他们也是姓在前，名在后，跟我们一样。人口变化会导致语言的变化，这也是一种自然的现象，不过这个过程可能需要有意识的规划。比如，计划生育政策的实施，使得很多家庭的孩子都是独生子女，他们很难理解那些亲戚称谓。现在的三胎政策实施后，若干年后，这些词语也许又会重新恢复使用。我们去看古代这种现象更多，许多古代的称谓今天已经不用甚至消失了。既然这样的社会变迁会导致语言变化，那我们还需要不需要去发起这样的一个过程？社会是动态的，它会影响到语言，如果我们不希望影响到语言的某些方面的话，就需要进行规划。

人口的变化当然会引起经济的变化，这是毫无疑问的。语言规划在国家规划的体系里，是一种人力资源的规划。不是说人越多就越好，人作为一种人力资源，不能所有人都只会干一件工作，人掌握的技能既要全面，也要术业有专攻，所以必然要对人口进行规划，做人力资源的计划和规划。假设某个地方人口在增多，经济发展到某一个阶段后就会产生社会变迁。过去种地是自己种，比如说需要 100 个人种地；现在引进了一个机器，只要 20 个人就足够了，剩下 80 个人没有工作，这 80 个人就要分散到各地去从事不同的工作。人口的迁移会带来各种语言的变化，有一些是需要我们人为参与来改变和规划的。当然，即使你不去规划，不去干涉一个语言，人其实也会无意识地去改变它，语言照样会发展。从这个意义上讲，语言规划可能不是必须的。但不必须不意味着不必要，语言规划是我们在掌握语言演化规律的前提下、在适当的时间点、采用适当的方式，让语言能够更快地适应社会发展的需要，助推社会发展。

新发明和新发现：新发明和新发现是社会变迁最重要的动力源。人类能发展到今天，离不开新发明和新发现。当新发明和新发现开始扩散后，自然也会影响到语言的发展，最直接的体现就是在词汇方面。因为无论哪种语言，都需要大量的词汇去表示这些新发明和新发现。比如说高科技领域，经常会创造新的概念和事物；再比如说语言学家也会创造各种理论和各种概念，这些新东西都需要新词语。即便是相对孤立的冰岛语，原来几乎都没有变化，但在吸收新事物的过程中也都会受到影响。另外，新技术的创制有时候也会直接影响语言的发展，印刷术就是这样的例子。活字印刷术发明以后，相比原本的手抄书，书更便宜了，于是人们就产生了识字的欲望，识字的人多了自然会促进书面语的发展和标准化，这与语言规划也是密切相关的。另外，在互联网出现之前，过去我们学外语、和外国人交流是通过写信，可以反复修改，但效率很低。随着互联网的出现，点击一下发送按钮，只要对方不睡觉就会第一时间看到消息。这种技术推动的交流方式的改变本身也会导致社会产生变化，进而对语言也产生影响。

文化的传播：中国高校外语领域传统的研究方向就是外国语言和文学，后来加上了翻译，现在又加了跨文化、跨区域的国别研究。为什么外语学科也要开展区域国别与跨文化研究呢？因为语言和文化是密不可分的，如果没有语言这个媒介，就很难体会文化。语言是文化的容器，文化通过潜移默化影响语言。因此，语言规划并非仅仅解决交流的交际工具问题，规划者可能需要关注语言和文化的密切关系。例如，尽管国际性（学术）语言大多被视为一种交际工具，但它同样携带和负载大量与文化有关的内容，也会潜移默化地对使用者产生影响，甚至危及国家安全[1]。

还有一个是**决策方式**。决策存在于人类社会的各个层面，语言规划也需要决策。决策方式的不同，会对语言造成不同影响。

总体来看，库普尔的这本书虽然不厚，但触及语言规划的许多本质问题。接下来，我们想介绍一下这本书最后总结出来的 24 个要点，内容上不一定完全按照原文，有扩展也有缩减。全文可参考原书或赵守辉等人的汉译本。值得注意的是，库普尔这本书只分析了四个案例，下面 24 个结论性的观点，虽然具有一定的普遍性，也有其局限性。我们在这里列出这 24 个观点的目的，就是为了便于大家从这些角度去分析更多的案例，进而探求更具普遍性的语言规划规律。

---

[1] 刘海涛，《国家安全视域下的语言问题》,《中国外语》，2021 年第 6 期。

1. 语言规划的本质是人有意识地对语言的发展进行干预，是一种长期的、广泛的活动。在第二次世界大战后语言规划诞生的初期，人们普遍认为，欠发达或者不发达国家——也就是新国家，才会面临语言规划问题。实际上，所有国家都会遇到语言规划问题，尽管美、英等国没有专门的语言规划机构，但其实也有相应的规划活动。语言规划既包括了明文规定的政策，也包括大家默认遵守但从来没有明文规定的规范。有时候，那些没有形成明文规定的规范，起的作用更大。

2. 不能脱离社会环境、社会语境来理解语言规划活动。某个时候做某件事情的成功与否可能与社会因素息息相关。过去可以做成功的事情，不代表现在也能行。比如近代以来，我国有三次大规模的汉字简化活动，这都是国家层面发起的，但只有一次（即新中国成立初期）取得了比较好的效果。

3. 语言规划的动因通常是为了确保或维护利益，无论是物质的还是非物质的，或者两者兼而有之。在追逐目标利益的过程中，人们会千方百计地获取利益。我们往往认为利益驱动是个坏事情，但是任何规划都会讲求一定的回报。如果把语言规划界定为一种国家层面的人力资源规划，那它就具有包括政治、经济和文化等在内的效益维度，这种利益驱动不一定就是不好的。

4. 语言规划在理论上可以由任何一个层级来发起，无论是宏观的政府层面，还是中观的机构层面，又或者是微观的个人层面，但除非得到精英或反精英的拥护和推动，否则最终难以成功。这里顺便说两句库普尔用的两个我们一般不太会放在一起用的词"精英"（elite）和"counterelite"（反精英），这是两个政治学术语[①]，前者一般指的一个

---

① Moghaddam, F. M. (2017). *The SAGE Encyclopedia of Political Behavior*. Thousand Oaks, California: SAGE Publications.

社会或国家中的统治阶层，后者指的是与前者持不同观点但在某些领域有影响的阶层。counterelite 也有人翻译为"反对派精英""敌对精英""在野精英"。从语言规划的角度看，无论是"精英"，还是"反精英"，都是有影响力的人，由于所处的社会地位不同，代表了两种不同的力量。

5. 无论是精英还是反精英都不可能接受他人的语言规划倡议，除非他们认为这些活动符合自己的利益。语言规划存在的大部分动因就是这些群体想来保护现有利益或者获得新的利益，无论是看得见的物质利益还是看不见的非物质利益。与其他规划行为一样，人们开展语言规划的重要原因之一，也是因为它本身会带来利益，但国家层面语言规划的受益者往往是全体群众。

6. 过去通常认为，语言规划的发起和实施是由对文字最熟悉的作家、诗人、语言学家、教师、词典学家和翻译家来进行的，因为他们对语言本身包括语言的使用最熟悉。但事实上，其他人同样也可以从事语言规划活动，许多语言之外的因素也在起作用。例如，传教士对语言规划就发挥过作用，传教士在世界各地奔走，语言交流就是一个切实存在的问题。除此之外，他们还要做将宗教文献翻译成当地语言的工作，所以传教机构和传教士对语言的发展，特别是对不少语言的书面语形成有较大影响。值得一提的是，在世界语言学界鼎鼎有名的 *Ethnologue*（《世界语言大全》），就是由一家带有宗教色彩的机构 SIL 编辑出版发行的。

7. 精英会影响语言变体在社区内的评估和扩散。他们通过地位规划来影响评估，又通过习得规划来影响扩散。地位规划通过对一个语言变体赋予一定的功能来影响对它的评价，比如，联合国教科文组织 1951 年依据语言使用功能的范围将其分为 10 个层级，地位规划实际上就是在做调节语言层级的任务。而习得规划则是在调节这些资源的分配，因为精英更能够影响教育机构。

8. 语言规划不仅为精英和反精英服务，也可服务于大众，它可以加强个人作为群体成员的尊严感、自我价值和社会关系等。这也就是说我们在从事语言规划工作的时候，工具因素当然是比较重要的，但也要考虑到更多工具之外的因素，比如文化与身份认同。

9. 促进标准的接受符合精英群体的利益，促进新标准的接受则符合反精英的利益。

10. 当反精英分子试图将边缘从中心分离出来，而现有精英分子试图阻止这种分离脱离时，双方就会提倡集体的象征符号。如果考虑标准语具有的象征意义，那么可以预期精英和反精英都会试图借助规划标准语来建立这样的象征意义。

11. 语言标准化在态度方面比在行为方面更有可能取得成功（即态度重于行为）。语言的标准化是第二次世界大战以后语言规划的一个主要任务，但更多的成功案例是针对标准语的态度而不是行为，也就是说首先你要认可语言的标准化。

12. 政治民主化或更多的政治参与有助于提高识字率，这有可能会缩小口语和书面语的差距，也有可能增加接受正规教育的机会。过去很长一段时间内，口语发展了，书面语却仍然停留在几百年前。但当我们需要人力资源，需要大量的人能够识字、掌握书面语进行书面交流时，就会要求减小书面语和口语的差别。

13. 在某些情况下，语言规划是经济发展的必要条件，而不太可能是充分条件。比如在讨论贫困问题和语言问题的相关性时，会发现：语言的多样性和它所在区域的经济发展有关系，这是一个早就研究过的问题，而且有一个统计规律。离赤道越近，经济越不发达，语言也比较多。但这个规律本身不一定正确，也存在一些反例，比如瑞士，有四种官方语言，但经济却比较发达。

14. 社会机构和制度的日益分化促进了语言功能和语言形式的分化。换言之，社会差异导致了语言功能、形式的差异。比如，我国由传统的封建社会迈向社会主义社会，不仅语言形式出现了变化（文言变白话，繁体变简体），语言功能也随之发生了很大改变（普通话成为汉民族共同语，汉语的国际化）。

15. 与目标群体的价值观和信仰体系相一致的语言政策，往往比与这些价值观和信仰相冲突的语言政策更有可能获得成功，即语言规划要符合民众的价值观和信仰。语言不仅仅是一个交流工具，它和文化有着密切的关系。比如，希伯来语的复活可视为现代历史上最大的语言规划活动之一。虽然在日常生活中，人们已经几千年都不讲希伯来语了，但它仍然是经典的宗教语言，是整个犹太宗教的语言。正是建立在这种信仰体系的基础上，希伯来语的复活相对而言更容易取得成功。

16. 在一种语言的功能发生变化之前进行本体规划（如，拼写改革）不太可能取得理想的效果。只有在一种语言开始用于新的功能之后，代表这些功能的本体规划才可能是有效的。

17. 如果规划的语言对目标人群没有任何有用的功能，那么习得规划就不大可能有效。换言之，没有功能或没有实用价值的语言，习得规划很难获得成功。

18. 语言规划本身就是社会变革的一个实例。当既有精英寻求扩大其影响力或抵制竞争对手的入侵时，当反精英寻求推翻现状时，当新精英寻求巩固其权力时，我们都会面临语言规划的压力。意识形态和技术变化也会带来压力，这些变化有时是政治和经济的动力，有时则反映了政治和经济方面的变化。语言规划是社会变革的结果与反应，当社会发生了变化，语言也会发生变化，这种变化有一些是突然和无序的。当社会从一个状态转换为另一个状态时，语言系统可能会发生不稳定的情况，语言规划的作用之一就是使其尽快稳定下来。

19. 语言规划不仅有助于目标语言的连续性，而且有助于推动其他社会机构的变革。语言规划是系统的，作为一个系统，稳定性是其特点之一，失去稳定的语言系统难以担当交流的重任，语言的连续演化和持续变化都应该以稳定为前提。

20. 语言规划可以在社会各层级组织上实施，但上级主管部门做出的决策需要下级部门来执行和实施。人们通常认为，语言规划是在国家层面上进行的，比如说国家共同语的选择。但不少案例表明，也可以在其他层面进行语言规划。过去，我们只是在宏观层面开展语言规划活动，但 20 世纪 90 年代以后，在中观和微观层面进行语言规划的观念也开始普及。比如，一个跨国公司采用什么语言进行交流，一个国际学校采用什么语言进行教学，一个国际化的城市采用什么语言做路牌，甚至家里的孩子学什么语言等。这些微观层面的具体实施很重要。

21. 成功的语言规划很少是一蹴而就的，政策的实施可能需要规划者的反复努力，以应对来自被影响者的阻力。这也从反面说明，语言规划应顺势而为，应该符合语言的规律。比如说字母词，这是人们相互接触以及社会发展的产物，字母词在社会上都用了几十年，每天都有人在用，对字母词的规划可能就要考虑到具体的使用情况。还有繁简体，现在我们写字的机会少了，尤其是在有了电脑以后，繁体字的使用反而上去了。但如果是手写，人们肯定会使用简体，因为省力原则。所以可以去研究在不同时期的书面语，人们的书写方式与形式之间的关系，这方面的研究目前还是比较欠缺的。

22. 评估语言规划的有效性是很困难的，无论是确定目标的实现程度，还是探索各种因素对结果的贡献程度，都不容易。

23. 语言规划很少遵循理性的决策制定或问题解决的方式。按道理说，科学决策应该要理性，要建立在科学的基础上。然而，具体案例却告诉我们，现实世界并非如此。这一点也很有意思，值得进一步研究。

24. 语言规划实际上是一件十分难做的事情，因为我们对社会变革理解得并不透彻。目前，还远远没有一种社会变革理论，可以完整解释社会变革中的特定主体选择或避免实现某些目标的原因以及实施后所造成的影响。要建立一个语言规划的理论，必须要考虑社会变革因素，如果没有一个行之有效的社会变革理论，也就很难有一个好的语言规划理论。因此，我们需要更深入地了解社会变革及其背后的驱动力。尽管这个事很难，但相比过去，我们现在处于大数据时代，可以有大量的数据去研究这个问题。原先看着完全杂乱无章、没有规律的人类行为，现在基于大数据的辅助，是可以发现一些统计规律的。

我们认为，社会变革理论或者社会变迁理论，即有关人类社会的各种发展演化的理论，都和语言的演化是密切相关的。就像我们在前面强调的那样，语言是一个人驱动的复杂适应系统。人驱动是什么意思呢？首先不管你的母语是什么，只要是一个人，就有一些普遍的东西，这是共性。这些东西会决定语言的普遍性，但是人们生活在不同的环境下、不同的社会条件下、不同的时代下、不同的自然环境下，会导致语言之间存在差异性。比如，在中国，你可能需要掌握很多关于亲属的称谓，才能把七大姑八大姨都区分开来，才能显得你是个聪明礼貌的孩子。因此，人所处的社会的多样性、自然的多样性导致了语言的多样性。显然，如果我们能够充分发挥当前大数据的优势，对社会发展、对人的普遍性、对人的规律以及人所组成的社会的规律有更清楚的了解，将不仅有助于推动语言规划理论的发展，也有助于构建更好的社会变革理论。从这个意义上说，库普尔的这本书包括书里提出的"八问方案"，是具有前瞻性的。

总的来说，库普尔的"八问方案"是语言规划学科发展史上重要的经典框架模型，它的适用性也非常广泛。后来，斯波斯基和肖哈米又延续库普尔的思路，对"八问方案"做了进一步修正。即，从社会语言学和语言规划、政治学和政策研究、教育学和教育语言学等角度提出了概括性解释，并把八问削减到六问，去掉了"目的"和"手段"。但其实"目的"和"手段"非常重要，有些学者就不同意把"目的"和"手段"都去掉，如我们前面讲过的巴尔道夫他们整合的"目标"框架。在一个大的环境下，社会变迁会引起、影响语言规划活动（这十分关键），此外还会影响它是否能够成功，也就是说会影响规划的结果。当然，库普尔有关语言规划的思想还有待进一步的挖掘和研究。

接下来，我们讲另外一个跨学科的语言规划理论模型，即卡普兰和巴尔道夫（1997）的生态模型。

第三节 卡普兰、巴尔道夫的语言规划生态模型

卡普兰和巴尔道夫的《语言规划：从实践到理论》作为一本教材或者学术著作，前面的大部分内容是说别人的事情，基本上都在总结别人的东西。这本书里最有创新的东西，是提出了一个具有跨学科性质的语言规划理论模型。作者的思路是从实践到理论，实践就是讲过去，因此前面讲的都是语言规划的案例，把过去一些研究者研究的东西总结起来，并且结合案例来讲解。这些东西，对我们更好地理解语言规划的历史以及成果，是必要的。但学科要发展，必须要有在继承基础上的创新，这本书的创新点是在后两章。所以，我在给这书的中译本写前言的时候就提出了一个这样的概念，叫"语言规划的生态观"。一提"生态"这个东西，很明显会涉及很多方面的因素，也就有跨学科的意味。当然，从生态的角度来探究语言规划问题，前面我们

已经提到过哈尔曼等人的研究。事实上，语言规划学科的奠基人之一豪根也出过一本论文集，集子的标题就叫作《语言生态学》。

大部分人知道卡普兰和巴尔道夫 1997 年的书，可能是因为这本书系统梳理了和语言规划有关的基本概念、框架模型，但他们的"语言规划生态模型"一直以来都被忽略了。这个模型也可以从语言演化的角度来考虑。图 6.1 中每一个圈代表一种语言，圈的大小大致表示讲这种语言的人的数量，这些圈加在一起被称为"语言生态圈"，可以用来形象地说明一个国家或政体内部各种语言之间的关系。

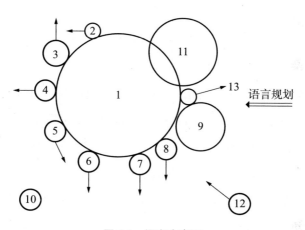

图 6.1　语言生态圈

前面多次提到过，第二次世界大战以后到 20 世纪 50 年代后期，语言规划开始作为一个学科产生了。学科的主要任务，就是研究官方语言的选择和标准化问题，豪根的"四格模型"基本上就是在做这件事情。那个时候，学科领域的诞生与国家共同语的确定、推广和普及密切相关，学科的存在和发展也是以此为契机。如果语言学家们没有在那些国家刚独立的时候，或多或少地帮助过它们去解决语言问题，那这个学科领域也就很难存在。对此，我们应该有清醒的认识。当时，国家层面以下的语言问题，人们还基本顾不上，比如说现在经常谈到的家庭语言规划，那时候还顾不上这个事情。现在日子好了，你想让孩子很小的时候就出国留学，比如去英国，当然就在小时候规划着要上双语幼儿园。这时候需要在国家层面以下进行语言规划，这也是随着社会发展而逐渐产生的新研究方向。现在虽然不会出现那么多新国家，但还是有新的语言问题。比如，全球化过程中，总有一些跨国事务存在，我国提出的"一带一路"倡议等，也都涉及跨国交流的语言问题。值得注意的是，第二次世界大战以后、全球化以后，国际组织越来越重要，国际组织的语言问题、跨国公司的语言问题，这些都是值得研究和讨论的。

我们在做研究和讨论的时候，一定要了解相关问题的现状。语言是非常重要的，因为没有语言就没有人。但是，绝大多数人不管语言的事儿，每天照样生活得不错，它就像一个我们与生俱来就可以不必理会的东西。穷人有语言，富人也有，百万、亿万富翁都有；我一个穷人，我也有语言，而且不比你差，我说笑话可能比你还溜，幸福感也不一定不如有钱人。因此，在大多数人看来，语言是天经地义的，可以不用去管它，毕竟也不影响人类的发展。但我们要清楚，语言规划这个学科起到的是助推的作用。比如说，你现在走路也能去北京，问题是走到那儿累了个半死；但是我坐飞机去、坐火车去，几乎感觉不到累。飞机、火车就发挥了助推的作用。显然，没有助推，我们也可以活着，也可以去北京，但有了助推后，就可以更高效、更迅速地到达目的地。这也正是陶里对语言规划所持有的核心观点，即改进和完善工具。当然，我们也不否认，语言是文化容器，是身份象征，合理的语言规划同样有助于构建更美好的世界。

下面再回到卡普兰和巴尔道夫的生态模型。一般认为，一个国家的语言规划行为实际上会影响到语言生态。因为就一个地区或一个国家内部而言，当我们在进行语言规划的时候，面对的大致就是这样的语言生态圈。从图 6.1 来看，一个国家内部讲的人最多的语言，就用大圆圈 1 表示。圆圈 2、3、4、5、6、7、8 和 13，都是各种小的语言，即少数族群语言。圆圈 9 表示的是相邻政体的语言，受到其他政体政策影响的语言。圆圈 10 代表孤立的语言，也就是历史上的古典语言。圆圈 11 是宗教语言。圆圈 12 代表原来已经没人用、现在又开始要保护和复活的语言。圆圈上的箭头表示这种语言目前的发展方向。语言规划的影响如图 6.1 右边中间的双线箭头所示。总的来看，语言规划就是要在这个语言生态圈上加一个人为外力的作用，去影响圈里的某种（些）语言的本体或地位的活动。但由于生态圈里的语言之间存在各种各样的关联性，所以，针对一种语言所采取的行动，最终可能也会影响到圈里的其他语言。这是语言生态模型对语言规划者的重要启示。

当然，生态这个术语目前在语言学里面的应用，大多仍是一种隐喻的说法，是指一个系统中相关组成个体之间相互依赖的关系。比如，有这么一个地方，老鹰吃鸟，鸟吃虫子，虫子在地里挖土，让草长得更好，动物吃草，这样形成良好的自然生态循环，使得整个系统处于一种平衡状态。但现在来了一个人，把里面的几个动物抓着吃了，把草割了准备种地，这就是一种外力。本来好好的东西，你现在突然出现了一个外力，因此就会干预原本的平衡状态。尽管你原本只是想打个鸟，但最终也会影响到生态圈里的其他东西。用语言规划的例子来说就是，在早期的语言规划或者经典的语言规划里，人们一般改变的是最大的那个圈，就是第一个圈。你制定了改变某种语言的计划，它的社会地位或者本体结构必然会受到影响，这样你所施加到这种语言的外力，就是一种有意识的作用力。但这并不意味着，原来那个平衡的语言生态没有人的作用与维持，这肯定不对。因为语言离开人很难存在，就成了死的东西。我们一定要注意，即便在没有语言规划时，语言的演化和发展也是与人密切相关的。当人有针对性地、有意识地对语言做出一些改变的时候，这时就是语言规划。两种过程都是有人参与的，一般情况下，人类参与语言的演化、语言模式的形成，是一种无意识的活动，而语言规划则是一种有意识的活动，因此意识性的有无成为区分二者的重要标准。如果从生态的角度看，在语言中出现有意识的活动或者干预行为以后，可能改变的不只是你原来打算改变的，生态圈中其他与之相关的语言也都或多或少会受到影响。

语言规划和生态的关系，我们是从这个角度来理解的：原本事物按照一种自然的规律在发展、在改变、在演化，因为不变是不可能的。突然有一天，你人为地专门针对某个或某些语言做出了规划，这势必会影响语言生态系统的平衡。如果你的影响是符合规律的那还好，因为这就是助推、加速，使得语言能够更好地服务于社会。但如果不符合语言规律，实行多年以后还得改过来。生态的意义就在这里。图 6.1 中有一些小箭头是语言的发展方向，代表语言的状态，当状态改变的时候，地位也会相应发生变化。巴尔道夫他们认为，语言规划会影响语言生态系统中的这些变量："语言消亡""语言生存""语言变化""语言复生""语言转用和语言传播""语言融合""语言接触与皮钦/克里奥尔语的发展""读写能力的发展"，等等。这些变量是描述语言状况时应该考虑的关键因素，是研究语言生态的主要着力点。正是由于这些变量的变化会以不同的方式影响到语言的状况和发展，语言规划的研究者和实施者们更应该对这些因素进行详尽的研究，因为只有这样才有可能解决由于这些因素的变化而带来的问题。

再回到本讲开始时提到的巴斯克语。我也很好奇：如果有那么多人都不愿意说巴斯克语了，为什么这种语言还活得好好的？如果我们通过语言规划助推它，又会出现什么样的情况呢？比如，加快它从 SOV 向 SVO 发展的步伐，用语序的固定来代替现在繁杂的形态变化，而且在教育系统开始普遍推广。那么，它还是原来的巴斯克语吗？又或者会变成什么样？这里就会产生很多问题。当我们结合这些具体案例来认真思考问题的时候，我们就会问各种"为什么"。为什么一个语言被广泛使用了以后，或者说一个语言从一个形态丰富的类型变为形态不丰富的，要靠语序和功能词来确定词语的句法功能时，它就更倾向于使用 SVO 呢？这是我们要研究的问题。当然，如果对依存语法了解的话，就会清楚语序从 SOV 到 SVO 的转变，更符合人类语言依存距离最小化的普遍规律。但问题不会如此简单，这只是其中可能的一种解释。但至少，我们现在知道，好的理论语言学研究，应该有能力解释人类语言的某些普遍语言现象，这本身也是语言研究者应该做的事情。

语言状态的变化会受到外力的影响，而影响这些状态不外乎就是上面提到的这些变量，即，消亡、生存、变化、复生、转用、传播、融合、接触，等等。这其中，最严重的情况可能就是语言的消亡，因为语言一旦出现消亡，也就意味着没人用了，没人用很多时候是由于没人学。消亡问题有两方面的问题：一是父母长辈或者上一代人，愿不愿意把这个语言传递给他们的后代，这个非常重要。另一个是有没有能力，你愿意传递但没有能力教也不行。如果有能力没愿望或有愿望没能力，这事都干不成。有人愿意从小教孩子学语言但是他不会，或者他会使用某种语言但他自己早都不想讲了，那么也就大概率不会再教给他的后代了。此外，我们还必须身体力行去做这个事情，只空谈是不行的。当然，也不能责怪这些不愿意给自己的孩子继续教某种语言的人，尽管代际传递的中断，在大多数情况下，确实是语言消亡的催化剂和直接原因。

话说回来，尽管我们常说世界是多语的，但一般来说，一个人并不需要掌握很多语言。除非他生活在一个多语环境，否则有一两种语言能达到交流目的就行了。我们活在这个世界上，不可能人人都当语言学家，更何况只懂一种语言的语言学家也不少见。事实上，对大部分普通人而言，语言就是与生俱来的，不用去想那么多与语言有关的东西。这就会带来一个问题，比如我会一种语言，走遍世界都可以用这种语言，那为什么还要再学第二种？这是正常人的想法，因为有很多事情需要去做，不能把生命全花在学语言上。对大部分人而言，语言作为正常的交流工具，只要能交流就足够了。如果使用一种语言能走遍全世界，这就非常好。如果真的存在这样的一种语言，那我们都去学它，也就不需要语言规划了。按照这种说法，在 1951 年联合国教科文组织的语言功能划分表里，每一层级的语言，你只要会一种就行。对大多数人而言，现实中根本就不需要掌握这么多层级的语言。如果，你选择一辈子都住在祖辈居住过的小村子里，你还会需要那么多语言吗？答案是否定的。因为说你祖祖辈辈说的语言就可以，也能过上想要的生活。因此，语言规划者应该要明确，当有语言 A 可以实现功能 1，同时语言 B 也具有功能 1 的时候，一般不可能同时发起一个规划活动，让 A 和 B 都担当功能 1。简单说就是，尽管你想来规划我的语言行为，但我已经会语言 A，并且可以达到在某个场景下的使用目标，因此就不需要学习语言 B。如果语言 A 更加易学、易用，那就更是如此了，这是语言规划者需要去解决的矛盾。

我们可以看到，一个语言无论是否受到语言规划的作用，都会随着时间和社会的变化而变化。规划有时候只是起到加速和助推某一发展进程的作用，你不规划它也会发展。比如说语言的消亡，你不规划它也会消亡，很多地方没有规划，语言也会自然消亡。问题的关键在于，语言、人、社会是共演的，除非你与世隔绝，否则，人都会根据社会的发展或个人需要，做出一些适应性的选择。上一代人不愿意继续代际传递语言了，也是一种选择，会导致语言消亡。从这个意义上讲，语言保护最核心的问题可能是，重构要保护的语言的使用场景。你想让一个语言存续下来，必须要涉及现在能讲这种语言的人，他愿意并且能够把这种语言传递给下一代，而且切实去做。这不是你做一个记录、描写一套语法规则，就能做到的。当然，这些事情也需要做，但是一个语言能不能被保护下来，让它活着，有人传递下去至关重要。因此，语言濒危了，我们很着急，这可以理解，也应该去做，但真正想把它救活，恢复昔日的辉煌，实际上比较困难。比如，现在办个学习班，找几个愿意学这种语言的人来学习。但他们学完后愿意把语言传递给下一代吗？这是一个关键问题。据《世界语言大全》（*Ethnologue*）统计，目前全世界42%的语言，即，3018种语言，都处于不同程度的濒危状态。而美国语言学家克劳斯（Krauss）则估计，到2100年，全世界90%的语言将处于严重濒危或消亡的状态。因此，语言消亡问题的确应该引起我们的重视。

当然，导致语言濒危和消亡的因素很多。从使用者的角度看，大致可将这些原因分为两大类。第一类是战争、种族灭绝、自然灾害、饥荒、疾病等。对使用者个体而言，这些原因一般是无法抗拒的，由此导致的语言濒危或消亡，也很难从语言层面来解决，因为这些因素导致的问题不只是语言问题。语言濒危或消亡的第二类原因，主要是一些影响使用者选择语言的政治、经济、文化、历史、心理等因素。尽管表面看起来，它们是影响使用者选择语言的因素，使用者似乎有选择权，但这些选择实际上也可能只是使用者适应社会变化的一种手段。显然，这其中有很多问题单凭作为局外人的语言学家是很难解决的，更何况，自从有了人类以来，人类语言的数量就一直在减少。尽管问题复杂，解决起来困难，但考虑到语言多样性对于人类的重要性，语言学家还是要积极参与到语言保护和拯救的活动中，为保护人类的多样性贡献自己的力量。从语言规划或语言政策的角度看，全世界保护语言的惯常做法，是属地原则。通俗说，如果你待在这块地方不动，我好保护你的语言、文化以及所有的东西，你要动了，就很难保护了，这在全世界基本都一样，都是这个路子。因此，语言出现濒危甚至消亡了，不是说政府不想保护，而是没有办法实施。否则，联合国教科文组织那个语言功能分类就没有意义了，任何一种只要是有人说的语言，都可以在全世界通行，这显然是不现实的。

关于语言保护，我们需要强调一个问题：人口流动与语言的关系。比如，为什么巴布亚新几内亚那么小的一个国家，却拥有全世界最多的语种呢？因为那里的人流动性不高，祖祖辈辈就待在一个地方不动，而且外面的人和里面的人没有打什么交道。我自己种我的地，在树上摘果子，孩子生下来了，我就教他们这种语言，祖祖辈辈，就这样循环。换言之，在这种情况下，大家很多年都按部就班地生活在一个语言生态圈里，语言是不容易变化的，也不容易消亡，只要人还在，语言就在。但是，社会是多样的，变化的，开放了，人动了，交流也多了，情况就会不一样。人家隔壁村建了个工厂，为了生活得更好一点，我可能就会去隔壁村打工。如果两个村说的语言不一样，我可能就要改变我的语言。语言是一个人驱系统，人动起来的时候，语言也会相应动起来，生态系统就会跟着发生变化。这样原来的属地原则，可能就不好实施了，或者，即使能实施，效果也不好了。另外，需要注意的是，即便在一个国家内部，有同样的语言属地原则或自治原则，但是不同地区的人，由于对待自己语言的态度不一样，可能对于语言保护的效果也会不一样。因此，同样一个语言政策在同一个国家的不同地方，也会产生不一样的效果。但这其中可能不仅是一个法律问题，也与社会、文化、历史、心理等因素有关。

语言规划生态模型里还有一个变量是"语言转用"。所谓语言转用，就是说我不再使用这个语言了，我原来用 A 语言，现在不想用它了，改用 B 语言了。这同样也会引发比较严重的问题，导致 A 语言慢慢没有人用。如果经常发生这种情况，自然而然就会带来语言问题。

比如，假设巴斯克人都转用西班牙语、法语，要是长时间出现这样的情况，那么巴斯克语可能就危险了，会面临我们之前所说的语言濒危或消亡的危险。虽然巴斯克人出现了语言转用，但目前巴斯克语还在，这个倒是我最感兴趣的地方。那么，又有一些什么样的力量或因素导致这个特殊情况呢？我们认为，也许在某些特殊的情况下，只要言语社区还存在有效的代际传递，哪怕只是将语言视为一种文化遗产，一时半会可能也损害不了语言的健康状况。这再次说明，语言问题非常复杂，语言的健康状态是多种因素共同作用的结果。

现在我们再说说语言传播的事情，这也是语言规划生态模型里比较重要的一个变量。语言传播是有规律的，需要仔细去研究。库普尔，就是《语言规划和语言变迁》那本书的作者，提出语言传播可以通过使用某种语言的人或者采用其语言变体的人的比例来衡量。也就是说，传播应该有一个数量的概念，而且这个数量是在某一个特定的时间和空间里。比如，我们今天讲语言的国际传播，A 语言和 B 语言都有 1 亿人用。A 语言的 1 亿人都分布在一个区域范围内，比如说分布在一个 50 万平方公里的政体内，而 B 语言的 1 亿人分布在 40 个政体内。显然，这两种语言的传播效果是不太一样的。这还只是空间方面的比较，时间方面的因素也应该有所考虑。作为一名学者，我们还需要从问题的表面看到本质。在联合国教科文组织的语言功能分类中，所谓国际语或者世界性语言，不只是在比人数，人数当然很重要，但更多的是比分布的范围。如果要对语言传播进行科学研究，也应该考虑理论框架的问题。库普尔在 1982 年提出一个语言传播的框架，说采纳某个语言的时候，你要研究这几个问题：是谁？采用什么语言？什么时候？在哪里？为什么？会怎样？这可以叫作语言传播的"六问方案"。讲到语言规划的时候，他又提出了八问，这两者之间有明显的继承关系。在分析一个语言的传播情况时，我们可以参考库普尔的这个六问框架，就是说可以采用这样的一个模式去做具体的分析。比如，人类历史上有过不少世界性语言、区域共同语言、超国家语言，这种都可以笼统地叫作国际语言。通过库普尔的框架，我们可以更好地发现语言规划、语言传播里的一些规律性东西。事实上，语言传播的概念国内说得不少，但在规律探索方面做得还是不太够，需要在未来进一步加强。

语言规划生态模型里还有个值得关注的变量就是"语言接触"，我们在之前也提到过，不管是否存在语言规划，语言都会变化，这其中，语言的接触是一个重要的动因。两（多）种语言可能会慢慢接触、慢慢地融合，变成一个新的语言，也可能不会产生一种新的语言，但相互影响的结果是不难发现的。在现实生活中，语言接触是一个随处可见的事情。比如，保加利亚、塞尔维亚、克罗地亚的语言，中间由于隔着匈牙利、罗马尼亚，使得这些国家的语言跟其他斯拉夫语族语言，如波兰语和白俄罗斯语等隔开了。此外，巴斯克语也被罗曼语族的诸语言所包围，有一些东西肯定会受到影响。我们在前面说过，语言接触会导致语言的变化，甚至产生一种新的语言，皮钦语就是这样的。所谓皮钦语，就是讲两种不同语言的人生活在一起，由于接触交流的原因产生的语言，比如说要做买卖。

在大航海时代，侵略者或者所谓的发达国家到了太平洋岛上——一般都是岛上，他们去了以后总要跟岛上的人交流。尽管一开始谁也不懂对方的语言，但还是迫切地需要交流，这样就慢慢产生一种混合的或者一种不完全像双方语言但又有点像的语言，这就是皮钦语。与世界语这样的计划语言不同，皮钦语的诞生时间可能不会太精确。比如，我们前面提到世界语诞生于 1887 年 7 月 26 日，这个起源是可以追踪到的，因为在 1887 年 7 月 26 日之前，世界上没有世界语。但即便如此，皮钦语至少也可以追踪到历史上的相关记录，比如说 1635 年 5 月 3 日，第一艘葡萄牙的船来到这个岛上。当然，葡萄牙人刚来的时候，新的语言不可能产生。不像柴门霍夫一样出了一本书，你可以记录，皮钦语产生的确切时间，你记录不了，但是你可以把语言的诞生时间确定到一个比较小、比较精确的范围内。这样一来，大部分皮钦语的产生是可以回溯的，可以就此来研究它们的发展。国际上也有个专门研究皮钦语和克里奥尔语的比较好的杂志，叫作 *Journal of Pidgin and Creole Languages*。

大航海时代发展出来的皮钦语，有人说是四不像，但毕竟可以达到交流的目的。像皮钦语这样的混合语言全世界很多地方都有，大部分的语言类型都是孤立语，也就是结构上类似汉语、越南语。回过头来说，自然产生一个简单的、几乎没有形态变化的语言，这是正常的，也符合省力原则。请问巴斯克语——人类语言的孤儿——为什么那么复杂？难道古代的巴斯克人，要交流的东西就那么深奥？非得需要这么复杂的语言形式，以致复杂到他们的后人都感到难的程度？可以肯定的是，古代人考虑的事情，绝对没有现代人要考虑的东西这么复杂。那为什么这些语言会有超出需要的复杂度呢？这是一个所有语言学家，特别是研究语言演化的学者都值得深思的问题。

再回到皮钦语，两个讲皮钦语的人结合后，他们孩子的第一语言大概率可能是皮钦语。这样做的前提是，这些孩子有一个皮钦语的成长环境。换言之，皮钦语有了代际传递，讲皮钦语的孩子可以像讲其他语言的孩子一样，在日常使用皮钦语的环境中成长。母语化以后的皮钦语，有了一个新的名字——克里奥尔语。从形式上看，克里奥尔语的结构似乎更接近某种自然语言，这个趋势也许可以与哈尔曼的声望规划联系起来。我们知道，在皮钦语的产生或者克里奥尔语的发展过程中，大多会存在一个强势语言。比如，入侵者开轮船来的，然后到了岛上，由于交流的需要出现了皮钦语。这在一定程度上解决了交流的问题，缓解了交流的难题。但慢慢地，人们还是觉得开轮船的入侵者讲的语言要高级一点，于是开始追求向强势语言靠近。皮钦语作为一种交流工具，既简单又够用，但别人可能会看不起这种语言。虽然对皮钦语的鄙视毫无道理，但确实是客观存在的。于是，在不少皮钦语的克里奥尔化过程中，就出现了一个去克里奥尔化的环节。实际上，就是讲克里奥尔语的人，让自己的语言有意识地靠近某种强势语言。比如，法语克里奥尔语就越来越靠近法语，以至于讲这种语言的人慢慢地都讲法语的一种变体了。

我们老是强调创新，要研究从无到有，语言研究由于有了计划语言，有了皮钦语、克里奥尔语，因此可以来研究从 0 到 1 的问题。研究语言起源不能老想着让头盖骨、化石说话，不要老琢磨怎么借助计算机等现代技术猜得更准确一些，却忽略掉很重要的、可观察的语言演化事实。比如，世界语等计划语言的发展历程可能是所有语言都会经历的，只不过这个过程被压缩了，使得我们可以观察和研究整个过程。皮钦语同样是自然产生的语言，同样压缩或再现了语言的诞生与发展过程。这两类语言之所以重要，是因为它们有助于我们对语言演化规律的探求。语言演化在一定程度上反映了人的演化，而人的演化又与自然，与人，与自然界和社会的各种变化密切相关。20 多年前，我发表过一篇长达 50 多页的论文，就是比较研究皮钦语、克里奥尔语和计划语言这些在特殊环境下发展起来的人类语言，这篇论文迄今为止仍然是我学术生涯中最长的一篇文章 [1]。

上面我们讨论了卡普兰和巴尔道夫的语言规划生态模型中涉及的几个重要变量，包括语言消亡、语言转用、语言传播和语言接触，等等。但也有些变量由于时间关系没有详细展开。事实上，生态模型讲

---

[1] Liu, H. (2001). Pidgins, Creoles and Planned Languages: Linguistic Development Under Special Conditions. *Journal of Applied Linguistics / Tijdschrift voor Toegepaste Linguïstiek,* 15(2), 121–177.

的就是语言规划活动和这些语言状态变化之间的关系。这些语言状态都是牵一发而动全身的，你动了其中的一个，尤其是动了关键的一个，可能就会引起其他语言状态的改变。在模型中，这两位作者也注意到了其他一些规划与没有规划的情况。关于这个问题我们也强调过，因为不规划语言也可能会消亡，语言的生存也有可能面临问题，语言规划只是加速了某些进程而已。语言规划可能会加速某个语言状态的变化，这在研究中应该引起重视。

我们再强调一下，语言的变化是人的变化。人的变化有一个普遍的趋势，大多都想追求卓越、想过更好的生活，还想省一点力。这是一个普遍的规律。人在生理方面、心理方面都有普遍性，这些普遍性也会反映在语言上，使得人类语言能够呈现出一些普遍性。需要注意的是，人所处的环境是不同的，比如社会、政治、经济和文化的差异性。这些因素中间，自然也有语言的因素；但实际上，语言因素与其他相比并不是最重要的，语言生态系统发生变化是多因素作用的结果。如果只从语言角度考虑，就会和巴斯克人想的一样，觉得巴斯克语太复杂了，我就要改变它。但这只是一个方面，还有社会、政治、经济、文化、历史等各种因素都在起作用。你改了巴斯克语的形态，可能就会与相关的非语言因素有冲突，而这些因素在不同时期会有不同的表现。进一步讲，规划的目标群体、社会发展程度、经济发展速度，这些因素对语言的变化都会起作用，但作用可能并不会完全一样。所以，我们在分析一个地区的、一个政体的语言规划案例时，要尽可能做到全面考虑。因为人是社会人，是政治人、经济人，但同时也是语言人。我们可能要综合考虑这些因素，才能分析清楚这种外在的、有意识的力量影响到语言生态时，为什么有的会成功有的反而不行，这也可以解释语言规划成功或失败的原因。

影响语言规划的语言、政治、社会等因素，基本与影响计划语言的社会化因素差不多。就计划语言来看，一种语言从一本书演变成很多人讲的语言，这就叫作语言的社会化过程。在计划语言的社会化过程中，也需要考虑上述那些因素，这都是相通的。语言规划一般针对的只是语言的一个方面，而计划语言对语言的规划是全方位的。总的说来，语言规划的力量，包括语言状态的这些变化，再加上相关机构的力量，以一个生态系统的状态呈现时，我们可以更清楚地看到其中很多力量所起的作用，这也是巴尔道夫他们的生态模型的意义所在。当然，我们也可以就单个因素对语言规划做分析，但是有这样的一个框架以后，我们在分析不同的语言规划案例时就有章可循，而且可以比较不同因素在这一过程中所起的作用，有助于更全面地发现相关规律以及规律背后的动因。另外，语言规划是一个长期性的活动，也就是说，规划的效果需要时间来检验。从影响生态的角度看，我们在评价语言规划效果时，也应该考虑时间因素。对此，巴尔道夫他们举了新加坡的例子来说明这个问题，如图 6.2 所示。

1965 年，新加坡独立后，明确规定马来语、华语、泰米尔和英语为官方语言，马来语为国语。次年，新加坡政府开始实施双语教育

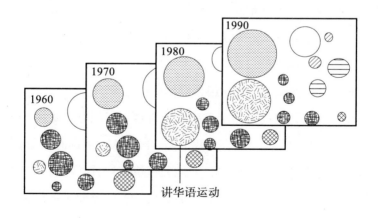

图 6.2 时间对语言生态系统的影响

政策，即使用英语和母语。这种语言选择优先考虑了历史、经济、政治等因素，并没有选择多数群体的语言，也没怎么顾及交际的实际情况。1979 年，时任新加坡总理的李光耀发起了"讲华语运动"（Speak Mandarin Campaign），旨在解决新加坡华人使用不同汉语方言而无法有效交流的问题。尽管百分之七十多的新加坡人都是华裔，但他们日常操用的却是多种汉语方言，很难互相沟通。在这种情况下，政府推行的双语政策实际上是助推英语成为华人间的交流共同语，这对于文化的传承是不利的。注意，这里的"华语"指的是现代标准汉语，虽然严格说来，华语也应该包括其他汉语方言。

观察"讲华语运动"之后其他语言的变化情况，也是很有趣的。我们知道，一个语言规划活动，肯定会改变相关语言在语言生态圈中的位置。规划分为很多种，比如本体规划、地位规划、习得规划。"讲华语运动"主要是习得规划在起作用，因为华语作为新加坡官方语言的地位早就有了。在图 6.2 中，圆圈大小代表了人数的变化，20 世纪 60 年代、70 年代的时候，华语在新加坡的使用并不多，明显少于其他汉语方言。但 80 年代、90 年代以后，讲华语的人慢慢就变多了。马来语在新加坡独立初期的 60 年代占比较大，发起"讲华语运动"以后，其从 60 年代开始占比逐渐减少，这是一个缓慢作用的过程。反观新加坡英语的使用人数，从 60 年代独立后也有不断增加的态势。一方面，这与"英语 + 母语"的双语教育政策有关，另一方面，可能也得益于近些年英语作为国际语的地位不断加强。当然，英语作为一种国际语，遇到的分化问题也越来越严重。为了应对这个问题，2000 年，时任新加坡总理的吴作栋又发起了"讲正确英语运动"（Speak Good English Movement），鼓励新加坡人讲世界共通、语法正确的英语。

新加坡的这个例子不但说明时间因素在评价语言规划活动中的意义，更是直观地解释了巴尔道夫他们提出的语言规划生态观。生态观，这也是我特别喜欢的一个说法，当你变化语言 A 的时候，本来不想让语言 B、C、D、E、F 也发生变化，但语言是一个生态系统，其他语言也会随之而改变。所以，这就是为什么你在进行语言规划的时候，如果从生态的观念去看、去观察，可能对于这个结果会有更好的理解。但是我们又说了，不同时期也有不同的需要。比如，一个新的国家建立后，它要开展各方面的建设，这就导致出现大范围的人口流动。如果这时没有一个共同语，就无法满足流动后的交流需求，没有交流，就很难合作，不能合作，怎么建设？但当国家内部稳定以后，就会加强与其他国家的交流，自然也就会涉及超国家层面的共同语问题，这与在单一整体内实施的语言规划活动肯定是不一样的。按照现在比较流行的说法，超国家层面的语言规划其实就是我们常说的全球语言治理。可见，不同时期语言规划的目的是不一样的。

提到全球语言治理，我们再说一下语言规划和跨境语言的问题。所谓跨境语言，是指一种语言在多个国家或地区内使用。当某个国家或地区实行了一个大规模的语言规划活动以后，可能会对周边那些本来没有实行规划活动的国家或地区产生影响。在过去的语言规划活动中，人们似乎不考虑这一点，只考虑自己国家内部的事情，但时代不同了，全球化和智能时代的语言规划，应该要考虑这个问题。从某种意义上讲，国际性语言也是跨境语言的一种特殊表现形式，一种语言，如果一旦成为国际性的语言，像英语，那么美、英、澳、加这几个大的、以英语为母语的国家，就很难对其进行规划了。因为国际语，已不再完全属于某个或某些国家，当然，这些国家无疑会享受到国际语带来的红利，但也不得不放弃一些权利，这其中，也包括规划的权利与自由。一般情况下，规划得越多，语言也就会越不稳定。英语现在的状况是不是与这个也有关系？这几个英语国家很少去规划英语，放任它自由发展。对于国际语，我们或许应该从另一个角度去看待，即要容忍其他人说你的语言、糟蹋你的语言，只要能用就行。先把人数提上来，慢慢覆盖更广的范围，只要能享受到语言成为国际语后的红利就行了，至于这个语言最终变成什么样子，可能不是关键问题。那么，你就要容忍这些分化、变体，否则你怎么只凭会说母语就能活得挺不错。因此，过于严格和频繁地对语言进行干预和规划，是否会影响语言的国际传播和普及呢？

在《语言规划》这本书里，卡普兰和巴尔道夫除了用生态模型分析新加坡的案例，他们还同时分析了澳大利亚、马来西亚、墨西哥、南非、瑞典和美国等国的语言生态系统。这对其他国家语言生态系统的描述分析，还是有较大的借鉴意义的。截至目前，英国的 Multilingual Matters 出版社在上述两位作者主编的《语言规划和政策》系列丛书（*Language Planning & Policy*）中，已经出版了十多本有关国别研究的著作。这些著作所涉及的国家和地区多达数十个，在分析时均采用了基于生态观念的语言规划理论架构。我们认为，采用一种理论架构对多个国家和地区的语言状况及语言政策开展研究，此前不能说没有，但涉及的国家和地区如此之多，分析如此深入，却是没有先例的。尽管严格说来，这个生态模型基本上只是一种修辞性的说法，还不是一种严格意义上的生态学模型，仍有待于进一步的细化和量化，但他们所强调的基于多因素的视角来分析语言（规划）问题，无疑是现代语言规划研究的一个重要方向。

艾金顿（Eggington）认为[①]，卡普兰和巴尔道夫的《语言规划》对语言规划领域的贡献体现在以下八个方面：（1）本体规划和地位规划不是独立的活动，二者是相互交织在一起的；（2）语言政策不仅包括

---

① Eggington, W. G. (2005). Introduction of Part 5. In P. Bruthiaux (Ed.), *Directions in Applied Linguistics: Essays in Honor of Robert B. Kaplan* (pp. 223–226). Clevedon: Multilingual Matters.

国家层面的宏观的政策，微观的语言规划活动更为常见，其影响也越来越大；（3）一个国家一种语言的说法是不现实的；（4）任何语言规划活动都是在一些密切相连的生态系统中进行的；（5）语言规划是一种需要学术和语言社团共同参与的复杂活动，这里所说的语言社团包括规划活动涉及的所有语言的全部使用者；（6）语言规划不仅仅是教育部门的事情，这种活动不应该只在教育部门进行。任何语言规划活动均应包含活动所在生态系统的整体；（7）语言规划应该以民众为中心。换言之，理想的语言规划和政策的实施宜采用自下而上的策略，而不是自上而下的方法；（8）成功的语言规划是一个实施、评估、修订、实施的循环连续过程。我们基本赞成艾金顿的这些说法，但也意识到，既然说是生态，可能需要借助生态学的方法来研究相关问题，只有这样才能提升语言规划研究的科学水平。

如果抛开隐喻性的说法，认为语言是一个真正的复杂系统，一个复杂的生态系统。那么，我们就会有个疑问：什么是生态系统？有没有专门研究生态的学科？答案是肯定的。但生态学在我们国家的学科归属里是理科，一般来说，理科人研究的东西，我们大多数文科人是看不懂的。我记得巴尔道夫说过，他们这个理论最需要的是拿生态学的东西去切入它、研究它，这样的话，这个理论就能成为一个具有真正意义的理论模型，而不只是哈尔曼多因素理论架构的变体。语言是一个多变量的系统，分析语言系统的运作要考虑很多种因素，这不是一件简单的事情。现在要考虑语言生态，显然需要从生态学的视角切入。有生态学家研究过生物的多样性、语言的多样性与语言濒危之间的相关性，成果发表在 *Nature*[1]。另外，语言也是一个复杂系统，那要

---

[1] Sutherland, W. J. (2003). Parallel extinction risk and global distribution of languages and species. *Nature*, 423, 276–279.

不要用复杂性理论来研究呢？我们一直在提跨学科、新文科，这些都是可以采用跨学科的方法来研究。新文科绝对不是在文科前面加一个"新"字这么简单。搞研究、做学问，不要只想做简单的事情，简单的事情别人早都做完了，即使你运气好，你用这个简单的东西发表了几篇文章，那也没多大意义。做学术就是要发现人类从来没有发现过的东西，几千年都没有发现，怎么可能很容易就让你发现了呢？所以说不吃苦，没有一点绝招，没有不可替代性，是做不出好东西的。假设随便街上拉一个人就能顶替你，那你还有什么值得骄傲的呢？这是一样的道理。所以，我们还是要掌握点别人没有的东西。

如果把生态理解为一种多因素的分析模型，那目前已经有不少基于各种语言状况的多因素模型了。这些因素中有很多都是可以量化、可以观察、可以计算的，包括像出生率这样的因素。这方面较早的系统研究是哈尔曼在20世纪80年代提出来的[1]。他从生态的角度讲了很多变量，但后来人们把注意力都集中到他这个框架中的某些社会心理因素（声望规划），反而忽略了最重要的东西，即，语言生态中各种变量之间的关系。哈尔曼在列举了人口变量、社会变量、政治变量、民族文化变量、心理变量、互动变量、民族语言变量之后，提出来一个整体的、具有操作性的、综合考虑这些变量的方案。所以，你要真正地从生态角度来考虑这些变量，还是应该学一点生态学的东西。今天有很多的生态学方法，也有模型和软件，当我们把这些变量量化以后，是可以来逐步建立起一个真正的、基于生态的语言生态模型的。只有先建立一个语言生态模型，然后当有一个外力，即语言规划的外力加进去后，再来观察这个生态模型的变化？这才是一个具有科学意义的

---

[1] Haarmann, H. (1986). *Language in Ethnicity: A View of Basic Ecological Relations*. Berlin: Mouton de Gruyter.

研究步骤和方法。拿生物学的生态来说,鸟吃虫子,虫子吃叶子,鱼吃浮游生物,猫吃鱼,等等,你现在进来一网,把鱼全捕光了,于是生态链出现断裂。所以你要先把生态了解清楚,然后再撒网,比较好。否则,一切都完蛋了,想挽救就会很难。

早在 20 世纪 50 年代,联合国教科文组织就按功能把语言进行了分类,构建了语言的社会功能体系。2002 年和 2003 年,这个组织又推出来一个"语言活力"的概念。所谓活力,就是还有人说的语言的健康状态。我们之前提到过,世界上有 7139 种活着的语言,但是它们的健康状态并不一样,有的语言只有 3 个人讲,有的语言却有 3 亿人讲,这些语言的生存情况当然完全不一样。3 个人讲的语言随时可能会消失,3 亿人讲的语言就不容易消失。对于如何衡量一个语言的活力,联合国教科文组织提出过一个框架,实际上也是基于各种因素来综合判定这个语言到底活得怎么样。就像我们体检一样,有 20 个指标,这些指标合起来可以判断一个人的健康程度。但假如只用一个指标来衡量身体健康状况,可能还是不太够的。评价语言健康的指标也是如此,只有一个是不够的。

我们甚至也可以用语言活力指标来衡量国际组织机构的语言使用情况。比如有一些机构,号称拥有 20 个官方语言,但这 20 个怎么运行呢?有时候官方语言的确应该综合考虑政治、经济、文化和历史等要素,但实际上不可能同时使用 5 个、6 个或者 20 多个语言。我们也可以通过这样的一些架构去分析这些语言的活力。比如开会发言的时候——虽然法律上说所有的官方语言都是平等的,但在正常开会发言、文件中到底用了多少种语言?以欧盟为例,前两天我查资料时,发现欧盟理论上是 24 种官方语言,但网站上只有 6 种。如果要用全部的 24 种语言,花费的代价是很大的。因此,只好选择常用的 6 种语言,而使用其他 18 种语言的人,就只能找这 6 种里的一种看。怪不得,欧盟多年来倡导"所有的语言都是平等的"政策，最后却演变为"所有的语言都是平等的，但有一些更平等"的现实。前几天看报纸上说，法国正计划在 2022 年接任欧洲理事会轮值主席时，把英语赶出欧盟，将欧盟最常用的语言由英语改为法语。我们暂且不论，法国是否有这个能力改变 90% 文件起草语言都是英语的欧盟机构语言现状，而只想问，用法语代替英语，想过欧盟其他二十多个国家的感受吗？难道这就是欧盟倡导的语言平等？为什么会这样？我们可以综合各种因素来考虑这些有趣的问题。

　　总的来看，卡普兰和巴尔道夫提出的语言规划生态模型，是一种基于生态概念的综合考虑多种变量的语言规划理论。较之于我们之前提到的各种语言规划理论，它具有更好的适应性和解释力，因此在未来有待于挖掘更多的案例和数据，去不断丰富和发展完善这个理论架构。遗憾的是，两位作者——巴尔道夫教授和卡普兰教授，在最近几年相继逝世，使得我们没有机会看到这本书的第二版。但值得庆幸的是，在巴尔道夫生前发表的最后一篇文章中[①]，我们可以看到他对语言规划与语言政策学科的回顾与对学科未来发展方向的展望。

---

① Baldauf, R. B. (2012). Introduction-language planning: where have we been? where might we be going? *Revista Brasileira de Linguística Aplicada,* 12(2), 233–248.

第七讲　国际语、国际语学和语言规划

前面几讲分析了语言规划的定义、发展以及一些重要的理论架构，这些都是本领域的核心内容，散见于国内外各种跟语言规划相关的论著中。鉴于二十多年前我是从计划语言和国际语学研究转向语言规划的研究，因此接下来我想详细说说这些事情，而这在其他同类型的语言规划著作中是不太常见的。在本讲中，我们主要会围绕国际语问题、国际语学与语言规划的关系，计划语言的社会化及其对语言规划的意义等方面展开。

第一节　国际语问题

历史上，人类在构建国际语或理想语言方面付出过很大努力，这种努力至今仍在延续，但大多数人对此所知甚少，原因是大家都觉得这不是个正经事，过于理想化了，所以专门探讨这些问题的书不多。即便是有相关的研究，也是用各种语言发表的，散落在世界各个地方、各个学科的边边角角。

我们先从国际语说起。关于国际语，不同时期有不同的叫法，实际上就是涉及一个理想的跨语交际共同语的问题。1922年，胡愈之在《东方杂志》发表了题为《国际语的理想与现实》的文章，其中说到，"国际语的最后理想，是在供给各国人民以一种中立补助语。因为国际语是中立的，所以不干涉各民族内部的事情，因为是补助的，所以更不至侵害国语或民族语。"遗憾的是，国际语并没有按照胡愈之在

100 年前勾勒的蓝图演进，100 年来，英语已经成为人类历史上史无前例的国际语。尽管理想与现实总是有距离的，但人类从来没有放弃过对理想的追求以及对美好世界的追求。法国语言学家马丁内曾经说过，国际语的问题或者说国际交流的问题，本身是计划语言世界语和英语之争。这是在争什么呢？霸权和民主之争吗？今天大部分人都会想，英语毫无疑问会胜出的，又有几个人会知道世界语呢？但马丁内作为当代最著名的语言学家之一，提出来今天的国际语之争，实际上就是世界语与英语之争，可能是有他的道理的。

关于世界语这样一个人类有意识创造出来的语言，大部分人停留在听说过但了解不多的阶段，只知道这是一个人创造的语言。那么，人为什么要创造语言？在历史上，人们对于共同语的追求是一个持续不断的过程，同时伴随着对于日常语言的种种问题做出的反应。所以就产生了两种人，一种是完美主义者，另一种是理想主义者。

完美主义者认为人类自然语言有很多东西是表达不了的，也就是脑子想很多，但是说不出来。我们经常遇到这样的情况，无法用语言来形容。当然，我们大部分人也就是说一说，发一下感慨。但自从有了人类以来，总有一些人会提出各种想法，他们针对语言提的问题就是：能不能创造一个语言，使得表达更精确？我们称这些人创造的语言叫普遍语言，普遍语言就是超脱所有现有的、人一生下来就讲的多种多样的语言，是由人创造出来的完美语言。完美主义者眼里的完美语言，追求的是语言的精确性，这一部分人主要由哲学家构成。哲学家一直认为世界很糟糕，我们的日常语言太糟糕，其中有一些语言特别糟糕，全是模糊的表述，后世的主要学问就是猜前世在做什么。因此，从实用的角度来看，人类急需更精确的语言。从公元二世纪开始，这样的人就零零星星地出现了。人类历史上几乎所有伟大的哲学家都有过这个念头。我们说哲学是科学之母，伟大的哲学家就是人类历史上最聪明的人。这些最聪明的人往往都会对语言这个问题有兴趣，想做这件事情，并且认为这件事情对人类来说是十分重要的事情，这是完美主义者的做派。

还有一种是理想主义者。按照《圣经》的说法，最早人类是使用一种语言的。只有一种语言的时候，地上的人互相说话都能懂，团结起来力量大，想做什么说一声就行了；不像我们现在，你到欧洲去，用自己的语言说"请帮我把这个箱子搬一下"，那里的人大概率会听不懂。因此，人们总觉得一种语言就是好的，至少好商量事情。比如《圣经》里说，只有一种语言的时候，人们闲得无聊，就去盖通天塔，想到天上去看一下，天上的人在做什么。天上的人觉得地下这些人很狂妄，完全就是不知道天高地厚，就下来把他们的语言搞乱了，于是通天塔就盖不成了，因为递砖的、和泥的人互相听不懂，没法一起干了，最终他们分散在世界各地。虽然《圣经》里通天塔的故事只是一个传说，但它对整个西方文明影响非常大。在这种影响下，人们自然就会认为多语是不好的，它给我们造成了很多阻碍。当然，今天我们认为多语和多元文化是非常好的事情，多样性才是人类社会的基本特质，尽管实事求是地从交流的角度来讲，一种语言会更便利一些。

语言被搞乱之后，大多数人当然就是默默接受现状，但有少数人也会想，我们能否自己再创造一个共同语。这是一种理想，就是说语言被搞乱了也不用怕，也有其他的解决办法。创造一种语言就是为了交流方便，为了大家能在一起再建塔，是从交流通信方便的角度来做这件事情的。这些创造出来的语言一般就叫人造语、计划语言或国际（辅助）语。以前，我们说两种语言的人互相听不懂，但现在创造一个新的语言后，那么大家就能够互相听懂了。这里需要注意的是，创造一个语言并不是要取代原有的人类语言，而是说大家在一起的时候有共同语言，只是从交流方便的角度出发，把这个语言搞得更容易学一点。这一部分人是理想主义者。理想主义者眼里的理想共同语，应该是中立的语言。就是说共同语言不是任何人的母语，大家都是平等的。

完美主义者和理想主义者的一个共同特点，就是都认为自己可以做自己的"上帝"，语言不行、满足不了要求，那就自己创造一个更好的语言。哲学家的普遍语言需要挖掘人类思想中最普遍的思想，于是他们想要创造一种更精确地表达这样思想的工具；而理想主义者是想创造一个让不同语言的人能够更容易交流的工具。这是两种追求，一个是要精确表达，另一个是要创造平等的、更容易的、大家都能明白的语言。语言学家最早是不参与这事的，都是这两个阵营的人在做事情。后来，语言学家们发现这些人创制的语言从语言学的角度来看问题太多，于是就亲自上阵了，其中最有名和最具代表性的语言学家叫叶斯柏森。从本质上来讲，创造语言是对语言做出了有意识的改变。我们说语言规划是有意识地对语言做出改变，那么创造语言自然和语言规划有关系，而且有密切的关系。顺着这样的逻辑，我们可以按照前面提到的库普尔的"八问方案"，来考察语言创造的问题。比如为什么要创造？创造什么？谁创造？也就是说，我们可以按照库普尔分析语言规划活动的框架来分析国际语、人造语言或普遍语言的情况。

但从国际交流的角度看，目前的语言选择模式基本上是区域语言加一个国际语，现在的国际语基本上就是英语。当然，很多人对这个现象是不满意的，如果满意的话，也就不会老说这个事情。在语言规划领域，菲利普森提出了语言帝国主义的概念，认为英语的传播就是帝国主义，他的妻子则研究语言霸权引发的语言人权问题。他们认为，语言帝国主义将导致语言的种族灭绝，问题很严重。即便如此，他们的书大多都是用英语写的。因为他们也说了，不用英语写不行，知道的人少，总要把我们的思想让更多的人知道呀，那只能用英语。可见，当前英语的确是名副其实的国际通用语。但如果从学术研究的角度来讨论国际语问题，我们可以参考联合国教科文组织的语言功能分类，按照语言的交际场景将语言划分为以下几个层级：氏族、部落语言－方言－民族（共同）语－族际语－国家共同语－区域共同语言－国际语（语际语）－全世界共同的第二语言－世界通用语。

氏族语和部落语言是语言最初的形式，由于地域或其他的因素在氏族或部落语的基础上可以形成一些方言，随着方言区之间人类交往的增多并伴随着民族的诞生，出现了民族共同语。国家的诞生使得一个国家内人民的交往增多，并且出于国家管理的需要，产生了国家共同语（国语），国语一般是人类有意识或通过一些政治手段确立的。从某种意义上讲，国家共同语是一种族际语，但族际语也指那些在多民族地区或国家，自然发展产生的、担当不同民族之间交往工具的语言，即族际语是一种超民族的语言。区域共同语是指在某一地理区域内人们在跨语交际时使用的共同语，它是一种超越民族语的语言。它本身可以由一种民族语来担当，区域语是在一定的宗教、文化、政治等历史条件下形成的。国际语是一种比区域共同语应用范围更广的语言，它的主要任务是担当国与国之间正式意义上的交往工具，从功能本质上讲它与族际语是相似的，因此在许多文献中，对二者的运用不加区分。全世界共同的第二语言和世界通用语都是人们设计的一种理想跨语交际模式的产物，共同第二语言的主要目的是简化人类的跨语交际，在这种模式下，人们在国内或族内使用自己的国语或民族语，当与讲其他语言的人交流时使用共同的第二语言。世界通用语一般是一种更具理想色彩的语言，也许有一天人类社会的发展使得今天所有的语言融合为一种语言，这种语言便是所谓的世界通用语。

为了便于讨论，我们将以上语言分级系统简化为：民族语言－国（家共同）语（言）－区域（性共同）语－国际（性）语。据此，我们可以构建一个世界语言网络的示意图，如图7.1所示。

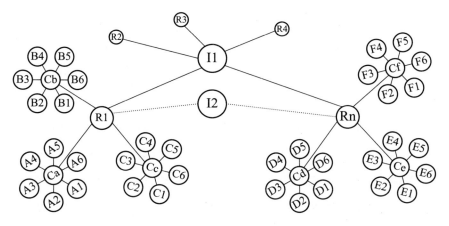

图 7.1　国际语言交流网络结构（现实）

在图 7.1 中，每一个圆圈都表示一种语言，为了使得讲不同语言间的人可以交流，出于政治、经济、交际效率等方面的考虑，语言系统基本呈一种星形网络结构。也就是说，在网络结构的每一层上都有一种语言作为中心节点（hub）。这些担当中心节点功能的语言分别就是我们所说的：国语（C）、区域性共同语（R）和国际语（I）。从理论上讲，任何语言都可以担当这四种功能。如果这些语言均由民族语来担任的话，有些人只用母语就可享用各个层面的语言的交流功能，而有些人可能除了母语外还要学习其他三种语言才能在交际方面达到那些只使用母语就能达到的交际效果。由于决定某种语言社会功能的因素主要表现在政治、经济和文化等方面，所以 C、R、I 等中心语言的变迁史，也就是一部世界发展史。

从网络的观点看，语言网络不是一种对等的网络，每一种语言的地位不同，导致了语言使用者之间的不平等；该网络不是一种结构稳定的网络，易毁坏；理论上，可以通过将星形网络转变为分布式网络的办法来改善网络的性能，具体就是取消语言的功能分级，使得每一种语言之间都可平等互通，这显然是不现实的，因为没有一个人可以学会7000多种语言！另外一种增强网络性能的办法是压缩网络的分级层次，每一个人都讲自己的母语和一种共同语言，这样图7.1就变成了图7.2。按照网络理论的观点，这种结构显然要比上一种好得多。目前的国际交流网络已然不是图7.1的模式，因为那个网络层级太多、效率低下，而是更接近于图7.2。事实上，英语几乎担当了这个共同语言的角色。目前，国际交流模式已经从图7.1转变为图7.2了，但后者也不是理想主义者的方案，最多只能算是实用主义者的理想模式。于是，现在的问题就又回到马丁内的理想与现实之争，又回到胡愈之一百年前提出的国际语理想与现实的问题。

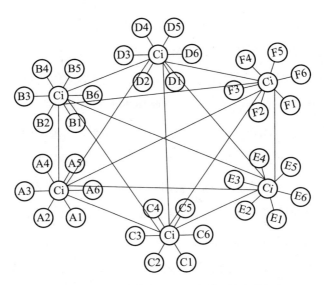

图 7.2　母语 + 国际辅助语的交流网络（理想）

可以看出，相较于图7.1，图7.2的模式增加了网络之间的联结、减少了网络层次，网络更稳定了。这种转变是国际交流模式的一种自然演进模式，其中共同语的引入至关重要。也就是说，每一个人除了自己的母语之外，都需要学习另外一种语言，一种共同语。理想的国际语言交流模式，就是这样一个东西，看起来并不复杂。但真正的复杂之处在于，在具体实践中，大家都学的第二门语言是哪种语言？此前，我们多次说过，语言不只具有工具价值，同时也负载了文化价值和认同价值。你认为你只使用了它的工具价值，实际上它的内在价值不经意间就在人的脑子里起作用，这里不再赘述。那如何来解决这个问题或至少从理论上来探讨解决这个问题的可能性呢？除了母语之外，全世界的人都要学另外一种语言，这种语言如果是英语、德语、法语或者其他类似的语言，人们在心理上是难以接受的。要让语言网络变得更可靠、更稳定、更舒服，那就要让大家都学第二种语言。而且，这语言只能是一个中立的语言——注意，这一点非常重要。

我们假设 A 的语言是 La，B 的语言是 Lb，他们两个要交流。当然不能让 B 学 A 的语言，那就不叫中立了，中立的意思是说我们使用第三种语言 Lc 进行交流。这里的 Lc 既不是 A 的母语，也不是 B 的母语，这对双方都是平等的，因为交际双方都付出了努力。也就是说，A 和 B 既不用 La 交流，也不用 Lb 交流，而是用 Lc 来交流，这就叫中立。任何民族语都有可能成为中立语，只要交际的双方不是一生下来就讲这种语言，双方都没有优势，就可以。但是，如果要构造一个面向全世界的、更稳定的语言交流网络的话，显然不存在这样的语言。哪怕使用冰岛语的人很少，只有几十万，也不合适。所以，如果要构造一个真正的、理想的、中立的、稳定的语言网络系统，理论上，这个共同的第二种语言只能是人造的，也就是一种原来没有的语言。这一点，胡愈之先生在 100 年前就强调过了。

但是，这是很复杂的一件事情，哪一种语言会放弃自己的地位呢？比如现在让英语放弃这个权利，可能吗？估计比较困难。我们认为，人造语是理论上的一种解决办法，这也是唯一能够让所有人都满意的一个解决办法——注意，这是理论上的解决方法。有一部分人认为这可能是天方夜谭，但总有一些心怀理想的人觉得就应该这么做，进而消除语言带来的不公平，因此要努力去实现。当然，为了更好地提出解决方案，我们也要研究共同语、国际语的规律，比如，英语是怎么达到当前地位的？法语又是怎么从曾经的高位到现在的不温不火？这里面有什么规律？我们还要研究，创造了中立的人造语以后，怎么让它成为一个真正有人用的语言？你改变了语言的某些方面，或者想让某个语言在地位上、功能上有所改变的时候，怎么做它才能够变得好一点？而这些，正是国际语学和语言规划研究的重要内容。因此，接下来，我们会重点谈谈这些问题。

第二节　国际语学与语言规划

人们对国际语和人造语的关注，逐渐催生了一个新的领域，这就是国际语语言学（interlinguistics），简称"国际语学"。1931 年丹麦语言学家叶斯柏森在题为 Interlinguistics 的文章里，开篇就写道，一个新的语言学学科已经诞生了。但第一次提到"国际语语言学"这个词，则是在 1911 年法国出版的一本小杂志里，在一篇题为"Une Science Nouvelle"（《新学科》）的文章里，作者提议，有必要建立一种叫作国际语学的新学科，它的目的就是研究共同辅助语形成的自然规律[①]。也就是说，早在 110 年前，法国学者就已经倡导，我们要建立一个学科来研究国际语的问题，寻求国际共同辅助语形成的自然规律。

人造语就是国际语学的核心内容，但后来学界更多地将其称为"计划语言"。今天，很多人在潜意识里认为，只要是人造的东西就不好。但实际上，人造的很多东西明显是好的，比如说眼镜、假牙，还有我们的大运河以及日常生活中的很多东西。好在语言学家也比较灵

---

① Meysmans, J. (1911–1912). Une science nouvelle. *Lingua Internationale,* 1(8), 14–16.

活，认为没有必要跟大众较劲，既然大家觉得"人造"的东西不好，那我们就改叫计划语言（planned language），以免给人一种负面的感觉。我们知道，语言规划（language planning）也叫语言计划，是指有目标、有意识、有计划地去干预语言的发展。这两个英文单词很有意思，语言规划中的 planning 后面是 -ing，这说明语言规划是一个过程，一个活动，一个正在进行的事情，而计划语言后面是 -ed，表明这是一个计划的结果，一个产品。从这个意义上看，把计划语言理解为语言规划的最终产品是有道理的[①]。

大家还记得我们在第二讲中，谈到术语"语言规划"的英文第一次出现时闹的乌龙吗？一开始，我们相信谷歌图书的检索结果，认为 1931 年的一本书名叫作《国际交流》（*International Communication*）里有 language planning 这个术语。等我们千方百计借到原书，却发现谷歌搞错了。这本书的作者里，萨丕尔和叶斯柏森都是世界著名的语言学家。叶斯柏森的文章题目叫"国际语言学"，萨丕尔的是"国际辅助语的功能"，这两个著名的语言学家在 90 年前就开始关注国际语问题，就参与了语言规划这件事情。也可以说，这个问题实际上对于语言学来讲是一个老问题。后来，我们发现谷歌搞错的书是《共同语言的选择》（*On the Choice of A Common Language*），是 1946 年出版的。这样一来，术语 language planning 就不是 1931 年最早出现的。事实上，通过我们后续的检索，发现在 1944 年出版的另外一本书里（*The Loom of Language*）有 language planning 这个用法。这本书很有意思，第三部分就叫作"世界语言问题"。其中第一小节"语言的弊端"（The Diseases of Language）就是说语言有各种毛病。第二节是"语言规划的先驱者"（Pioneers of Language Planning）。注意，这就是

[①] 刘海涛:《计划语言和语言规划关系初探》,《外国语》, 1996 年第 5 期。

目前我们发现"语言规划"第一次出现的地方。为什么要对语言进行规划？因为有毛病、有问题，我们才要改变它。为了改变它，于是先驱们出现了。这是很符合逻辑的。另外，我们也一再强调语言规划是面向未来的活动，所以这里的第三节就是"通向新秩序的语言规划"（Language Planning for a New Order）。这本 1944 年的书，在这样的语境下，第一次使用了"语言规划"这个词，而这里谈的语言规划与我们理解的语言规划基本上是一致的。

按照这本书的说法，语言规划是在 17 世纪后半叶开始的，先驱是苏格兰和英国的学者。为什么是这个时间点？这与社会变迁有关，那时的社会环境唤起了人们对于国际交流问题的兴趣。我们多次说过，人们对语言问题的改变意识大多是由社会问题引起的，没有大的社会变革的时候，很少有人会关心语言问题。这其中有一个原因，是 17 世纪后半叶拉丁语衰落了。在那之前，拉丁语扮演着欧洲文化人之间交流的共同语角色。后来，民族意识增强了，人们都转到民族语的使用上，拉丁语没什么人用了，成了一个死语言。相对而言，那时的拉丁语实际上是一种中立的语言，但人们也觉得不行，还是要用自己的民族语。都用民族语，不就又缺少共同语了吗？有的人这时候就开始想办法，时间大概在 1650 年左右。所以，语言规划最早出现就是为了解决语言交流问题，而且是跨国、跨语的交流。

The Loom of Language 是那个时代最畅销的语言学科普书，它的作者是博德默（Frederick Bodmer），编辑叫霍格本（Lancelot Hogben）。博德默写了这本书后，人们认为可能没有人比他更懂语言了。就在这个时候，麻省理工学院（MIT）上场了，这是今天语言学全球排名第一的院校。当时，MIT 的现代语言系实际上就是教外语的机构，相当于我们很多学校的大学外语教学部。但他们意识到，光教外语是不行的，还应该研究一下语言这个事情，于是就把博德默请来当教授。

那时博德默岁数已经不小，干几年后也就退休了。他退休以后，语言学的教授位置留下了，于是 MIT 找来博士毕业不久的乔姆斯基，随之语言学界掀起了"乔姆斯基革命"。从这个意义上来讲，语言规划为乔姆斯基创造了一个崭露头角的位置。这是不是也可以说，语言规划开启了人类历史上最重要的语言学发展时期？

博德默那本书的封面上，还有个叫霍格本的编辑，是职业的生物学家。他在与生物学同行交流的过程中发现需要一个国际语，但是现有的语言都不行，因为语法太复杂了。他认为，之前那些国际语都是欧洲人讲的或者是他们创造的，带有太明显的欧洲语言特征。他说最好的就是汉语，因为汉语没有语法——外国人和一些中国人都天真地认为汉语没有语法，是个意合语言。但是请问：全世界哪个语言不是意合语言？10 个词乱摆一气，能行吗？显然不能。所以，按照欧洲人的语言规律来看，汉语似乎没有语法，但其实只不过是没有形态变化而已。霍格本说汉语最好，没有形态变化，就几个虚词，加上语序就行了。考虑到生物学的各种科技语都是源自拉丁语和希腊语。于是他想，可不可以创造一个语言，从希腊语和拉丁语中提取词根，而语法就像汉语一样没有形态变化。

霍格本在 1943 年创造了一种语言，叫作"因特格罗沙语"（Interglossa），也就是"国际语"的意思，其中的 Glossa（语言）源于希腊语。但那个时候处于第二次世界大战期间，基本上没什么人主动来学习这种语言。可见，再好的东西，如果生不逢时，可能也会被历史遗忘。因特格罗沙语很快就被遗忘了。20 世纪 80 年代，两个英国人发现了因特格罗沙语，就重新把它拿出来，由于有些地方还需要修改，就把因特去掉了，称为格罗沙语（Glossa）。这个语言在 80 年代又重生了。注意，只要有人讲过的语言，哪怕人造语都可以复兴。据我所知，至少有几千人在学习格罗沙语。因此，一个濒危语言如果现在只有一个人讲，只要再找三五十个人来讲，那就算复活了。你们可能好奇我为什么知道这个事情？因为我也参与了。当时为了复活这个语言，他们就要找世界各地的人，通过不同语种的小册子来普及格罗沙语。他们找我来写汉语的版本，我答应了[①]。我当时很认真地做了这件事，发现它确实能够促使我们更好地理解汉语的结构。有时候，需要换一种眼光来看汉语，这样才能看得更清楚。

我们再来看博德默书里说的 17 世纪后半叶，语言规划的先驱们到底做了些什么事情，能够被称之为是先驱？这些人大部分都是哲学家，其中一个有代表性的是英国的威尔金斯（John Wilkins）。威尔金斯在 1668 年出了一本书 *An Essay towards a Real Character and a Philosophical Language*（图 7.3），实际上就是他自己发明的一套书写符号及知识分类体系。威尔金斯在英国的学术发展史上是非常重要的一个人，他也是英国皇家学会的奠基人之一。在这本书里，威尔金斯发明了一些符号，其中不少想法源于汉字。

本质上，威尔金斯的发明实际上是对人类知识体系的一个分类。他将整个世界划分为 40 个大类：GENERAL, RELATION MIXED, RELATION OF ACTION, DISCOURSE.... 在 40 个大类下，进一步又划分为子类和种。为了表示这些划分出来的概念，他发明了一种称之为 real character（真字）的表意符号。通过这样的方式，早在 17 世纪，世界就这样被分割了成了各种小的单位，然后用一个个符号来表示单位。他认为全世界的人都是这样看世界的，因此，当有一个小的符号可以确切地对应于一个小的概念上时，人们就可以表达得很清楚，也就没有模糊的东西了。威尔金斯把我们日常说的一些事情转化成这种符号语言。这种语言实际上是建立在那个时代人们对于世界的一种认

---

① Liu, H. (1993). *Glosa 1000–Chinese*. Richmond: Glosa Press.

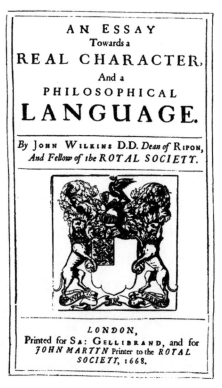

图 7.3　威尔金斯的普遍语言方案

识基础上的，也就是对概念进行各种细的划分，并用他自己发明的符号来表示每一个概念。

　　显然，这位哲学家发明的这种东西，包括逻辑符号以及今天我们仍然使用的符号，从形式上来讲不是一般意义上的语言。但是哲学家们认为，只有这样的做法才能更精确地表示概念。虽然威尔金斯的这一发明可能对我们后世的语言影响不大，但对其他方面的影响却是不小的。如果我们要在今天的学科领域中为威尔金斯找寻一席之地，那么他可以被誉为是"超文本之父""知识本体之父""知识图谱之父"，等等，他的知识分类体系中所勾画出的知识树正是今天"超文本"应用以及基于知识分类之上的研究的基础。但从语言的角度看，实践证明，这种方法不可行，因为它是"死"的。除此之外，在不同的时代，人们对整个世界的看法并不一样。想用这样的东西来完全解决问题，是不可能的。

威尔金斯不是唯一做这件事的人。有一个意大利哲学家叫艾柯（Umberto Eco），也是很有名的符号学家。曾经有人用这样一句话来评价艾柯：他在欧洲已经成为知识和教养的象征，许多家庭无论读懂还是读不懂，都会收藏他的作品。艾柯写了一本书叫作《寻找完美语言》①，原著是意大利语，现在大概有10多种语言的译本。这本书主要讲述人类在哲学领域和其他领域对完美语言的寻找历史。大致结论是这样的：完美语言的寻找，虽然没有达到原本的目的，因为世界上就没有完美的东西，没有最美，只有更美，但是这种寻找过程，对于人类知识的分类、比较语言学、形式语言、人工智能这些领域实际上是有推进作用的。也就是说，人类本来想寻找完美语言，虽然没找到，但由于完美语言的本质就是想把我们人类世界的知识更精确地表达出来，这一过程影响到了很多与知识有关的领域，当然也包括人工智能。艾柯认为，从语言交流的角度看，这种完美语言的寻找，还不如找一个更适合的国际计划语言的解决方案实在。如果要解决语言问题，国际计划语言可能要比完美语言更合适。当然，艾柯也提到威尔金斯的那本书非常重要。

现在问题来了，为什么艾柯这么有名的一个学者，会用这么多年的时间来研究完美语言（人造语言、计划语言）这种看似没用的东西？他自己在这本书的前言里说，1983年10月4日，他接受BBC的采访时，记者问了他一些关于符号学的问题，他回答，实际上英国早期也

---

① Eco, U. (1993). *La ricerca della lingua perfetta nella cultura europea*. Bari: Editori Laterza.

有符号学的著作，其中就提到了威尔金斯 1668 年的书，那是早期符号学的重要著作。采访结束后，艾柯离开演播室，发现旁边有个旧书店。他走进去，发现架子上就摆着一本 1668 年威尔金斯的书，于是就买了这本书。也正是因为这本书，艾柯开启了他的完美语言研究之旅。目前，《寻找完美语言》这本书已经成为计划语言研究领域的一本重要的参考著作。

我们之前讲语言规划的定义时提到过汤金，他曾经说，对计划语言历史及世界语的严肃研究已经成为语言史和知识史研究的一个必要成分。从历史看，自从有了人以来，世界上最聪明的一部分人，包括许多人类历史上最伟大的哲学家都曾经参与过计划语言的创制和研究，只是我们不知道或没有注意到这一点而已。与进入其他学术领域一样，若要进入一个领域，就要去看看这个领域的基本资料。就计划语言和国际语而言，就是有关人类有意识地发明一种语言的资料，哲学家的也好，理想主义的也好，不管他们是出于什么目的，了解这些资料都非常重要。我们做研究不能想当然，有时候一些争论其实在几百年前已经出现了。天底下就没有什么太新鲜的事情，尤其是只要动脑筋能想到的事情，你今天能想到，几百年前的人可能也都会想到。说句题外话，作为一个学文科的人，我们当然要掌握现代的方法，要研究数字人文，这没错，值得鼓励。但文科还有和理工科不太一样的东西，那就是应该训练和培养查找、整理和分析文献的能力。对于研习外语的人来说，应该要能够使用多种语言的外国文献，这样才能形成自己的区别性特征和竞争优势。

我们继续来看叶斯柏森，他被称作是全世界最懂英语的人，因为他写的七卷本英语语法至今无人超越（*A Modern English Grammar on Historical Principles*）。在国际语学领域，叶斯柏森也拥有一席之地。他一开始对世界语感兴趣，因为他觉得语言的事没有谁比语言学家更懂，语言学家也应该参与这个事情。但他觉得世界语需要做出改变，当然不只他一个人觉得世界语有问题，于是就有了升级版的世界语——伊多语（Ido，1907）。有人想改，就有人不想改，改革的人没有办法，就给自己的语言重新起了个名字，叫作伊多语（Ido），在世界语里就是后代的意思。叶斯柏森认为伊多语很好，便积极参与伊多语活动，成了一个积极分子。语言学家的理想之火是很难熄灭的，追求完美情结的想法时不时就会出来作怪一下。过了几年，叶斯柏森觉得伊多语也不行，也要改，但其他人不让他改。因为，慢慢地，很多人明白了一个道理，语言是不能老改的。于是他就开始单干了，在1928年的时候出了一本书，叫《国际语》（*An International Language*）。注意，这本书主要讲的是叶斯柏森自己创制的一种语言，叫Novial（诺维亚语）。

《国际语》这本书涉及几个与语言规划有关的点，值得在这里提一下。叶斯柏森认为，一个计划的国际语言是非常必要的，尽管此前有很多失败的案例，但仍然有必要继续，直到找到一个满意的解决办法。此外，要让科学和政治世界接受一种语言，那它必须要经过权威人士（语言学家）的判别。我们多次强调过，除了编词典和语法以外，语言规划的大多数事情是语言学家决定不了的，它是国家层面的公共政策规划，或者是资源规划，要考虑很多因素，语言学家实际上能做的事情很少。但语言学家总是过于相信自己的力量，叶斯柏森就是一个典型代表。他认为与语言有关的事，没有经过语言学家的检验是不行的。他也提出好的国际语应该对大多数人来说都比较合适，或者说对大多数人来讲都是简单易用的。注意，他所谓好的语言，不只是对读者而言的，对于写的人和听的人都要友好与容易。也就是说，制定或优化一个与语言有关的东西，要考虑对交际双方都好的方案才行。

但万事都是说起来容易，做起来难，叶斯柏森发明的诺维亚语似乎也不见得有多好，因为除了他自己，基本没有人用。我们前面讨论声望规划的时候，也说过声望这个东西在语言规划中可能有用，但实际上很难说任何时候都有用。要说叶斯柏森的声望，在他那个时代的语言学界，那也是数一数二的，不过还是没什么人使用他发明的语言。所以，语言的事情有时候不是那么简单，要考虑多因素，不是说一定要有一个有声望的人发起，那是其中一个因素，但很有可能不是最重要的因素。

当然，不只是哲学家和语言学家对国际语问题感兴趣，数学家同样也是如此，这里我们有必要提一下库图拉（Louis Couturat）。库图拉是一个数理逻辑学家，是研究莱布尼茨的专家，他和另外一位数学家还编过一本关于通用语历史的书，很有名。20 世纪初，在巴黎成立的国际语采纳委员会的主要任务就是要商讨决定国际组织采用什么语言作为工作语言的问题。当时的不少国际组织，包括国际联盟，就是联合国的前身，都慎重地考虑过采纳人造国际语的问题，他们最后的决定是现有的语言都差点劲。因为委员会中有不少科学家，科学家看任何语言都是不满意的，比如说数学家看任何语言都是有歧义的，尽管歧义和模糊是人类语言最本质的东西。没有了这个东西，可能也就不是人类的语言了。

库图拉当时是国际语采纳委员会的秘书。尽管大家对提议的语言都不满，但相比而言，感觉世界语还不错，于是决定采用世界语，但提出要做一些改动，原封不动的世界语是不行的。许多已经学习了世界语的人并不买他们的账，于是世界语内部就出现了分裂，产生了伊多语。伊多语结合了逻辑学家和数学家的一些想法，实际上就是库图拉的一些想法，所以看起来结构更清晰、更科学。当时大部分有学问的人都转到伊多语的阵营，包括叶斯柏森、奥斯瓦尔多[①]（Wilhelm Ostwald，1909 年诺贝尔化学奖得主）等。人们戏说，伊多语是没有士兵、全是将军的部队，而世界语则是没有将军、全是士兵的部队。这样我们也就不难理解，为什么在前面提到的 1946 年出版的《共同语言的选择》里，会谈到语言规划的逻辑问题。实际上，这里的逻辑就是创造人造语时的一些逻辑原则，说白了，就是数理逻辑学家库图拉有关语言结构的逻辑。

科学家对人造共同语的兴趣一直持续到 20 世纪中叶。1924 年，一些美国人成立了一个协会，叫作国际辅助语协会，打算彻底解决国际辅助语问题。该协会得到了范德比尔特家族的支持，当时世界上著名的语言学家几乎都参与了协会组织的各种活动。经过二十多年的研讨，协会达成了一个共识，即，国际语实际上已经存在了，人们要做的工作只需从现有的语言里把那些具有国际性的东西找出来。按照这个原则，1951 年，国际辅助语协会出版了一本词典（479 页）和一本语法书（118 页），推出了他们自己的语言方案"英特林瓜语"（Interlingua）。在这本含有 27,000 个词的词典封面上，有两句话，不仅体现了英特林瓜语的特点，也概括了该词典的价值：一是，为国际语研究者提供国际辅助语的标准词汇，这些词汇均源于西方文明者语言的共同特征；二是，为语言学家提供进行不同语言特征比较研究的标准，这对任何一种西方文明语言的教学都有极大的实用价值。

如果我们把上面这两句话里面出现最多的两个词语"标准"和"西方文明"联系在一起，便不难看出，在英特林瓜语创造者们的眼

[①] 在奥斯瓦尔多的自传中（Wilhelm Ostwald: *The Autobiography*. 2017），还有题为 "The World Language" 的专门章节讲述他与世界语、伊多语等国际计划语的故事。这本自传里面，反而没有提他在 1901 年拒掉爱因斯坦申请进入他实验室的事情。1915 年，奥斯瓦尔多自己也提出过一种简化德语的国际语方案（Weltdeutsch）。

里，西方文明就是普世文明的标准，因此，从西方语言中提取出来的共同词汇便是国际语。关于人类文明多样性的价值与意义，我们在这里不再赘述。就国际语词汇的选择而言，如果我们寻求的是现有西方语言中的共同词汇，那么，最终这些词汇的源头大多会指向拉丁语和古希腊语。这样一来，国际语又变成了简化的拉丁语，如果是这样，为什么由著名的数理逻辑学者皮亚诺（Giuseppe Peano）创制的"无屈折拉丁语"（Latino sine Flexione）没有成功呢？当然，这样做的好处是，有可能为医学、生物学等大量使用源于拉丁语词汇的领域，提供一种更便于交流的语言。事实也是如此，在英特林瓜语面世后的若干年里，美国的大部分医学杂志都带有英特林瓜语摘要。但在日常领域，英特林瓜语的影响要比世界语小得多。

我们在这里说这些是想说明，对于超越国家层面的语言规划，只有钱是搞不定的。一个国家内部、一个政体内部、一个机构内部，花钱下令都是有可能做到的，但超越国家的语言规划很难。一个人造语言方案，能不能成为国际语，或者能不能社会化，简单来说，就是有没有人用它，不在于创造者的学问是否比较高，也不在于创造者是否有钱。国际语的历史同样表明，全球语言治理或者超越国家层面的语言规划早就存在了，只不过当时不叫这个名字，但实际上解决的问题大致是一样的。这个学科就是国际语学，也有人叫作语际语言学。这个新术语和新领域，是叶斯柏森在 1931 年引入语言学的。今天一般认为，国际语学是语言学的一个分支，它从多种角度研究跨语交际问题，力图优化国际交流的语言；计划语言作为理论上的优选语言是国际语学的研究重点和核心。国际语学研究对于人类之所以重要，就在于它研究的是将一种纯属个人行为的语言创造活动转变为活生生的人类语言的全过程。帕纳切迪（Fabrizio Pennacchietti）是一位意大利语言学家，常年在大学教授国际语学的有关课程，他把国际语学定义为一种研究"人类有意识对于语言干预的学科"①。如果按照这个定义，国际语学差不多就等于是语言规划了。

说到这里，我们再回到语言规划的老问题，即为什么要对语言进行规划或者治理，也就是有意识地干预？因为我们不满意，一个是对语言本身作为一种交流工具的不满意，一个是对语言健康状况的不满意。出于对第一个问题的不满意，陶里把语言规划的目的设置为寻求易于使用的、有效交流的共同语。换言之，理想的语言也能使用最少的手段达到最大的结果，这与叶斯柏森理想国际语的指标大致差不多。但我们不能简单地把语言只看作是交流的工具，否则，有可能会导致语言其他功能的丧失，导致语言的健康问题，最后又会影响到它作为工具的性能。因此，语言问题，只考虑语言本身是不够的，语言之外的因素也十分重要。这就又得回到菲利普森和他的妻子斯库特纳布–坎加斯，他们夫妻二人在这方面做过一些研究。

斯库特纳布–坎加斯在题为《教育中的语言灭绝》的书中详细研究了语言多样性和语言权利、教育与语言灭绝的关系。我们知道，一个语言的使用领域如果非常受限，那么就很容易灭绝。在这本书里，有一段内容说到了国际语，从理性分析来看或从国际交流的角度来说，最好的国际语就是中立语，但是她没那么直说，而是说好的国际语应该满足几个条件：一是平等，二是文化和语言多样性，三是没有歧视，四是要民主，五是要高效。一个好的国际交流语言要满足这些指标才行，这是理性的思考。这样来看，英语没法全部满足，但世界语可以。菲利普森本人在谈到国际语与语言权利的关系时也认为，语言政策应遵循公平和人权原则，协调影响语言生态的各个因素，防范强势国际

---

① Pennacchietti, F. (2011). L'Interlinguistica nell'accademia italiana. *L'esperanto*, 88(4): 17–18.

性语言的侵入。

　　菲利普森夫妇追求的这些目标与理想，实际上也一直是世界语者100多年来努力的目标。一份阐释国际世界语协会"布拉格宣言"的文献，明确了世界语运动的任务与追求：语言交流的平等与民主，跨越民族和国家的教育，高效的语言教育和多语制，公平公正的语言权利，五彩斑斓的语言多样性，潜力无限的人类发展空间。显然，这也是一个公平、公正、合理、有效、安全的全球语言生态系统的努力目标。这些目标也恰恰是人们通过语言规划活动想要实现的。我们认为，要完全保证语言平等和语言权利，构建一个可靠稳定的国家语言交流生态，唯一的解决办法就是采用中立语言。但是语言权利，往往是人们最容易忽略的权利。1948年通过的《世界人权宣言》里根本就没有提及语言权，最早提及语言权的文献可能是柴门霍夫在1913年发表的《人类一元主义宣言》(*Deklaracio pri Homaranismo*)，宣言明确提出，只有中立语言，才能构建完全平等的人际交流场景。看到这里，可能又会有人嘲笑人类对于理想的追求，但有意思的是，人类对于理想的追求从未停止，直到今天仍在继续，相信在未来也会与人类共存。

第三节　计划语言的社会化及其对语言规划的意义

　　前面提到，计划语言是国际语学研究的重要内容之一，而计划语言的社会化则充分体现出人为有意识的干预对语言发展演化的影响，这与语言规划的本质有异曲同工之妙。因此，我们在这一小节将结合两种在历史上相对比较成功的计划语言，即沃拉普克语和世界语，来重点讨论计划语言的社会化问题。首先，我们得提及一下计划语言的数量。至今为止，有记载的人类创造的计划语言不少于1000种。在我们前面曾经提到过的那一本俄语书《国际辅助语》里，记录了公元

2 世纪到 1973 年的 917 种计划语言及其相关的数据。其中，公元 2 世纪到 15 世纪只有 12 种，公元 6 世纪只有 8 种，而 1876—1900 年间突然出现了 119 种。为什么在短短的 20 多年中出现了 100 多种计划语言，这可能是因为 19 世纪后半叶，技术缩短了人与人之间的距离，加之拉丁语退出国际语的历史舞台后，还没有继任者，社会对于国际语的需求大大增加了。但是这么多计划语言，并不一定都有人学，而且大部分都是见光死，有的直接就死在了创造者的抽屉里、桌子上。

我们不禁会问，为什么会有这么多人前赴后继地创造新语言，改革旧语言？这里有一个大的误区，也是让语言学家或搞技术的人走极端的原因之一。我们来说下西方语（Occidental）的例子。这也是一种计划语言，曾经有人学过，还创办过相应的杂志。1932 年的西方语杂志 *Cosmoglotta* 中有这么一句话：国际语的问题是一个语言技术问题，而不是政治问题，西方语必将胜利。这种自信来源于西方语的支持者，认为自己的语言从技术角度来说，超越了其他所有的语言，根本就没有不行的理由。也正是这种执念，导致很多人投入大量的人力物力，不断修正自己的语言，总觉得这样或那样会更好，但西方语直到现在也没几个人学习和使用。无论是语言规划的案例，还是计划语言的实践，都说明语言问题不是一个简单的技术问题，而是一个涉及各种复杂因素的社会问题。也就是说：你创造了一个语言，怎么样让人学？怎么让人持久地学？或者你改变了一个语言，怎么样让这些变化落实下去？这是非常重要的事情。而且，从学术的角度来讲更有意思，因为计划语言没有外力，这些发明者也没有国家的支持，不像语言规划大多有国家的支持。这也是我们在语言规划的书里讨论计划语言的主要原因，因为这样我们可以更好地探究人类有意识驱动语言演变的要素以及要素之间的关系。

针对上述 1000 来种计划语言，从社会化程度的角度可以分为很多类别。德国学者布兰克（Detlev Blanke）是从社会化的角度，探究计划语言问题的第一位学者。他把语言的社会化，也就是将人从发明一个语言到这种语言被广泛使用分成了 19 个阶段。走过第 1 到第 4 阶段的语言，只能叫计划语言方案，只是方案，没有社会化，半计划语言是走到了第 9 阶段的语言，而计划语言是要经过第 1 到第 19 阶段全过程。按照布兰克的研究，这 1000 种计划语言中的大多数[①]，在它的结构发表（1）后，就死了，活下来的接着开始发表某些文章（2），有时也出版一种小型的报刊之类的东西，内容大都是一些有关语言细节的讨论和用于宣传的信息；Foster 的 Ro（1906）就达到了这一阶段；接着，方案的作者们一般都在不同的国家找几个对方案感兴趣的人来学习和使用它，主要用于国际通信（3）；用这些办法，逐渐形成了一定数量的该语言方案的文献，这一般标志着社会化的开始；接下来的步骤还有：建立追随者的组织和进行更大规模的宣传普及活动（4）。如，W. Rosenberger 的 Idiom Neutal（1893）和 A. Alfandari 的 Neo（1937）达到了这一阶段；用该语言创作、翻译文学作品（5）；出版报刊（6）；发表一定数量的专业文献（7）。Peano 的无屈折拉丁语经历过这些发展过程；Ido，Occidental 和 Interlingua 也实现了一定范围内的教学活动（8）和国际的口头使用（9）。目前，只有 Ido 仍在小范围内存活着，Occidental、Interlingua 和 19 世纪末的 Volapük 则几乎完全不存在了；只有世界语（Esperanto）继续走着剩下的路程：在各专业领域中的进一步应用（专业出版物和组织）（10）；形成国内和国际性组织的网络（11）；大量文学作品的产生（12）；较大范围的教学活动（13）；定期举行各种大型的国际活动（14）；固定的播音节目（15）；在已经形成

---

① Blanke, D. (2018). *International Planned Languages: Essays on Interlinguistics and Esperantology*. New York: Mondial.

的语言社团和语言运用（16）中，具有清晰的社会和政治差别；具有相对独立的青年运动和组织（17）；与语言有关的独立的文化成分，在一定范围内得到了发展（18）；在家庭中出现儿童的双语现象（19）。这19个发展步骤当然是不完善的，甚至可能有某些值得商榷之处。但它说明，我们可以找出一种方法来研究计划语言的社会化过程，并按照这些指标，为每一种方案在一条从1到19的轴上找到它们的位置。计划语言的社会化进程也告诉我们，个人可以设计方案，但无法创造语言；人可以干预语言，并不等于能随意干预，语言规划要顺势而为。

那么，在这1000种计划语言中，哪种语言是人类历史上第一个真正走上社会化之路的语言呢？时间回到1880年。

1880年，在德国出现了一本书（见图7.4），书名叫作《沃拉普克》（*Volapük*，意为"世界语"）。这本书的封面上印着一句话："一个人类，一种语言"。作者施莱尔（Johann Martin Schleyer）是一位德国的

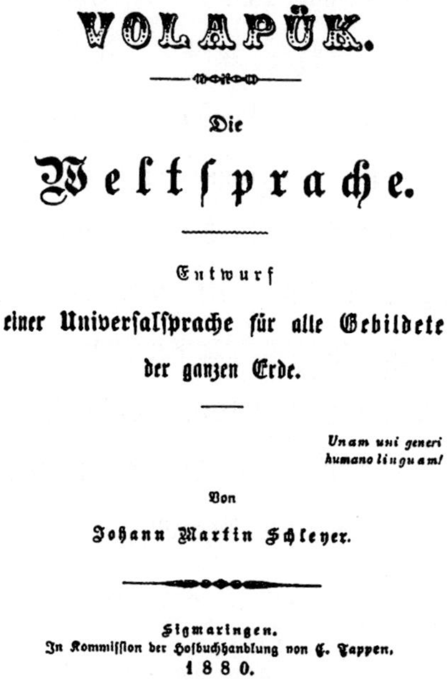

VOLAPÜK.

Die

Weltsprache.

Entwurf

einer Universalsprache für alle Gebildete
der ganzen Erde.

*Unam uni generi
humano linguam!*

Von

Johann Martin Schleyer.

Sigmaringen.
In Kommission der Hofbuchhandlung von C. Tappen,
1880.

图 7.4　沃拉普克的第一本书

天主教牧师，施莱尔在这本书的前言提到汽船、电报、电话、铁路这些发明，让整个世界的联系更加紧密，世界成为一个地球村了，我们也就更需要一个国际语。他发明的沃拉普克语很繁杂，类似于人造拉丁语，语法非常复杂，但比拉丁语要更规则一些。这里又牵涉到一个问题，那就是语言的简单、易用、易学和语言是否规则的关系。在一定程度上，规则的数量可能不是大问题，例外的问题更麻烦。我们学自然语言为什么觉得难呢？这可能是因为自然语言往往写着三条规则，但跟着好几页的例外情况，最后还要加上几个字"未完待续"。但是，从逻辑的角度看，沃拉普克语很规则，这或许也是它能在短时间内吸引一大批人的原因之一。

正赶上当时人们对国际共同语渴求，沃拉普克语在 1880 年公布以后，迅速在世界各地得到了积极响应，很多人都开始学习这种语言。尽管它比民族语还复杂，但人们认为它是世界语，不是你的母语，也不是我的母语，因此它对所有的人都是平等的。但也正是由于太复杂，大家都学得不怎么好。这门语言的使用者在 1884、1887 和 1889 年召开了三次世界沃拉普克语大会，但会上连创造者也不能完全流利地说这种语言。这就表明这个语言不好学。如同我们前面说的那样，任何社会化的语言，都避不开新词语的问题。因为再大的词典也满足不了不断发展的社会的需要，比如说"计算机"，词典里没有，那我们叫它什么呢？在沃拉普克语里面，任何一个新词的引入，都要得到创造者施莱尔的批准。那时候交通又不方便，还得到德国去汇报。语言发展的权利牢牢掌握在了创造者手里，这显然是有问题的，也不符合语言演化的规律。我们认为，这也是造成索绪尔等语言学家对人造语有偏见的原因之一。但对于了解沃拉普克语的人而言，这一点也不奇怪，因为在沃拉普克语第一本书的版权页，明确写着"版权所有，严禁翻印"。

尽管如此，到1889年时，沃拉普克语在全世界约有283个俱乐部，25种期刊，用25种语言撰写的316种教科书，学习者人数曾一度达到百万，其中也有中国学习者。据资料记载，在厦门、上海等地都有人学过沃拉普克语[①]。可见100多年前，人们对国际语的需求非常旺盛。因为，当时英语还没有那么流行，法语也还差点意思。这再次说明，社会需要是社会变革能不能成功的关键。但十年后，沃拉普克语就开始走下坡路了。探讨一下这个问题很有意思。除了上面说到的，把语言视为个人财产的问题，施莱尔还把学习沃拉普克语的人分为了19级，他自己是最高一级，像皇帝。你发明了一个语言，是为了方便大家交流的，你想让这个语言社会化，这都可以理解，但你不能通过语言来重构一个社会层级。计划语言社会化的重点应该是尽快让该语言按照人类语言的运作规律运转起来，而不是违反规律将人类社会的其他可能影响语言健康发展的东西引入到语言体系中。

　　沃拉普克语衰落以后，并不意味着马上就没人学没人用了。至少那些通过自己的努力，攀登到19级阶梯中相当位置的人，还是要坚持的。当时有100万人在学沃拉普克语，社会化了的语言，是很难消失的，这个也是我们要关注的。今天在维基百科里，沃拉普克语的条目数还是所有计划语言中比较多的，说明确实有一些人在做这件事情，也就是直到今天还有人在讲沃拉普克语。此外，伊多语、因特林瓜语、西方语，等等，到现在也都还有人使用。因此，语言会不会消亡和有没有人讲，不是人少人多的事情。比如，假设一种语言只在一个村里使用，这个村庄没了，可能语言也就没了。但如果它的使用者分散在世界各地，有一个内在的理想支撑着它的时候，它是很难消亡的。沃

---

①　参见傅永莹:《布列地〈华英万字典〉研究》，载王澧华、吴颖主编《近代海关洋员汉语教材研究》，广西师范大学出版社，2016，第217页。

拉普克语的例子就很好地说明了这一点，100 多年过去了，这种语言仍然还有使用者。

这里我再插一个跟沃拉普克语有关的故事。很多年前，我看过一个匈牙利人写的一本书，书名是《我是怎样学外语的》。这本书讲了作者学 16 种语言的经历。其中有个故事，我记得非常清楚，是说一批人在西伯利亚迷路了，怎么也出不来，突然看到一个坟墓，墓碑上面写了一些稀奇古怪的文字。这时有一个人，就跪在那个墓碑前哇哇乱叫，然后就在那磕头。大伙以为这人疯掉了。原来这个墓碑上的文字是用沃拉普克语写的，意思是告诉大家怎么走出这个大森林，那个人说她刚才其实是用沃拉普克语向教她沃拉普克语的人表示感谢。这个故事告诉我们，学点语言没有坏处，哪怕是沃拉普克语这样看似没用的语言，都有可能在关键时刻救我们的命。当然，对于我们研究语言规划的人来说，这个故事可能又会引出这样的问题：国际语的使用者那么少，为什么不容易消亡？反而使用者较少的自然语言却容易消亡呢？

沃拉普克语衰落了，但社会对于国际语的需求仍然旺盛。这时候，又一个计划语言登场了，甚至可以说，正是这个新语言敲响了沃拉普克语的丧钟。

1887 年 7 月 26 日，在华沙（当时还是沙皇俄国）一个印刷厂印出来一本 40 页的俄语小册子（如图 7.5 左所示）。作者叫 Esperanto，是个笔名，意思是希望者，怀有希望的人。书的名字叫《国际语》。注意，那本沃拉普克语的书名是《世界语》。《国际语》封面上写着，"一种语言要成为国际语仅这么叫它是不够的"。这句非常关键。也就是说你给孩子起名叫总统，他就是总统了吗？这显然是不行的。国际语也是如此，要行动才行。这本书在当年 7 月 26 日最先出版的是俄语版，接着在当年又出了波兰语版、德语版和法语版，全是作者自己写的。记得我拿到《第一书》的时间是 1986 年，我的一位波兰信友送我的波兰语版。为了看懂这本书，我在青海省图书馆借了一本波兰语-世界语的词典，硬是一字一句看完了这40页。这说明兴趣才是研究的最大推动力。这本书的版权页也很有意思，上面写着"国际语同所有民族语一样是社会的公共财富，作者永远放弃对它的一切个人权利"。也就是说，作者充分认识到，任何语言都不是个人财富，而是一种特殊的资源，即公共资源。如果它只属于创造者，那么注定成为不了人的语言，最后只会沦为创造者的玩具而已。

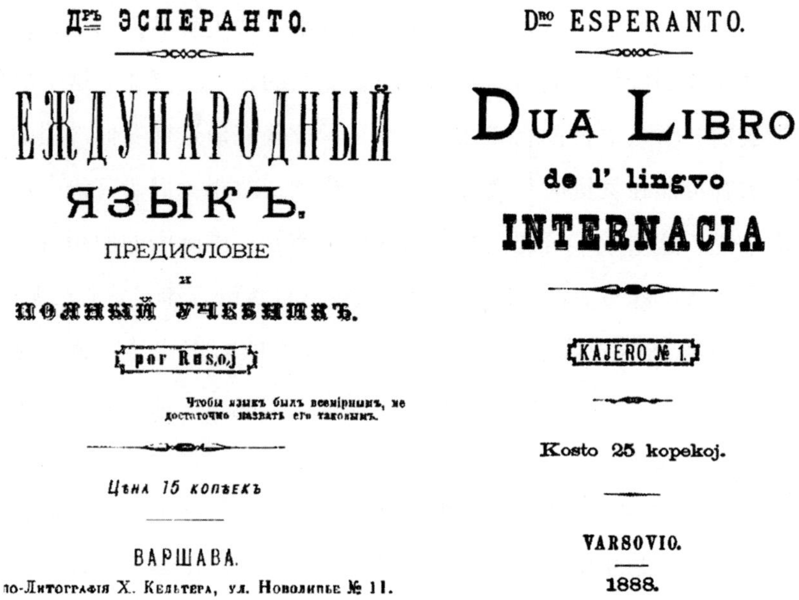

图7.5　世界语的《第一书》《第二书》

最开始的时候，人们把这种语言叫"Esperanto 的国际语"，这显然有些长，不符合齐普夫所说的语言省力原则，于是就变成了 Esperanto，Esperanto 原本是作者的名字，现在成了这种语言的名字。在中国，人们最早采用过音译的办法，把这种语言翻译成"爱斯不难读"，随后借用日语中的叫法"世界语"，并一直延续至今，但日本人后来又用假名"爱斯不难读"去了。语言创制后要怎么让人来学呢？谁会学一个全世界没人会的语言呢？作者"希望者"想了个以前没人用过的办法，他随书发了 8 份承诺书（小标签），请读者在这个小签上签名并承诺"如果这个世界上有 1000 万人学这种语言时，我也开始学。"他的意思是你们不要现在就学，因为学了也没有用，因为一种语言至少有两个人学才能有一点点用。他让大家签名，有 1000 万人都学的时候，你就学，这是从受众的角度来考虑。那这个承诺书，寄到哪儿去呢？他留了一个地址，这个地址暴露了作者的真名 L. Zamenhof（柴门霍夫）。

从 1889 年开始，柴门霍夫通过各种方式以地址录（Adresaro）的形式，先后出版了他收集到的承诺者的信息。截至 1908 年，这个地址录总共记录了 21,915 人的信息，距离目标 1000 万还很远。但幸福有时候来得很突然，在《第一书》出现不久后，有一个人敲开柴门霍夫家的门，开始用世界语跟他交流，于是人类历史上第一个世界语的对话由此展开。这个人叫格拉鲍夫斯基（Antoni Grabowski），他也成为世界语历史上的一个重要人物。这个人懂很多种语言，也学过沃拉普克、参加过沃拉普克大会，后来发现沃拉普克太难了，连创始人自己都说不好，所以他决定转学世界语，成了世界上第二个学世界语的人。当然，实际上可能不是第二个，因为柴门霍夫的家人早都学了，而且也有些人可能学了，只是我们不知道而已。格拉鲍夫斯基把普希金的《雪风吹》以及几本小说翻译成了世界语，第一批世界语文学作品很多都是他翻译的。1917 年 4 月 16 日，他在柴门霍夫的葬礼上说了这么一段话，

Kun kortuŝo mi rememorigas al mi, kiel, antaŭ tridek jaroj, mi la unuan fojon salutis nian Majstron en la lingvo internacia: tiam

okazis la unua interparolo Esperanta. Ĉu tiam mi povis antaŭsenti,
ke mi staros ĉe via ĉerko, por diri al vi, kara amiko, la lastan: adiaŭ!
en Esperanto! Adiaŭ!（带着激动的心情，我想起 30 年前，第一
次用国际语跟大师您打招呼的情景，那也是人类第一次用世界语
的对话，那时，我怎么也预料不到，有朝一日，我会站在您的棺
木旁边，用世界语，最后一次跟我亲爱的朋友您说：再见，永
别了！）

格拉鲍夫斯基的这段话，我每次看到，都会情不自禁地流泪。老
有人说，人造语不可能有感情，它就是一个工具。但是，我相信，如
果你学了世界语，看了这段话，只要你是一个有情感的人，你都会有
共鸣。因为社会化了的语言，就是人的语言，计划语言与自然语言相
比，只是缘起的方式不一样而已。

我们现在来看，为什么沃拉普克的社会化和世界语的社会化会有
不同的结果。表 7.1 比较了两种语言《第一书》的结构。沃拉普克的
《第一书》150 页，世界语的《第一书》42 页。沃拉普克教科书的结构
是按照一个正常语言的语言教科书来写的，但世界语的《第一书》不
是按照正常的方法来写的，而是先用约一半篇幅（17 页）来谈国际语
的重要性，语法减到极致（16 条，6 页），词典减到很薄（2 页）。这
说明什么呢？创造一个语言，为了便于推广，条条框框太多是不行的。
世界语《第一书》里的词典，包括了 917 个词，更精确地说是词根，
而且没有词性标记。这里大家可能会有一个疑惑，因为前面我们不止
一次说过，一个语言规划活动或一个计划语言的成功与否，语言结构
的优化或技术方面不是决定性的因素，但这一定不意味着，技术因素
无关紧要。在同等条件下，如果一种语言具有易学易用的特点，一般
胜出的可能性也就会大一些。换言之，语言规划者要从语言学习者、

使用者的角度考虑他们对语言做出的改变，这也就是我们此前说过的在语言规划活动中，应该要考虑受众的感受。

表 7.1　沃拉普克和世界语《第一书》的组成结构

沃拉普克	世界语	沃拉普克	世界语
前言（p. iii—iv）	准印时间，放弃作者权（p. 2）	需要背诵的句子（沃拉普克语，p.29—32）	导言（续）
	导言（p. 3—9）	德译沃拉普克的例子（p. 32—36）	3. 社会化约定（p. 13—30）
世界通用字母表（p. v—xi）	1. 主要目标（简单）（p. 9—11）	沃拉普克语诗歌（p.37—38）	8 张空白承诺单（p. 31—34）
目录（p. xii）	2. 主要目标（实用）（p. 11—19）	沃拉普克、法、英、德语法比较简表（p. 39—48）	教科书（16 条规则，p. 35—40）
字母表（p. 1—3）	语言样品（p. 19—23）共 6 段	词典：德语–沃拉普克，p.49—88；沃拉普克–德语 p.88—132；前后缀 p. 132—135；勘误 p.136—137	词典：两页折页（世界语–俄语）
语法（p. 3—29）		后记	

在世界语《第一书》的前言，柴门霍夫制定了这样的目标：语言应该简单，人们如同玩一样就能学会；学会它后，人们可以立即用它来和讲其他语言的人交流。我们来看看他的做法："我将语法简化到了难以置信的程度，为了便于记忆，它一方面应该反映现有活语言的精神，另一方面也不应该影响语言的清晰性、精确性和灵活性。人们可以在一个小时里，学会所有的语法规则。"（易学性的考虑）"我创造了构词的规则，通过这些规则可以大大削减人们应学习的词汇量。这不仅不会削弱语言的丰富性，而且由于可以从一个词产生出许多其他词，

这些词能表达思想的所有细节，所以语言比最丰富的自然语言都要丰富。"（易用性的考虑）规则少、词典小，加上无例外的语法，基本解决了易学性问题。但是，如何才能有效地解决易用的问题呢？下面是柴门霍夫的《第一书》前言中被引用最多的段落之一，

> "我将思想彻底分解为独立的词，即，在语言中没有各种语法形式的词，而有的只是不变的词。如果你看到用我的语言写成的作品，你会发现所有的词总是并且只是以一种形式出现，即它在词典中的形式。不同的语法形式，词间的相互关系等都是通过组合不变的词来表达的。例如，词'frat, in, o'实际上是由三个词组成的：frat（兄弟），in（女性），o（某种存在）。"

由此，我们可以得出 Esperanto 的结构具有这样一些特性：每一个成分都是平等的词；每一个成分在文本中都是不变的和独立的；每一个成分都有和其他成分不一样的意义和形式；每一个成分都可以依句法和语义的需要和其他成分结合。显然，这样的语言结构和一般的欧洲语言是不一样的。这更像是一种"密电码"式的东西。柴门霍夫自己相信这样的语言结构，可以让没学过语言的人也能理解用这种语言写成的东西，只要他手头有一本 40 页的小册子，或者只有那张印有 917 个词的纸也行！但用这 900 个词，能干什么呢？世界语发展了 100 多年，大家会有一个疑问，它是不是就只有 900 个词？当然不是。目前最权威的世界语词典（*Plena Ilustrita Vortaro de Esperanto*），词汇量相当于朗文词典或者牛津词典，它是用世界语解释世界语的一个词典，含有大约 5 万个词条，1265 页。

对于语言研究者来讲，世界语的使用者是如何在 100 多年间把一页的词典变成了一千多页，为什么要这么大？在这个过程中谁起了关键作用？对于普通的语言使用者来说，他们可能会追问：就用原来的

那 900 个词不行吗？如果 900 个够用，为什么还要费劲去多记几万个词？但现状是，有用 900 词的人，也有用几万个词的人。这说明，人造语言一旦走向社会，就会按照人类语言演化的规律发展。试想一下，如果当时柴门霍夫像施莱尔一样，把世界语的所有权紧紧抓在自己的手里，抓在他后代的手里，那这样的语言还能发展吗？词汇量从 900 多到 50,000，这其中该有多少有趣的故事呢？世界语是少有的先有书面语后有口语的语言，因此可能更便于跟踪新词语的产生与发展过程。我们作为语言研究者，如果对这么有意思的东西，都没有兴趣的话，那么还有什么能吸引我们呢？

吸取沃拉普克衰落的经验和教训，世界语作者有针对性地采取了一些措施，效果也比较明显。在世界语出现后，对沃拉普克语的种种不满，终于集中爆发了。结果就是，德国当时的沃拉普克大本营很多都转向了学习、使用世界语。今天世界上可能有十个人会说沃拉普克语，是个濒危语言，但作为第一个社会化的人造语言，沃拉普克语还是很有研究价值的。从语言结构的逻辑性、规则性来看，沃拉普克语比世界语有优势，但在语言的社会化过程中，结构本身的作用不是关键因素。既然提到语言结构，我也想顺便说下语言规划中的一个传统领域，即正字法或拼写法改革，这是采用拼音文字的语言存在的一个大问题。1788 年，德国学者 Johann Christoph Adelung 在著作中明确提出，书面语的拼写应该与口语发音保持相同的"言文一致"（Schreib wie du sprichst）原则，后来，这一原则几乎成了语言规划活动追求的普遍目标之一，例如，在我国，清人黄遵宪也曾说过"我手写我口，古岂能拘牵！"的名句。但是，由于影响民族语改革的因素较多，除塞尔维亚等少数语言之外，鲜有完全按照这一原则改革成功的民族语。柴门霍夫当然也注意到了民族语的这个弊病，于是在 16 条规则中的第一条就明确规定"词怎么写，就怎么读"（Ĉiu vorto estas legata, kiel ĝi estas skribita）。事实上，这条规则也是 40 年前吸引我学这种语言的原因之一，那时，我正被英语、法语中那些不发音的字母折磨得发狂。

现在回到世界语的社会化问题。40 页的小册子，除了前言以外，留给学习者的东西其实并不多，只有 16 条规则、2 页词典和 6 篇短短的样文。显然，任何人可能都难以只凭借这些东西掌握一种语言。在这里，我们也需要考虑计划语言与自然语言的一个差别，自然语言是先有口语，后有书面语，而计划语言则恰恰相反。一般而言，计划语言开始都是一个只有文本的语言，且学习这种语言的人分散在世界各地，但由于那时候当面交流也不方便，因此很难有口头交流。在这种情况下，学习者是如何习得这种语言的语法体系的呢？这显然是计划语言社会化过程中必须考虑的问题，不能因为规则少、词典小，就认为语言成功了。要想办法在学习者脑子里构造一个语言系统，只有这些显然是不够的。考虑到这些，柴门霍夫在 1888 年出了第二本书（*Dua libro*，图 7.5 右侧）。

与《第一书》不同的是，这本书是完全用世界语写的，除了前言后记外，书里面只有 20 篇世界语文章。柴门霍夫认为学习者应该重复学习这些文章，这样才能更好地掌握语言的规则，理解词汇的意义和用法。这种通过大量文本学习来获得语言知识的方法，有力、有效地推动了世界语的社会化。今天，基于深度学习的人工智能，其本质也是一样的，机器自动从大量文本中习得语言知识，效果要比过去人工提取规则，再输入到计算机里的做法，要管用得多。柴门霍夫这种基于文本的语言系统构拟策略，实际上采用了一种更自然的方式，这在过去是很少见的。通过大量的阅读来学习，这才是真正的自然学习法。《第二书》的这些文章对世界语语言体系的形成，起到了非常重要的作用。1894 年，柴门霍夫又出版了练习册（*Ekzercaro*），提供了 42 个练习，除 4 个有关读音方面的练习外，剩余 38 个都是文本。每个练习的结构都是一样的，先是文本，然后是生词和 5 种语言（法、英、德、俄、波兰）的解释。与《第一书》的词典不同，《第二书》的练习册给单词标注了词性。

文本或语言使用对于构建语言（义）系统的重要性，我们也可以从"天才人物的最完美范例"维特根斯坦的以下说法中体会到，他说："一个词的含义是它在语言中的用法"。这种说法也催生了现代语料库语言学中经常能看到的 Firth 的名言"You shall know a word by the company it keeps"（观其伴而知其义）。熟悉语料库的人都知道，现代语料库检索软件大多提供一种叫作 concordance（考得）的功能，用来查考一个词所处的上下文，研究者通过考察这些上下文可以更好地获得或掌握这个词语的意义或用法。在计算机出现之前，为了更好地理解经典文献的内容，人们也习惯用人工来构建重要文献的"考得"。联系起来看，柴门霍夫的练习册就是学习者构建世界语句法语义系统最早的源泉。练习册在世界语的社会化过程中如此重要，当然也就有了自己的"考得"[①]。

我们以世界语的"ankaŭ"（意思是"也"）来考察一下。Ankaŭ 在世界语里是个副词，常与动词一起出现，那么问题来了，它到底是出现在动词前面还是后面呢？这显然是学习者关心的一个问题，作为母语是汉语的世界语学习者，我自己在大多数情况下，都是把它放在动词前面的。但到底应该怎么用呢？放到动词后面行不行？显然，《第一书》的 16 条语法规则不可能有功夫回答这个问题。这时候"考得"就显得很重要，从练习册文本的使用来看，ankaŭ 既可以放在动词前面（mi ankaŭ tre amas iliajn，我也很爱他们的），也可以放在后面（ŝi estas ankaŭ babilema，她也爱说话）。这个简单的例子也说明，练习册

---

① Wackrill, A. E. (1907). *Konkordanco de Ekzercaro de dro L.L. Zamenhof*. Paris: Hachette.

在世界语的社会化初期发挥了重要作用。除了《第二书》和练习册以外，柴门霍夫也先后翻译了《圣经·旧约》《哈姆雷特》《安徒生的童话》以及果戈理、席勒等人的著作，为世界语的社会化提供了足够的参考范本。可见，你要倡导一个东西，先得有材料让别人来学习，这对语言学习或语言规划的过程是有借鉴价值的。

我们也对《第二书》和练习册里面的文本做过分析。比如，冠词是出现最多的词类；平均词长是 4.36 个字母；字母数 2、3、5 的词最多；最常出现的词有 kaj、al、de、en、ke、kiu、sur、el、ĉi、por、per、kiam、kun 等，大多为功能词，这与其他自然语言没有什么不同；合成词少、介词多是范文的词汇特点。从这些范文中提取出来的句子模式不但造就了语言的结构，也决定了语言发展的路向。语言是按照先驱们的范文社会化的，而不是严格按照《第一书》里的规则来发展的。

练习册在随后出版的《世界语基础》中占了 50 多页的篇幅，是有一定道理的。因为，在除了创造者没有其他人会这种语言的时候，就需要从大量的例子、大量的真实文本里习得语言，这个文本就是练习册。世界语的语言体系和句法体系，包括各种体系的形成，实际上是一种基于使用的语言能力获得方法，我把它叫作"自然学习法"。所谓自然学习法，简单点说就是通过大量的阅读去习得语言。世界语能在 1000 多种人造语言中脱颖而出，这种社会化的方法立了大功。换言之，世界语的这种社会化方法，由于更符合语言发展的规律，所以取得了一定的成功。柴门霍夫能采用这种方法，也与他吸取了前人的教训有关，尤其是沃拉普克语。世界语基于使用的特点不仅仅体现在练习册文本的习得，还表现在诸多方面：从词汇方面看，世界语是一种罗曼语族语言；而形态分析又显示，它是具有孤立语特点的黏着语；它的文体具有斯拉夫语族的风格；按照交际功能看，它是一种国际语、语际语、跨文化语言；从产生方式看，它又属于计划语言的范畴；在语言谱系树里，人们很难找到它的位置，因此它又是一种混合语。这其中，那浓浓的斯拉夫味道，实际上就是由于第一批世界语的使用者、作家、翻译家，大多都是斯拉夫人。从这个意义上讲，世界语算是基于语言使用构建语言的典范。

从新生事物传播的角度看，对世界语社会化早期进行更详尽的分析，不仅有助于我们对（计划）语言的社会化过程有更深入的了解，也有益于我们对自发的跨国语言交流社区形成机制的了解，进而加深对语言规划实施过程的认识。瓦伦金（Gaston Waringhien）认为世界语的摇篮本（inkunabloj）是 1889 年 9 月 1 日前，即第一本世界语刊物 *La Esperantisto*（《世界语者》）发刊前，出版的 29 本世界语出版物[①]。后来又有人将世界语的摇篮期延展到 1898 年，出版物的数量也增加到了 118 种。由于世界语是先有书面语，后有口语，因此，我们可以通过研究这些出版物以及同一时期的世界语刊物 *La Esperantisto*、*Lingvo Internacia*（《国际语》）、*L'Espérantiste*（《法国世界语者》）等在各国的传播，进而勾勒出在"第一次全球化"时期（1870—1914），人类是如何发挥主观能动性来应对国际交流问题的图景。下面，我们再回到百年前的"第一次全球化"时代。

1903 年，在已经有很多其他人用世界语撰写的文本的基础上，为继续增添世界语发展的动力，柴门霍夫出版了《基础文选》（*Fundamenta Krestomatio*）。这本书里包括了一些他认为写得好的范文，其中有一篇作者的名字叫 Unuel（乌努尔），乌努尔在世界语里的字面意思就是一个人，而且含有人类一员的味道。说这么多大家就明白了，也

---

① Waringhien, G. (1990). *1887 kaj la Sekvo…* Anteverpeno: Flandra Esperanto-Ligo. pp. 107–111.

不难猜到这个乌努尔实际上就是柴门霍夫本人，文章的标题为"国际语理想的本质与未来"。柴门霍夫在文章中说"不要怀疑国际语问题的解决，虽然难以预测这一天何时到来，一年，十年，一百年，也许几百年，但毋庸置疑的是，如果社会本身解决不了这个问题的话，总有一天各国政府将会坐下来一起选择一种语言作为国际语，这只是一个时间问题。"柴门霍夫说得没错，这是一个迟早要解决的问题。从本质上看，包括菲利普森他们提到的那些问题，都是讲的这个问题。无论是在后现代，还是在后现代之前或者现代，国际语的问题依然存在，而且只要人类还存在，这个问题就值得去解决。

1905 年，柴门霍夫把已有的练习册、词典和 16 条语法合成一本书，给书起了个名叫《世界语基础》（*Fundamento de Esperanto*），书中所有内容除了用世界语外，也用法、英、德、俄、波兰 5 种语言进行了解释①。《世界语基础》里有几个有意思的地方，也是有现实意义的。这本书包括了上面提到的练习册，前面我们说过练习册中的文本对于形成世界语语言系统的价值，现在来简单说说课文后面的生词，这些生词的表示是很有意思的。比如说 fari（做）这个词，后面是法语、英语、德语、俄语和波兰语中表示"做"的词，注意后面有个 i 就表示这是个动词，这一点是非常有意思的。在练习册文本后面的生词表里的世界语词是带有词尾标记的，但在同一本书的通用词典（*Universala Vortaro*）部分这些词性标识都不见了。也就是说没有表示词性的词尾了，没有 a、e、i、o 了。

对世界语言来说，任何一个词在句子中都有可能担当某一种功能，所要做的只是去改变词尾就行。我觉得这点非常有趣，也值得去研究。因为在很多语言里，词的功能，比如是名词还是动词，往往不

---

① https://www.akademio-de-esperanto.org/fundamento/index.html.

太容易看出来。但在世界语里，在句中做名词性的成分时，就加个 o，做形容词就加个 a，等等。柴门霍夫认为，在语义允许的前提下，你可以随便变换句子中词的词性，只要按照句法功能来标识就行。对今天的词类研究来说，世界语是一个很好的样本。所以，《世界语基础》里的练习册对于我们研究与语言学相关的东西，非常重要，也非常有趣。自然语言里没有一个样本，可以随心所欲地随着意思的不同，变成另外一类词。但在世界语里，加个动词词尾、加个名词词尾或加个形容词词尾，就是不一样的功能。但它的本意基本上是差不多的。因此，世界语研究对我们有许多现实意义。

另外，柴门霍夫在《世界语基础》的前言里说了这么几句话，奠定了语言发展的基调。第一点，这本书起着世界语发展统一的纲领性作用。为了世界语的统一，每一个世界语者都应当好好了解、熟悉这本书。第二点，世界语的基础永远都是不可触动、不能改变的。但这里就有一个问题，如果不能改变，就可能成了"死语言"，而语言只有在使用的时候才是"活"的[①]。前两点都是在说有一个共同的基础很重要，每一个人都要遵守。第三点，如果需要改变，得有一个权威的机构来做决定。因为大部分情况下，在语言的使用和发展过程中，现有的东西可能满足不了需要，这就要有一个权威机构来决定如何引入《世界语基础》里没有的内容，不能改变"基础"，但可以在基础上扩展。比如说盖一栋楼，基础是不能动的，动的话，楼就塌了，但可以把楼盖得高一点。我们认为，这三个世界语发展的原则，实际上也可以看作是语言规划的基本原则。语言的使用没有办法强制，但可以推荐或附加新的东西，保证语言的传承要有连续性。这么重要的事，仅

---

① 这一点，维特根斯坦说得特别到位："符号自身似乎是死的。是什么给了它生命？它在使用中有了生命。它在使用中注入了生命的气息？抑或使用就是它的生命？"（《哲学研究》，2001：197）

有本书是不够的，需要大家聚在一起商议一下，发个宣言什么的。

于是，1905 年 8 月 5 日至 13 日，在法国的一个小城市布伦召开了第一次世界语大会，有来自 20 多个国家的六七百个人参加。如果有机会大家看一下这个历史，确实是很感人的。几百个人从世界各地来，第一次用一种从来没有说过的语言交流。然后一见面大家都很陌生，说话结结巴巴，但是几天以后，大家基本上可以流利地用这种语言进行日常交流。会上讨论的一些事情对于保持世界语的稳定和不分化具有重要意义，实际上对于语言规划和语言发展也是有意义的。因为世界语不是任何一个人的母语，而且使用者又不住在一个地方，如何保持语言不分化显然是一个问题。当人少的时候，有个人去敲柴门霍夫家的门，俩人聊一会儿，这没有问题；但人多了，并且分散在世界各地了，怎么能不分化呢？作为国际语，一个没有领土的语言，最要解决的问题就是如何防止语言分化，而作为一个计划语言，还要防止语言分裂以及被改得面目全非的问题。这也正是召开这次大会的意义所在。

在大会上，通过了《世界语主义宣言》(Deklaracio pri Esperantismo)，如果我们还记得 Esperanto 的本意是"希望者"的话，那这个宣言实际上可以看作一些对这个世界怀有希望的一群人对未来的憧憬。"宣言"第四条是这样说的：世界语没有立法者，也与某个特定的人无关。世界语创造者的意见和著作，如同其他世界语者的意见和著作一样，绝对只有个人的特质，对任何人没有强制性。所有世界语者唯一应遵守的，就是《世界语基础》。没有人有权修改这本书。如果有人偏离了书里的规则和用法，他不得以"这可能是世界语作者的意愿"的说法为自己开脱。对于无法用《世界语基础》中的材料恰当表达的思想，如同在别的语言中一样，每位世界语者均有权按照他认为最正确的方式去表达。然而，为了语言的统一，建议所有世界语者尽可能模仿世界语创造者著作中的文体，因为，他是为世界语付出最多、使用世界语最多和最了解世界语精神的人。

"宣言"第四条确定了《世界语基础》在世界语运动中不可动摇的地位，也明确了柴门霍夫与语言发展的关系。但社会是变化的，人是社会的动物，语言的动物，这就要求语言应能适应社会的变化。如果语言的变化是必然的，那就要有办法来应对由于变化而导致的分化问题。于是，按照柴门霍夫在《世界语基础》中的建议，在这次会上成立了一个语言委员会，选出了当时世界语运动里比较有名、对语言的精髓也掌握得比较好的人担任委员。语言委员会的运作仿照法兰西学院的模式运行。1948 年，语言委员会改称为"世界语学院"（Akademio de Esperanto），院士人数最多不得超过 45 人，主要任务是维护和保护世界语语言的基础原则并监督其发展。45 个院士的选举流程大致是这样的，每三年有一个选举年，如果 45 个位置有空位，就有人可能会当选院士。候选人要有 5 个现任院士推荐，而且这 5 个推荐人的母语不能一样，至少要属于 3 种不同的语言。当有人提名你了，秘书就会来找你，问你愿意不愿意参加下一轮的选举。你如果说愿意，那么要签署一个承诺，承诺遵守《世界语基础》，因为学院不可能引进反对《世界语基础》的人。你签署了承诺书，院士们就会投票，最终按照得票数量和当年空出来的位置，来决定候选人能否当选以及任期时间。专门有一本书讲述了从 1905 年开始到现在，学院的院士们做过的一些事情①。这实际上是一个计划语言被语言机构（或权威人士）规划的历史，对语言规划的研究也很有意义，感兴趣的同学可以找来看看。

这些院士，在和平时期最重要的任务就是解决术语问题，这里说的和平时期是指没有其他计划语言方案来与世界语竞争，遇到严峻的

---

① Minnaja, C. (2018). *Historio de la Akademio de Esperanto*. Milano: IEF.

挑战时，一般需要院士们发出权威的声音，以维护世界语的健康发展。在语言系统的正常运行中，术语问题很重要，这个我们前面讲过。《世界语基础》第 15 条规定，处理外来语时把它转写成符合世界语的拼写就可以。但实际上，没有这么简单，我们先来看一个计算机进入世界语的例子。计算机出现，特别是 80 年代开始普及以后，人们就在想要用什么词表达它最合适。当然，像民族语一样，一个新生事物出现之初，会有不少词语来争名夺利，社会化了的世界语也是如此。世界语里面有一个表示计算的词根 komputi，也有一个表示工具的词尾 -il-，一般的使用者自然会将这二者组合在一起形成 komputilo（字面意思是"计算工具"）来称呼计算机。然而，也有不少人，特别是有学问的人，对这个词不满意，感觉它有些一般，没有反映出计算机的先进性与独特性。为此，有人建议直接从英语借用 komputero，也有人提议引入一个新的词尾 -or- 来表示电子设备，这样就有了 komputoro。于是，在一段时间里面，说到计算机时，就会出现三足鼎立的情况。有关这三个术语在世界语中的发展，有一个匈牙利人写过一篇长文，是我看到过的、有关某个术语在一种语言中的演变的最好的文章之一[①]。时至今日，-ero 和 -oro 都不再有人用了，而最初普通的 komputilo 逐渐成了高大上的计算机的唯一名称。这种故事不只会发生在人造语的世界，我们想想汉语世界对新冠的命名历程，也是这样。同样，新冠在世界语里面该怎么叫，也引起了院士们的关注。

从 2020 年初开始，这世界每天都在说新冠这个事。你要说这个事，就得给它起个合适的名字。于是，起名这个问题几乎在每一种语言中都成了一个问题。尽管世界卫生组织给它起了个大名，叫

---

① Golden, B. (1987). Terminologiakaoso: komputilo, komputero, komputoro. *Centjara Esperanto*. Chapeco-SC: Fonto. pp. 105–142.

"Covid-19"，但在日常使用中，这个名字太学术，用的人并不多。比如在中文里，我们日常用的最多的是"新冠"，而不是什么"康维药酒"（Covid-19 的谐音）。世界语作为一种活语言，当然，也会存在这个问题。这个病毒的拉丁语名叫"coronavirus"，其中的"corona"是"（花）冠"的意思，直译就是"冠状病毒"。那么，在世界语里该怎么说呢？《世界语基础》的第 15 条讲的就是怎么从其他语言借一个词到世界语来的规则，规则很简单，只要把源语言中的词转化成符合世界语的拼写办法即可。在这种情况下，也就是把"c"转变为"k"就行了，于是就有了"koronaviruso"的说法。事实上，这也是世界语医学协会建议使用的形式。

从表面来看，要解决这个问题似乎很简单，但在实际使用中又出现了其他问题。因为"korona"在世界语里没有"冠"的意思，有"冠"义的词是"krona"。而且，语言使用者似乎对这个"冠"很在意，于是开始使用"kronaviruso"。这样就有两种形式摆在使用者的面前，院士们开始讨论到底带不带这个"冠"字，还争论得很厉害，但始终定不下来，因为两种形式都有道理。由于总有世界语者来问到底该用哪一种形式，世界语学院在 2020 年 2 月 10 日推荐使用"koronaviruso"或"kronaviruso"来称呼这种病毒，并声称学院本身对这两种形式没有偏好。在这个过程中，大众媒体的使用很关键，起到了推波助澜的作用，例如，中国国际广播电台的世界语新闻，多次使用"kronaviruso"；世界语时事月刊 *Monato* 的编辑部也将"kronaviruso"作为推荐使用的形式。就目前来看，"kronaviruso"似乎在一般的使用者中多一些，而少数院士或专业人士仍在使用"koronaviruso"。类似问题在民族语言里也有，但计划语言的特殊性，使得我们可以更好地追踪或发现问题及其解决方法。无论是"计算机"，还是"新冠"，这种术语的争论，其实反映了语言词汇演化的两个路向，一种是充分挖掘语言本身的构词能力，尽量不引进新词；另一种是遇到新鲜事，就搞个新词，既简单又方便，但就是使用者要多记点东西。

说到这里，我讲一个世界语学院的院士们在讨论这个新冠术语时的小故事。院士里面，有两个意大利人，其中一个叫卡罗（Carlo）。他是个从小就说世界语的人，是个数学教授。当时意大利的新冠疫情很严重，他有一次在邮件中写到说，总理让我们没必要的话，在4月3日之前不要出门，除非要去药店或者买吃的。世界语活动（讲座）不属于必须要出门的范畴，所以就不能出去，尽管参与世界语活动的人很容易保持一米的安全距离，因为参与者非常少。这当然是在开玩笑。但在这里他用了一个词挺有意思，poka。这个词在一般的世界语词典里是查不到的，它表示"少"的意思。在世界语里"少"一般是在"多"（multa）前加上 mal-，构成一个词 malmulta 来表示"少"。卡罗从小就说世界语，是一个 denaskulo（母语者），他可能已经习惯了用 poka。当然，卡罗自己也可能意识到了这个问题，还在 poka 这个词后面加了个括号，括号里面写了这么一句话"rezistu, Renato, ne falu el la seĝo!"（挺住，雷纳托，别从椅子上掉下来！）

这位雷纳托（Renato）也是一个意大利人，是一个语言学家，曾当过国际世界语协会的主席，2004年北京召开国际世界语大会的时候，还给我带来过一箱子的语言规划书刊，其中包括好几十本 LPLP 杂志，后来我的博士生李雯雯和我根据这些资料写过一篇语言规划学科发展的文章[①]。与卡罗不一样的是，雷纳托认为好的世界语应该是结构简单的世界语，就词汇层面而言，应该充分挖掘世界语自身的构词能力，不要动不动就引入新词，否则，世界语将丧失原有的特点。为了倡导

---

① Li, W., & Liu, H. (2013). Language Problems and Language Planning: A corpus-based historical investigation. *Language Problems and Language Planning*, 37(2), 151–177.

这一理念，雷纳托还和他的夫人创办了一个域名就叫"好语言"的网站 http://bonalingvo.net/。他夫人是一位英国人，用世界语创作了不少文学作品，他们的孩子也都是从生下来就讲世界语的 denaskuloj。说到这里，大伙一定能明白卡罗 cue 雷纳托的缘由了。收到卡罗的邮件，雷纳托差不多在第一时间就回复了邮件，他说，我已经掉下来并重新站起来了，但如果你老用这种词的话，病毒肯定会绕着你走的，因为它们也怕这些词啊。

这两位世界语院士之间围绕新词语的小故事，再次说明，在语言的发展过程中，当我们要表达一个新的概念新词时，是有理据地创造一个新词，还是直接采用音译的办法从其他语言中引进一个词，这实际上是一个争论已久的问题。术语问题几乎存在于所有活的语言之中，世界语也不例外。说起术语，我们不妨介绍下现代术语学的奠基人欧根·维斯特（Eugen Wüster），因为他与世界语也有关联。维斯特十五岁就学了世界语，二十岁左右写过一本世界语–德语百科词典。这本书的前言是德语和世界语双语对照的，在这个 66 页的前言中，他不仅首次引入"世界语学"（Esperantologio）、"计划语言"（planlingvo）等术语，而且也讨论了世界语学的一般原则，认为任何人在研究语言演化或者研究语言的时候，都应该回答两个问题：第一，人应该有意识地影响语言的发展和演化吗？第二，人可以影响语言的发展或者演化吗？这两个问题实际上也是语言规划的基本问题。维斯特对此的回答是，人应该并且能够影响语言的发展和演化。鲜活的语言使用是语言演化过程中具有最高权力的立法者（*La plej alta leĝodonanto, kiel en ĉiu lingvo, estos la vivanta lingvouzo*），即语言演化过程中最重要的、起决定性作用的就是语言的使用。

基于上述观点，维斯特提出来研究世界语的一些原则，人可以影响语言，但是要有一些原则。这些原则实际上就是我们一再强调过的：

语言可不可以规划？可以；有没有必要规划？有必要；但是这个规划，应该符合语言规律。也就是说，语言是一个人驱复杂适应系统，没有人就没有语言，脱离人的东西不叫语言。维斯特认为，像世界语这样的国际语，应该注意到语言的稳定性和一些保守的特质。语言能做出改变，但是要保持稳定，这个是非常重要的。维斯特尤其强调在专业语言领域，人的有意识影响更为必要。基于编写这本至今都没有出全的百科辞典和其他世界语实践所积累的经验与知识，维斯特写了一篇博士论文，并于 1931 年通过答辩，内容是关于技术领域国际语言标准化的①。这本书被公认为现代术语学的奠基著作，全书三分之一的篇幅是在讲述计划语言问题以及计划语言与民族语的关系问题。维斯特在书中采用世界语中的词尾标记 a、e、i、o 来作为标识形容词、副词、动词和名词的语言学符号。我们可能不能断言，如果维斯特没有世界语背景，就不会有术语学的诞生，但计划语言对维斯特学术思想的形成有很大影响，这一说法应该不会有太大问题。

说到这里，可能有必要提下另一位将计划语言和术语标准化结合得很好的学者，来自苏联的德雷仁（Ernest Drezen）。与维斯特一样，德雷仁也在少年时期就掌握了世界语，并且写了许多有关计划语言和世界语学的著作，他 1931 年的著作《世界共通语史》（*Historio de la Mondolingvo*），直到今天仍然是本领域最重要的参考文献之一。维斯特的博士论文出版后，德雷仁将其翻译为俄语，引起了全苏标准化委员会对术语标准化工作的重视。1934 年，作为新成立的全苏标准化委员会术语分委会的负责人，德雷仁起草了一份有关术语标准化的报告，此报告经科学院通过后，于 1934 年提交给 ISA（国际标准化组织）大

---

① Wüster, E. (1931). *Internationale Sprachnormung in der Technik, besonders in der Elektrotechnik*. Berlin: VDI Verlag.

会，这一报告直接推动了 ISA/TC37（术语标准化委员会）的建立。世界语对语言学的影响，当然不仅限于术语领域。现代依存语法理论的奠基人法国语言学家泰尼埃，也认为"世界语或多或少是欧洲语言的平均数"，因此他选择使用 a、e、i、o 这些词尾标记，构拟他的结构句法（今天也称为依存句法）的基本架构 ①。这或许是巧合，但也可能说明了世界语语法的结构反映了人类语言的某些普遍特征。

然而，我们不要被维斯特、德雷仁和泰尼埃所迷惑了，以为大多数语言学家对世界语都是友好的，客观的。事实上，刚好相反。直到今天，主流语言学对于计划语言问题大多持排斥的态度。世界语诞生的那个时代，正是"青年语法学派"盛行的时期，人们热衷于通过音变来探寻或构拟自然语言之间的亲缘关系，人造语自然不会引起语言学家的兴趣，即使有兴趣也是批判这种大逆不道的、不伦不类人造物的兴趣。柴门霍夫一定感受到了语言学界对世界语的不友好态度，因此，他在 1906 年 7 月给 Javal 的一封信中写到，"*Konsiliĝu neniam kun lingvistoj, konsiliĝu nur kun personoj, kiuj havas filologian senton kaj havis multe da praktiko en Esperanto*"，大意就是说，有事千万别去咨询什么语言学家，只问那些有语感并富有世界语实践的人。当然，语言学家和科学家也没有辜负柴门霍夫的"厚望"，次年，我们前面提到的库图拉等人就捣鼓出来个小崽子"伊多语"，想取代世界语。这一年，已不再是青年的"青年语法学派"的代表性人物布鲁格曼（Karl Brugmann）和莱斯琴（August Leskien），两人一起出版了题为《人造世界语批判》（*Zur Kritik der künstlichenWeltsprachen*）的小册子，对人造语的理念和世界语进行全面的批判。尽管，莱斯琴的学生库尔德内（Baudouin de Courtenay）随即发表了几十页的文章来反驳他们的

---

① 可参看《依存语法的理论与实践》（科学出版社，2009）第 123 页的相关内容。

观点，但其影响毕竟不如布、莱二人。值得一提的是，库尔德内这篇文章中有一段话，可算是语言学家对语言规划活动最早的理论支持："语言不是一个封闭的有机体，也不是不可触及的偶像，语言是工具和活动。人不仅有权利，而且这是他的社会责任，根据使用目的和需要改善自己的工具，甚至用其他更好的工具替换现有的工具。"①

当然，同时代的德语区语言学家里面，也不是没有世界语的支持者，其中最有名的要算舒哈特（Hugo Schuchardt）。他被后人称为克里奥尔语学的奠基人，早在1888年就撰文支持人造国际辅助语的想法，并明确指出，人造语与自然语言中均含有人造成分，二者在这方面只是程度上的区别。大家还记得我们此前在讲到克里奥尔语时说的话吗？在主流语言学家的眼里，计划语言和克里奥尔语等语言都难登大雅之堂，尽管它们可能更好地反映了语言演化中的某些事实。

从效果上来说，索绪尔论述有关世界语的说法可能影响更大，他是布鲁格曼和莱斯琴的学生。一般认为，索绪尔对他在莱比锡大学跟布鲁格曼和莱斯琴等人学习的那些东西是持批判态度的。但在对待人造语问题上，索绪尔与布鲁格曼、莱斯琴的观点大致相同，尽管也有些人认为索绪尔对世界语的态度没有他的老师们严厉，他至少认为世界语还是可以像自然语言那样被语言学家研究的。索绪尔在《普通语言学教程》中提到世界语时说，"人造语只要还没有流行开，创制者还能把它控制在手里；但是一旦它要完成它的使命，成为每个人的东西，那就没法控制了。世界语就是一种这样的尝试；假如它获得成功，它能逃避这种注定的规律吗？过了头一段时期，这种语言很可能进入它的符号的生命，按照一些与经过深思熟虑创制出来的规律毫无共同之

---

① 博杜恩·德·库尔德内:《普通语言学论文选集（下）》，杨衍春译，广西师范大学出版社，2012，第390页。

处的规律流传下去，再也拉不回来。想要制成一种不变的语言，让后代照原样接受过去的人，好像孵鸭蛋的母鸡一样：他所创制的语言，不管他愿意不愿意，终将被那席卷一切语言的潮流冲走。"[①]

看到这里，你可能会奇怪，哪位人造语的创造者想创造一个不变的语言？有谁想控制语言的发展？为什么人造语的创制规律就一定会和语言演化规律毫无共同之处？变化就一定会朝分化的方向变？索绪尔之所以这么说，是他坚信，"它（语言）是言语活动的社会部分，个人以外的东西；个人独自不能创造语言，也不能改变语言；它只凭社会的成员间通过的一种契约而存在"。这一点，世界语的发起人柴门霍夫在 1887 年的那本小册子的版权页说得也很清楚，世界语本身与民族语一样是社会的财富。世界语 100 多年的历史证明，人造语也可以与时俱进地活着，只要它不违反人类语言发展的规律。社会化了的计划语言只是一种具有明确诞生日期的人类语言，是一种比一般的民族语言含有更多人造成分的语言。我们知道，柴门霍夫在一开始就放弃了对语言的特权，世界语已经成为全世界人民共有的东西，索绪尔怎么老拿它举例呢？索绪尔刚说的这段话，用到沃拉普克语身上，倒是很合适。尽管在 1916 年的《普通语言学教程》里，索绪尔没有提及沃拉普克语，但 1891 年 11 月，在日内瓦大学的一次讲座中，他说道："人们见到天空既有群星中骤然出现的新的星辰，也看到过新大陆一天突然显露在大海上，却不曾听说前一天不被言说的语言，或不以同种形式言说的语言，突然出现。你们会以 Volapük 语言为例。我就要谈这一点。Volapük 语和其他［人工］语言恰是绝好的例子，让我们意识到语言不可突然诞生，意识到所存在的语言传播的因素。保证语言传

[①] 费尔迪南·德·索绪尔：《普通语言学教程》，高名凯译，商务印书馆，1980，第114页。

播的因素有两个：一、语言没有任何首创性，因为每个民族都满足于自己的母语；二、即使有首创发生，那也是在一整套非同一般的情况下实现，尤其是文字的使用。这种首创会遭到民众的不可遏制的抵抗，他们不能放弃熟悉的母语。Volapük 语并没有声言取代任何既存语言，尽管显示了有利条件，却没能在世界上流行开来。"[①]

请注意，这个时间点，正是沃拉普克语在历经十年繁荣之后开始衰落的时间。通过索绪尔的这两段话，我们也可以看到为什么此前我们说世界语是人类历史上最大的语言学实验的原因。因为，如果语言学是科学，那么很多假设只能通过实验来验证，而语言演化研究与语言认知研究的最大不同在于，前者是需要通过长时间的社会实践来验证的。因此，世界语对语言演化和语言规划研究而言，具有特殊意义。按理说，索绪尔不应该犯这个张冠李戴的错误，因为他的弟弟是世界语学的创始人之一，对世界语了解很深。1906 年，第二届国际世界语协会大会在日内瓦召开时，想邀请索绪尔参加。但那时研究语言学的人都想避开人造语，所以索绪尔没有参加这次大会，让他弟弟雷诺（René de Saussure）去了，他弟弟去了以后就对世界语产生了浓厚的兴趣。后来雷诺想改世界语，但大家不同意，于是带着一颗改革的心离开了世界语，自己又搞了好几个升级版方案（Antido I、Antido II、Lingvo Kosmopolita、Esperantido、Nov-Esperanto），但大多都停留在纸上。值得一提的是，雷诺还发明了一种世界语者使用的辅助货币单位（Spesmilo）。

有趣的是，索绪尔在他自己的第三轮"普通语言学"课里面（1910—1911），对世界语又有了新的认识："世界语，'这门人工语言

---

① 费尔迪南·德·索绪尔：《普通语言学手稿》，于秀英译，商务印书馆，2020 年，第146—147 页。

的尝试看来获得了成功，'当它成为社会之物的时候，也将遵守这注定的规律吗？那些使用世界语的人，不是密集的大众，而是分散的人群，完全意识到自己所做的事情，他们不是把这门语言当作自然语言来学习的。"[①] 其实，如果我们在考察语言这个符号系统时，没有忘记这个系统的驱动力是人，那些事也就不难理解了。索绪尔认为，任意性是语言的两大特点之一，那这个任意性是谁的"任意"造成的呢？换句话说，任意性实际上就是人造性的一种体现。

事实上，世界语的社会化过程还涉及一个评估问题，这对语言规划也有直接的现实意义。我们不止一次说过，规划语言，一般是有问题才规划。那么，为什么会有问题？怎么评估到底是不是有问题？说一个方案好的理由是什么？为什么这个方案会比别的好？由谁来规划？这些都是应该要考虑的。从刚讲过的世界语里"冠状病毒"和"计算机"命名的例子，我们可以看出在语言规划的活动中，顺势而为的重要性。换言之，语言规划，不是不可为，而是要顺势而为。有个法国人的博士论文专门研究了在世界语的演化过程中[②]，自由或者权威因素起到的作用，具体来说，就是柴门霍夫创造了世界语以后，在语言发展的各个阶段里，是研究院或者权威人士在起作用，还是使用者在起作用？文章的结论是，语言演化是一种自发的、无意识的和持续的现象，每时每刻对整个语言系统都在起着作用，人们无法直接控制这种变化、演化。但演化又不是一下子产生的，而是有很多细小的语言现象累积而成的，而这些小的现象，我们是可以通过权威来规划的。这个结论对于我们理解语言规划的作用具有重要的参考意义。

---

① 费尔迪南·德·索绪尔：《索绪尔第三次普通语言学教程》，屠友祥译，上海人民出版社，2002，第117页。此前提及的《普通语言学教程》是按照第二轮（1908—1909）授课笔记整理的。

② Lo Jacomo, F. (1981). *Liberté ou autorité dans révolution de l'espéranto*. Pisa: Edistudio.

这篇博士论文的指导教师是马丁内，也就是我们在这一讲开头提到的，说"今天国际语之争实际上就是世界语和英语之争"的马丁内。马丁内曾经参与过人造语的创制活动，也担任过国际辅助语协会研究部的负责人。他回忆说，四十年代，当他准备启程去美国到国际辅助语协会任职的时候，有一个学习伊多语的人告诉马丁内：我们一直在说世界语的各种不足之处，提出来许多改革方案，但是世界语一直在工作！"Esperanto, it works!"也就是说，世界语一直都有人在用，对于一种语言来说，这一点才是最重要的。马丁内认为，语言从来也不会分裂，或者丧失交流能力，只要还有需要它的人在使用它。这句话，也可以算是对于索绪尔关于计划语言问题的一个回答，但最好的回应可能是索绪尔的学生梅耶（Antoine Meillet）在 1928 年说的这句话：Toute discussion théorique est vaine: l'espéranto a fonctionné（任何理论的讨论都是徒劳的，世界语在工作）①。

　　最后，我们想说，对世界语这类计划语言有偏见的不仅仅只是语言学家。世界语从诞生之日起就受到很多不公正的待遇，有人把它说成是一种危险的语言，甚至把研习这种有助于构建美好人类社会的人也称为危险分子。就像德雷仁一样，在 20 世纪 30 年代成为"大清洗"的对象。人们不禁发出疑问：为什么这样一个有着美好的愿景，且创造者柴门霍夫从第一本书开始就宣布放弃自己的一切权利，把这样一个美好的东西奉献给人类，让人类有更方便、更高效交流的语言，反而会遭遇到这样的不公正待遇？一个美好的理想为什么会成为一个危险的东西？为什么一种旨在造福全人类的语言成了危险的语言？我常说，语言是一个由人驱动的复杂适应系统，语言的演化会受到使用者所处的社会环境、政治、经济、意识形态等因素的影响。有一本书叫

---

① Meillet, A. (1928). *Les langues dans l'Europe nouvelle*. Paris: Payot. p.78.

作《危险的语言》①，里面的内容值得深思：一种国际计划语言，它的社会化历程为什么会如此艰难？这些缘由，也许能有助于理解人类、语言和社会之间的复杂关系，有益于加深我们对于全球语言治理艰难性的认识。

1919 年，巴黎和会，法语作为世界外交语言的地位受到英语的挑战。1920 年 1 月，旨在保证国际秩序的国际联盟在日内瓦成立，第一次国联全会收到了采用世界语作为国际辅助语的提案。1920 年 12 月 18 日，在针对世界语提案的讨论中，法国代表 Gabriel Hanotaux 为了法语的利益，辩称世界语没有历史、前途未卜，并且与民族语相比有很多不足，因此投了具有决定性的反对票。次日，世界各大报纸对此事都进行了报道，特别指出世界语成为 Hanotaux 猛烈攻击的受害者。1920 年 12 月 25 日，《日内瓦日报》（ *Journal de Genève* ）刊载了索绪尔的弟弟雷诺的读者来信，驳斥了 Hanotaux 在国联的错误说法，强调在国联这样的国际组织，为了保证所有国家民主、平等的权利，采用一种中立的语言是至关重要的，因为这才是国际语问题的真正解决之道。1922 年，法国教育部长下令禁止在法国大学教授 Esperanto。有人说，如果 Hanotaux 今天还活着，看到法语的国际地位已经被英语取代的现实，可能会说 "mi voĉdonas por Esperanto!"（我投世界语一票！）。还记得此前我们多次提到的，菲利普森和斯库特纳布 – 坎加斯关于国际语的观点吗？国际语的争夺史，只要人类还在，就会延续，因为人生也好，社会也好，不外乎都是理想与现实交互作用的结果。

库普尔说，规划语言就是规划社会。也可以说，创造语言，就是

---

① Lins, U. (2016). *La Danĝera Lingvo: Studo pri la persekutoj kontraŭ Esperanto*. Rotterdam: UEA.

创造世界。创造世界当然不是一件容易的事。但有理由相信，类似世界语这样的计划语言的社会化过程，对于研究语言规划和语言演化来说，无疑是一笔宝贵的财富。

第八讲　中国的语言规划

　　前面七讲的内容大多是关于国外学者有关语言规划的研究，中国的情况相对较少。但我国在历史上就有语言规划的传统，而且近现代的语言规划与现代国家的建构和现代化密不可分，因此有必要单独梳理下这条线索。在本讲中，我们首先概述中国历史上的语言规划实践活动，接着按照时间顺序，依次讨论分析晚清、民国和新中国初期的语言规划。"以史为镜，可以知兴替"，希望这些对历史的回顾与思考，能有助于我国语言规划的研究与语言政策的制定。

第一节　中国历史上的语言规划概述

　　说起中国的语言规划，大部分情况下针对的对象就是汉语。那么，我们有必要先大致了解下汉语在过去几千年的演化历史。我国有一位著名的语言学家叫作黎锦熙，他著名的原因不仅仅是因为他是毛主席在湖南第一师范学校上学时期的老师，对于我们语言学学者来讲，他著名的原因在于他率先采用图解法写出了一部《新著国语文法》[①]，而这个图解法和今天流行于自然语言处理领域的依存语法有密切的关系。当然，除了汉语语法以外，黎锦熙在语言学很多领域也都做出了贡献，包括在语言规划方面，尤其是民国时期国语的推广。1926 年，黎锦熙画过一张看起来像是思维导图的图，描述了汉语四千年的演化

---

① 　黎锦熙：《新著国语文法》，上海商务印书馆，1924。

历程（见图 8.1），这幅图曾参加在费城举办的世界博览会并荣获甲等大奖。图的横轴是时间轴，跨度约为四千年。纵向则分为上下两部分，一条黑线把中间这条"河流"一分为二，上部为"文字与语言"，下部为"文学与文体"。纵向的线是时间线。

图 8.1　国语四千年来变化潮流图

从这个图里可以看到很多与语言规划密切相关的东西。黎锦熙先生在 1929 年再版的图注中说，"我的主旨，还在图中二十世纪一栏，轩然巨波，冲破文言之界，汇成大泽"，黎先生所说的巨波和大泽实际上就是从晚清开始的各种形式的语言规划活动。这个图毕竟很简洁，于是这两年也出了一些书，来帮助读者进一步解读[①]。对照这个图加上这些解读的书，我们可以就汉语的发展、演化，包括汉字的发展和演化，琢磨出很多东西。在图 8.1 中，不难看到人在汉语四千年演化中

———————————

① 黄复雄、和晓宇：《汉语四千年》，黎锦熙绘，北京时代华文书局，2019。

的作用，而且人对于语言演化的有意识作用很明显，没有人就不可能有语言，这一点是毫无疑问的。我觉得大家可以仔细看看《汉语四千年》这本书，由此可以了解过去几千年来，我们的母语到底是怎样一点点演化的。书本身也不厚，但是做了一件很有意思的事情。有这样一个基础，我们才能谈规划。在过去，我们可能有一大堆看起来相关的书，但是往往抓不住主流，因为有太多研究了，重要内容常常会被淹没在各种细节里。比如，我们能看到一大堆关于一个词的演变研究，不过很难从中了解汉语整体的演变状况。通过黎先生这个图，我们一下子就能够抓住汉语演变的主要脉络，这就比较直观和清晰。

关于中国的语言规划，周有光先生在《中国语文的时代演进》一书中曾经归纳过各个时期的一些特点。尽管他这本小册子的标题叫作《时代演进》，但他说的事，不只是针对当代中国的语言规划。实际上，在不同的时期，如果要想有意识地来干预汉语的演进，不外乎都是从周先生提到的四个方面切入。一个是语言的共同化。我们国家是个多语言、多方言的国家。当然，从语言学意义上讲，方言和语言的概念很难区分开。一些语言学家认为，可以通过判断两种"语言"能不能互通来区分，如果不能那就是两个语言，如果能就是"方言"。但语言更多的是一个社会政治概念，所以有时候也不能使用这么单一的标准。这里，我们没必要在一个很难搞清的事情上浪费太多时间。只要知道，在一个多语言、多方言的国家或政体，从古到今，由于不同语言的人之间的相互交流是必需的，共同化是一个必须要面临的问题。第二个是文体的口语化。我们在前面讲过，语言的本体规划里有个目标就是文体的简化，这里的简化实际上就是一个口语化的过程。当然，"言文一致"的问题并不是中国所独有的，几乎所有国家都会遇到。对于我们国家来说，第三个方面比较特殊，就是文字的简便化，因为我们使用的汉字书写体系比较特殊、复杂，这也是历朝历代规划者们都感兴趣的问题。最后就是注音的字母化,实际上就是说汉字怎么念、怎么定音的问题,这个问题历来都存在,只是到近代以后比较突出。

中国的语言规划大致都是围绕这四个方面开展的[①]。如果从这四个方面去看,实际上我们最早的语言规划始于先秦时期。至于先秦以前有没有语言规划,我们暂时不知道,因为没有记载,我们只能看到有记载以来的语言规划活动。显然,如果多语是人类世界的基本属性,且每个朝代讲不同语言的人都要交往,那么就是需要共同语的。春秋时期的雅言就是共同语,这可能是我们有记载的、最早的古代共同语。我们前面提到,大部分国家在确定国家共同语的时候都要参照首都所在地区的语言,并在此基础上加工出来一种国家共同语。我们国家也不例外。这其中的理由当然有很多。一般来讲,当时作为首都的地方都是政治、经济等各方面都比较发达的地区,这是其中最重要的一个原因。第二个可能的原因是,建首都不仅需要管理人员,还需要有很多其他的服务人员,选择首都城市附近的语言为基础构建国家通用语的话,就能比较便捷地从首都周边找到需要的人员。

雅言在周朝全盛时期得以通行,是春秋战国时期的官方用语和读书语。读书语就是上学时候教的语言。为什么强调这个?因为我们在前面讲过,语言规划包括本体规划、地位规划和习得规划,而习得规划就是语言教育规划。一个共同语的推行要通过教育体系来实现。《论语》中有记载,"子所雅言,《诗》、《书》、执礼,皆雅言也。"这说明孔子当时给学生讲课,用的就是当时的普通话。孔子是山东人,当时的雅言是以洛阳一带的方言为基础的,一个山东人要把一个以洛阳话作为基础的语言学好,肯定是要花些功夫的。当然,现在的洛阳话和

---

① 关于中国语言政策流变的更多内容,可参考周庆生《论语言政策规划》的第六部分。

孔子家乡的山东话可能差别不是很大，但先秦时期很可能就是另外一回事情了。孔子弟子三千，学生来自五湖四海。可见，在我们国家，教学语言采用通用语言这一点，实际上早就开始了，这也是很有意思的现象。换言之，教学语言采用共同语、全国通用语，这是很早以前就有的做法。

秦始皇统一六国后，又实施了"书同文"政策，这是中国语言规划史上的重要事件。我们知道原来有很多小诸侯国，春秋战国时期尤其多，最后秦始皇把这些小国统一起来。这时候就出现一个重要的问题，各诸侯国统一成一个国家以后，到底选择什么样的文字？虽然说各国使用的都是汉字，但还是有区别的。当时没有印刷术，更不能采用激光排版技术来统一，都是手写文字，那么就更可能会出现一致性的问题。语言首先是口语，口语是不好统一的，但是有了文字以后就能记录口语，形成书面语。如果书面语也统一不了的话，实际上是很难进行交流和沟通的，所以秦始皇统一六国后做的一件大事就是统一文字。史书记载，秦灭六国后颁布法令，实施"书同文"政策，规定以小篆作为全国的标准字体。但实际上，当时推行了两套字体，即小篆和隶书，而且对两套字体的适用场合进行了区分。隶书为了适应书写便捷的需要，把小篆匀圆的线条变成平直方正的笔画。两种形体的文字均在全国推广，但小篆为标准文字，隶书为日用文字，皇帝诏书和政府正式文件一般用小篆书写，非官方文件用隶书抄写。这说明早在两千多年前，中国的语言规划者就知道要考虑受众，针对不同的受众调整规划目标，而且也考虑到了规划与效率的关系。

当然，语言和文字不是一回事，文字是记录语言的。但语言规划包括文字的规划，这是学界达成的基本共识，因此书同文是真正意义上的语言政策。刚才说周朝有共同语言，可能只是一种自然形成的东西，秦朝的书同文政策是中国历史上真正有意识来干预语言文字发展的第一个语言规划活动。书同文政策有助于口语的书面记录，由于各个诸侯国说话的口音都不一样，但是记录下来的东西是一样的，这样就促进了汉语书面语的形成。注意，在那个时候，书面语肯定记录的也是当时的口语状况，这是一个符合逻辑的推论。也就是说，那个时候的书面语和口语是接近的。但我们知道，书面语的发展和演化往往是滞后于口语的。过去口语的真实情况，不管在哪个时期、哪个国家，都没有留下完整的记录，不像现在我们还能录像或者录音，那时候这些手段都没有，只能全靠文字来记录。这就导致书面语的演化和发展，慢慢地就会和口语不匹配，尤其是书面语还要讲究稳定性。需要说明的是，书面语的这种特点，几乎适合所有有书面语的语言，不只是汉语所独有的。

汉魏以后，汉语书面语和口语的距离进一步加大，形成了一种单纯"看"的语言，这就是文言。而以口语为基础的语言，便叫作白话。我们假设先秦时期，就是书同文政策时期写下来的东西，和当时人们口中说的东西差不多。但是文和言逐渐分离了，书面的文字为了保持稳定性总是滞后于口语的发展，这在世界各国的语言里都是如此。法语、英语也是这样，特别是法语里有好多字母，今天根本都不发音。如果从一开始就不发音，可能就不会有这个字母。因此，有些字母开头发音，现在不发音了，这实际上就是一个演化的过程。汉语也不例外，而且汉语将这个过程发展到了极致。西方语言大多采用拼音文字，即便言文分离也不会太离谱，要改起来相对也容易一些。但汉语不是拼音文字，如果不专门学，光看字是读不出来的。慢慢地，我们的书面语就凝固了，几乎很少有变化。那么，文言是谁讲的？是读书人、上过学的人讲的。你平常在家跟家里人说的就是正常的话，白话，因为你是个正常人。但是你上学了，要学会写字、学会做文章，这时候就要学习文言。文言的语法、文法、用词等都有讲究。比如我在这里讲课，如果你们是古代人，不管我现在怎么说，你们都会用文言来记录我说的东西，也就是用两千多年前人说的语言来记录我今天说的话。语言不是一成不变的，2000 年的时间，语言会发生不小的变化，但要用 2000 年前的文言记录现在说的东西，必然会产生一些问题。对于研究语言演化的学者来说，严重的"言文分离"，使得我们很难通过追踪文献来发现语言的变化。因为所有上过学的人写的东西，或者说只要他一写东西，即便在正常情况下记录的也不是当时说的话，而是用另外一套、很久以前就基本稳定的书面语来记录，也就是自动把口语翻译成文言，导致口语的变化无从追踪。

　　我们有几千年的文献，但是文献语言大多是凝固的，变化不大，这就导致好多容易获得的史料并不是很适宜作为语言演化研究的语料。为此，我们要找白话，要找在不同时期，非主流的一些人写的东西。如果年代较远的找不到，就可以找离得比较近的，哪怕是近几百年的。白话是各个时期都有的，比如说，一个人面向劳动大众讲课的时候，说的话可能更偏向白话一点。这些东西留存下来，虽然可能仍然不是严格意义上的白话，更可能是文白相间的东西，因为记录者毕竟是读书人，而过去会识字、写字的人又少，因此没法完全反映当时口语的状态。这对研究来说既是问题，又有好处：一方面，人为的言文分离导致研究语料的选取很困难；但另一方面，文言的凝固性又可以超越时空，几千年几乎不变，只要上过学，学过文言，就能读懂，这其实就是一种书面的共同语。尽管我们地大物博，人口众多，语言、方言不少，很多之间不能互通，但是只要你写出来，就都能明白。也有人将这种书面交流称为"笔谈"，虽然说的不一样，但写的东西能互通。

　　总的来看，秦始皇施行的书同文政策，对中华文明的传承起到了非常重要的作用，有利于国家政权的统一和中华民族共同体的形成。

如果没有书同文政策，没有文字的统一，我们现在都不知道会是什么样子。欧洲的情况就是一个相反的例子，欧洲很多国家之间的语言差别不大，从互通性的角度来讲，可能比我们要好，但他们在历史上曾经分属许多国家。他们很晚才注意到共同语与统一国家的关系问题，导致欧盟机构的正常运转不得不依赖于英语，而英国已经不是其成员了。我们有共同的文字、共同的书面语、共同的文献，这是非常有意义的，在形成文书行政的国家管理体系和凝聚国家意识方面发挥了重要作用。以汉字为基础形成的书面共同语利在千秋，跨越了 5000 年的时空，深刻影响到中华民族的形成、中华文化的传承和发展。所以，语言政策如果在恰当的时候制定了、实施了，确确实实会起到非常重要、非常深远的作用。书同文政策实际上可能是世界上最早的、最有效的一个语言政策，我们对它的研究还有待进一步加强。

第二节　中国近现代语言规划的发端
——晚清时期的语言运动

自秦始皇的书同文政策以后，历朝历代或多或少都会有一些语言规划活动，比如唐代兴起的"字样之学"，清代雍正年间推广的正音书院等。但中国近现代的语言规划一般认为始于晚清时期，在 1890 年左右，而真正的大规模实践则是从 1911 年辛亥革命以后开始的。有一本书叫作《中国语文现代化百年记事》，实际上就是中国语言规划活动的百年记事。也有人把语言规划叫语文现代化。为什么要有意识地去改变语言？特别是从本体规划的角度来讲，为什么要做改变语言的事情？答案是为了让语言更好地适应人类社会的现代化，所以叫语文现代化。这本书记录了从 1892—2013 年这 100 多年里，中国语言规划领域发生的大事。也可以说，这本书展现了近百年来中国现代化进程中人类有意识使语言更适宜于社会需要的历程。如果要研究中国语言规划的历史，这本书必须要仔细看看。

（一）晚清时期的汉语文改革

1890—1911年期间，汉语文改革面临三大任务。一是提倡以口语为基础的新文字。由于文言不是人们平时说的话，是几千年前人说的话，那么就要改成现代人说的话，即写出来的东西应该记录说的话。二是推广共同语、官话。三是试行拼音字的切音字。你可能会好奇，清朝统治好几百年，为什么到快不行了才开始做这个事情？因为前面几百年间都没有注意这个问题——但是也不能说完全没有注意。中国历史上有两个时期是由非汉族人统治的，一个是由蒙古族统治的元朝，另一个是满族统治的清朝。在这两个时期，实际上中国的语言发生了很大的变化。同样在这两个时期，文体和书面语出现了一些明显的变化，涌现出很多文学作品。特别是元朝的时候，当时盛行的元杂剧在语言风格上更接近于白话。这个势头也延续到后来的明朝和清朝，那时候出现了很多通俗易懂的白话小说，使得我国的古典文学又达到了另外一个高峰。

为什么会这样？这就是社会发生大的变化以后带来的语言变化，尤其是有外力进入原来比较封闭的语言生态圈以后，继而引起的连锁反应，这种外力对语言生态的改变可能是很大的。还记得巴尔道夫他们提出的那个基于生态观念的语言规划框架吗？今天好多人说，我们现在说的汉语不知道是什么，根本就不是老祖宗说的语言。老祖宗的语言具有的一些特征，都保留在南方和沿海地区的方言中，比如粤语和闽语。为什么会这样？黄河流域不是中华民族的发源地吗？怎么倒是南方的某些方言更像我们祖先的语言？事实上，这就是移民带来的语言生态变化。在中国古代，中央王朝会定期组织从北向南的移民。

北方有一个移民聚集点，在山西洪洞①。据记载，从明洪武三年至永乐十五年，在近 50 年的时间里，仅洪洞大槐树下就发生大规模官方移民18 次，主要迁往京、冀、豫、鲁、皖、苏等 18 个省的 500 多个县市。这并不是说当时山西有那么多人，而是洪洞县是整个周边地区的移民集中点。要移民的人都集中到那个大槐树底下，因为那个时候也没有微信之类的东西，没法通知到每个人。洪洞县的那颗大槐树就是一个标志，把大家都集中到那里，然后再分批移民，比如这 50 个人派到某个地方，那 50 个人去另外一个地方。

但是不管怎样移动，不管当地讲什么语言，全国的文字还是统一的，也不会影响政府的管理。移到新居住地的人，比如说移民到一个山区或者是一条河的附近，周围的语言大概率跟他们原来说的话不一样。但移民一般也不可能只有一个人，通常都是群体性的，所以就会形成语言学上的"方言岛"。再加上过去南方相比北方受外界的影响更小，语言的变化可能也比较慢，导致数百年之后的语言保留或反映了原语言的特点。不同于南方，北方不断有人进来，有人离开，又有人进来，又有人离开，从现在看进来的语言最后也就融入当地老百姓讲的语言之中了。但是在不断融合的过程中，他们的语言、文化影响到当地原来的语言，使得汉语变成今天这个样子。这在语言演化的过程中也是一个正常现象。比如，英语或者其他一些世界性的语言，在历史上也经历过这些变化。英语为什么变成现在这样？从理论上看，英语是日耳曼语言，应该是和德语、荷兰语一支的，但怎么看起来跟法语更像呢？熟悉英语历史的人会知道，这就是诺曼征服以后，法语对英语产生的影响。

在这里，我想说明一个问题，就是不要轻易认为我们的汉语是全

---

① 张青:《洪洞大槐树移民志》，山西古籍出版社，2000。

世界最特殊的语言。汉语虽然有它特殊的地方，但其实也没有那么特殊。因为只要是人讲的语言，就会有共性，它的演变规律也会符合整个人类语言的发展规律，不应该特殊到"不是人的语言"。有不少人认为，汉语的特殊性在于，我们有世界上独一无二的汉字，而且汉字和汉语是难以分开的。但事实上，它们是可以分开的，语言不等于文字，尽管汉语和汉字的关系可能更密切一些，但似乎仍不足以将二者等同起来。也有人说，没有汉字就没有汉语，但随便举个反例就可以推翻这个结论。比如，文盲一辈子不识字，但是说话挺溜，那么他说的语言是汉语吗？即便文盲不懂汉字，他说的也是纯正的汉语。所以客观地来说，汉语和汉字是两个不同的东西，但两者之间又存在密切的关联性。语言研究之所以有意义和价值，很大程度在于它的普遍价值。研究语言之所以有价值，是因为研究语言实际上就是研究人本身。研究得到的结果，或者发现的新知识，对整个人类都有意义。因此，汉语研究也应该放在这样一个发现普遍规律的框架下去考虑。

似乎题外话又说多了，现在回到正题。中国现代意义上的语文改革，是从 1890 年代开始的。1894 年，农历甲午年，清光绪二十年的 7 月 25 日，中日之间爆发了海战，以中国的战败而告终。1895 年 4 月 17 日，李鸿章代表清政府与日本签订了《马关条约》。据说，当时清政府北洋水师的硬件设备条件还是可以的，但还是吃了败仗。甲午战争的失败使当时的国人感受到空前严重的民族危机，因为堂堂大天朝竟然被东夷小国日本打败了，这简直就是不可思议的事情。在这样的大背景下，不少有识之士就开始研究日本。结果发现，从 1868 年开始，日本通过"明治维新"运动走上一条脱亚入欧的道路，也就是说，它虽然身在亚洲，但心向欧洲，开始系统学习欧洲强国的各种做法，国力日渐增强。你说"明治维新"跟语言有什么关系？有的。日本在 1868 年开始明治维新的时候，同时开展了一个叫作言文一致的运动，推动日本语言文字的改革 ①。

言文一致运动的本质有两个。第一个是拼话，就是过去日语里面使用汉字，现在要改为用日文拼音来拼。第二个是改革书面语，过去日本人做的书面语文章也受到中国文言的影响，现在要考虑如何口语化。晚清时期，国人在研究日本人如何崛起的时候，就发现他们搞了言文一致的运动。当然，这可能不是日本崛起的主要原因，但由于言文一致运动大致与明治维新同时期开始，所以很难说它没起什么作用。总之，清末开明的知识分子就开始关注语言改革和社会发展的事情。原来日本是跟在我们屁股后面的，现在他们不学我们了，反而把我们打败了，这肯定值得反思。请注意这个时间点。库普尔曾多次强调，语言规划和社会变革是有关系的，当一个社会发生大的变化或者出现重要的社会事件时，就会促使人做出某些改变。我们在前面也说过，当社会处于四平八稳的时候，也就是和平时期，基本上很少有人会想着要改变。但在民族面临空前危机的时候，人们就会来找原因，开始思考为什么落后，为什么会挨打的原因，于是就发现语言文字方面可能存在问题。

研究日本言文一致运动的论著很多，齐一民的《日本语言文字脱亚入欧之路》是相对比较好的一本书 ②，大家有兴趣可以找来看一下。实际上日本的改革并不彻底。今天，我们打开一本日文的书，立马就会看到汉字、外文字母、平假名、片假名等元素都混在一起，看着是很累的。也有人说，日语的书写体系，绝对比任何咒语或魔符都更难

---

① Ueda, A. (2021). *Language, Nation, Race: Linguistic Reform in Meiji Japan (1868–1912)*. Oakland, California : University of California Press.

② 齐一名:《日本语言文字脱亚入欧之路——日本近代言文一致问题初探》，知识产权出版社，2014。

学、更繁复，完全称得上是"全世界最复杂的文字"①。但这就是日文的日常状态，我们得认识很多东西才行。汉字也没有在日文里完全消失，但日文中用片假名来转写外来术语，加快了新技术的引进。看到日语里面的汉字，我们可能就会想到一个老问题，是不是采用过汉字的语言，就没法改成一种不采用汉字、完全拼音的文字？或者说，汉字和汉语是不是完全连在一体的、是不能分离的？如果不用汉字，就不是汉语，是不是会有这样的现象？离开汉字，那些采用过汉字的语言就行不通？我们说过，理论上，语言和文字是可以分开的，但有些语言与文字的关系可能会更紧密一些。拿日语来说，不管过去用的汉字多，还是现在用的汉字少，它都是日语，并没有因为汉字多，它就变成了汉语。类型学上，这两个语言始终不是一伙的。这再次说明，语言和文字不是一回事。

如果，按照第四讲陶里的那些指标来衡量日语，会发现很多问题。这些所谓的语文改革纯粹是无端增加使用者的烦恼。日语改了100多年，经济上国力强盛了，但是语言上却被改成一个混合的、四不像的语言，当然这只是从形式上来看的。我们不禁会问，对于日本人来讲，语言是不是真的变得更困难了？或者日本人对日文的看法到底是怎样的？我看过一些文献，有的研究说变得很复杂，弄得自己用起来也难。但也有人说还行，尽管不符合省力原则。那么，为什么日本人还这么做呢？拼音化了，不就一了百了了吗？也许，这又涉及语言不同功能之间的竞争，因为，语言不仅是交流的工具，也是文化的容器与认同的象征。对于研究者来说，无论是甲午战争之后的中国，还是明治维新后的日本，可能都是研究探讨社会因素和重大社会事件对于启动、促进、推动语言规划的不错案例。

---

① 加斯顿·多伦：《人类语言的故事》，闾佳译，文汇出版社，2021，第 357 页。

甲午海战前,国人在语言文字方面也不是一点工作都没做。1892年,福建同安人卢戆章发表了他设计的拼音方案,叫作《一目了然初阶(中国切音新字厦腔)》,目的是想解决汉字读音的难题,这也标志着近代中国拼音化运动的开始。当然,汉字的拼音化也不是从卢戆章开始的,此前也有一些外国人做过,比如明朝时候的利玛窦和金尼阁。卢戆章使用的符号,样子很像我们常见的外文拼音文字。我们认为,清末之所以爆发语言文字方面的改革,主要还是出于社会的需要。当时要学习西方的先进知识,要让更多的人识字,因为不识字人就无法成为有效的人力资源,于是语言文字就成了一个备受关注的问题。除了卢戆章,清末有很多人都参与到语言改革运动中来,各种方案也是层出不穷。据统计,1892—1910年间,全国的切音字方案有28种。由于时间久远,原来这些资料很难获取到,但这里要感谢浙江师范大学的高玉教授。他把清末有关拼音化、文字改革的东西点校成4本书,1500多页,在浙江工商大学出版社出版了。这套书是我们的福音,对语言规划研究有很大的帮助,便于了解前人做过的事情。编年史只记述谁干了些什么事情,但没有太多的具体细节,而这套书弥补了这个缺憾。

(二)晚清时期的万国新语论争

在晚清拼音化运动的同时,出现了另外一些很有意思的人,他们发现,日本脱亚入欧的实质是学习欧洲强国,那我们为什么让日本做中间商?我们直接跟欧洲学习引进新东西不就好了?因为,要说革命,可能没有哪一个国家能比得上法国,法国大革命、巴黎公社的历史大家应该都了解。就这样,很多人去了法国,留法的知识分子学到很多东西后在法国又创办了一个杂志,叫《新世纪》。这些人中有一部分是无政府主义者,当时他们对政府已经产生不满了,觉得原本那么富有的国家居然被一个小小的日本给打败了，都是因为政府太糟糕，所以还不如不要政府，于是崇尚无政府主义。这一批无政府主义者，其中有个人叫吴稚晖，他们大多都有留法经历，并且吸收了法国当时的新思想。在语言文字方面，这些无政府主义者倡导废除汉字，建议改用万国新语，也就是世界语（图 8.2 右）。

这个问题大概是在 1908 年左右提出的。接着，章太炎发文严厉驳斥了要在中国采用万国新语的想法（图 8.2 左）。

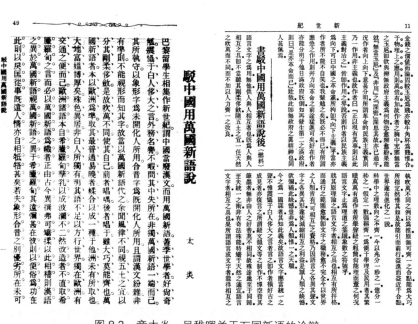

图 8.2　章太炎、吴稚晖关于万国新语的论辩

应该说，在那个时代，在那种社会发生急剧变化的情况下，日本的脱亚入欧政策取得了一些成效，并且在甲午海战中把我们打败了，进而引起了人们的反思。当然这种反应有时候是一些应急的反应，有点病急乱投医的感觉。因此这种提议，实际上反映了那个时代深层次的社会心理因素，是各种因素交织的结果，并不是一种理性的、切合实际的解决办法。实事求是地来看，这些争论并没有给中国当时的语

言问题带来实质性的解决办法，只能算是一种进步势力对语言文字问题的思考。从法国回来的这批接受新思想的无政府主义者与代表中国传统知识分子的章太炎展开论战，就是这样一种表现。这种争论的好处在于，让很多人明白了各方对汉字改革的看法，以及对后续包括注音字运动在内的各种语文改革运动的态度。

语言规划是要改变人的语言习惯，但做规划的时候，也要考虑到文化等各种因素，进行多因素考量，也包括考虑受众的感受。还记得哈尔曼的声望规划吗？其中提到的因素都是要考虑的。步子不能迈得太大，步子太大容易出问题，就会引起反弹。当时，人们发现汉字不方便，世界语又不合适，那怎么办？对吴稚晖来讲，这事简单。他是从法国回来的人，认为语言文字就是用的，能与人交流就行，用复杂的、人们不容易做的方式，很不科学。于是，他提出，如果我们不能用完全的万国新语（就是世界语），就应该搞一个中国新语出来。中国新语实际上就是简化了的、更规则的汉语，仿照世界语的做法，加一些语法功能字。吴稚晖认为，我们要在汉语里引入"们"，比如我们、你们；在形容词后加入"的"，比如说我们的、你们的、人们的。这样的话，可以仿照世界语的做法来改造汉语，在汉语里添加一些虚词，让汉语的结构更清晰。这一点我觉得非常有意思。世界语的词尾是有普遍性的。你还记得泰尼埃的结构句法虚图式吗？他用的 o、a、i、e 其实就是世界语的词尾标记。还有维斯特，就是现代术语学的奠基人，在他奠基性的 1931 年出版的技术标准化的书里，术语词尾也用了这几个词尾。

吴稚晖说的这个事情，明显就是语言规划者做的事情。现在的问题是，我们看到今天现代汉语里有这样一些特征。这到底是自然演化出来的，还是谁规划出来的？如果是规划出来的，谁是规划者？哪些人是第一批的使用者？这也是个有趣的现象。吴稚晖提出这个问题以后，马上就有人着手开始实践。1908 年，刘师培，说他要搞一个世界语"词例通释"①，就是讲解世界语词语的。在回应吴稚晖编造中国新语的事情时，刘师培说学习世界语能起到外语教育中的先导作用。意思就是说，你要直接学欧洲语言是很难的，但是世界语容易学，你学完以后再学一些欧洲语言就容易了。刘师培在 1908 年就注意到世界语在外语学习，尤其是中国人学习西方语言、欧洲语言方面具有先导作用。是不是很有意思？这里提到的人，吴稚晖、刘师培，等等，都是清末的名人。这说明，语言规划活动中的 Who（规划者）确实是一个重要变量，这也难怪在库普尔的"八问方案"中，它是第一问。说到这里再插一句，前些年中国人民大学出版社出版了一套"中国近代思想家文库"，收集了不少晚清时期思想家们的著述，这套丛书是值得用心去仔细研读的。为什么晚清时期产生了很多思想家？因为在国家处于危难的时候，知识分子就得多考虑问题，这可能就是真正的家国情怀。

我们说过，这段时间的争论虽然没有取得什么实质的效果，但加深了民众对于汉字、汉语问题的理解。而且这场论战一直延续到十年以后。比如，1918 年时，钱玄同还在《新青年》上跟人讨论世界语（如图 8.3 所示）。说明这个事，一时半会解决不了，但是不是就没有一点进展呢？也不是，我们来看看图 8.3。同样，我们先不管内容，来看一下形式。10 年以后，钱玄同的文字和章太炎、吴稚晖十年前写的东西很不一样了。你们发现了没有？这个文字（对比图 8.2 和图 8.3）和我们今天的很像。这也说明，1908—1918 年，这十年的语文改革运动实际上起作用了，中国的文字改革还是有效果的。

---

① 参看李帆编：《中国近代思想家文库（刘师培卷）》，中国人民大学出版社，2015，第 392—396 页。

（竖排繁体影印文字）

中國今後之文字問題

獨秀先生：

先生前此著論，力主推翻孔學改革倫理以爲儉不從倫理問題根本上解決，那就還塊共和招牌一定掛不長久。（此處原文從略）玄同對於先生這個主張認爲救現在中國的唯一辦法然因此又想到一事，則欲廢孔學不可不先廢漢文。（即記者所謂廢文）玄同對於先生這個主張認爲一般人之幼稚的野蠻的頑固的思想方不可不先廢漢文。

中國文字衍形不衍聲以致辨認書寫極不容易音讀稱難正確。道一層，近二十年來很有人覺悟；所以叔造新字用羅馬字拼音等等主張紛出不窮甚至於那很頑固的勞玉初也主張別造「簡」字以圖減省識字之困難除了那選學妖孽桐城謬種耍利用此等文字顯其能做「駢文」「古文」之大本領者，始無不惑現行漢字之拙劣欲圖改革以期便用：這是對於漢字的形體上施攻擊的。

又有人說固有的漢字固有的名詞實在不足以發揮新時代之學理事物於是有造新字者有造新名詞者有直用西文原字之音而以漢字表之者——如「薩威稜帖」「迪克推多」「暴衮考脫」「札斯惕斯」之類——有簡直取西文原字寫入漢文之中者種種辦法雖至不同，而其對於固有的漢字和名詞認爲不敷用之見解則一這是對於漢字的應用上謀補救的。

三五〇

图 8.3　钱玄同《中国今后之文字问题》

内容上，钱玄同对于世界语的一些讨论，也更加深入了。他说，中国到了 20 世纪，还是用 4000 年前的象形文字，2000 年来学问毫无进步，西洋人 300 年来发明的科学真理，更非中国人所能闻见。只有几个极少数的人略微醒了一点，想奋起直追，去学人家，原意很好，可是人家崭新的学问，断难用这种极陈旧的汉字来表达。你看钱先生在 100 年前写的东西，是不是已经讲道理了？而且我们也能毫无压力地看懂。这说明什么？这十年间，书面语的发展和演化实际上比后面 100 年的变化还要大。对于一个语言研究者来讲，你是不是觉得很有意义？他还说，过去的历史，是千分之九百九十九为记载孔门学说及道教妖言之记号。这种说法其实也有点问题。当然，我们不判断对错，只看他的逻辑推断。因为我们知道语言本身作为交流的工具是没有对错的，好人、坏人都可以掌握使用同一种语言。他进一步认为："此种文字，断断不能适用于二十世纪之新时代！"于是，很自然就引出了他经常被引用的一句话，"我再大胆宣言道：欲使中国不亡，欲使中国民族成为二十世纪文明之民族，必以废孔学、灭道教为根本之解决，而废记载孔门学说及道教妖言之汉文，尤为根本解决之根本解决。"那废汉文以后用什么？他推荐万国新语，也就是世界语。

我们再强调一下 1908—1918 年间的情况。你看章太炎和吴稚晖写的文字（图 8.2）。有一些句子我们实际上看不懂意思，只能猜，大概意思能知道。但是你再看钱玄同 1918 年的东西，我们阅读起来毫无障碍。另外，他在那篇讨论世界语的文章的后头有一段话，说到了汉字横排的必要性。可见，钱玄同也知道一下子是废除不了汉字的，但是可以改成横排。总说要引进西欧文字，引进西欧文字的时候，你该怎么去看？你的脑袋可能就要倒着去看，要不你怎么看那些躺着的字母呢？无论如何，汉字横排的事情，在这个时候已经被正式提出来了。

第三节　中国近现代语言规划的发展
——民国时期的语言规划实践

1911 年，宣统三年，辛亥年，10 月 10 日夜，武昌起义爆发。1912 年 1 月 1 日，中华民国南京临时政府举行临时大总统就职典礼，孙中山正式就任中华民国临时大总统。1912 年 2 月 1 日，隆裕太后携 6 岁的皇帝溥仪，在养心殿举行最后一次朝见仪式，同时颁发退位诏书。至此，在中国历史上延续 2132 年的帝制终结。你能想到什么呢？社会变革和语言规划的关系，这也是库普尔 1989 年的书一再强调的核心观点。2000 多年的帝制历史结束了，采用新制度的国家诞生了，任何一个新的国家大多都要做一些大事，这几乎成了人类社会的一个普遍规律。在前一小节中我们提到，晚清时期出现那么多语言改革活动，主要就是因为甲午战争引发了空前的民族危机感。因此，我们要进行语言改革，通过语言改革的形式提高民众的知识文化水平，达到睁眼看世界的目的。但是没改几年，清政府就被推翻了，而且有些东西，尤其像我们说的语言规划、语言资源的改革，不是马上就能见效的，所以晚清的语言改革并没有取得特别明显的成效。

时间到了民国。1912—1949 年间，民国时期就语言文字改革在以下几方面做了一些工作：白话文运动和汉语书面用语的变革、汉文书写款式和标点符号的更新、国语运动和现代汉民族共同语的音系研究、文艺语言的大众化和"大众语"问题、"国语罗马字"的研制、"拉丁化新文字"的研制、汉字简化等。这其中，有一些延续了晚清时期的工作，但国家开始按照新体制开始运行，自然也要加速这方面的事情，于是推出了汉文书写、款式和标点符号等。前面我们也讲到，晚清时期也一直在推进这些工作。这说明，语言规划不仅具有连续性的特点，而且也需要按照语言演化规律逐步开展。从规划者的角度看，国家层面的参与至关重要，但在语言规划的实施和执行阶段，一些重要人物的参与，他们的文章、著作实际上也是非常重要的。前面说到，章太炎、吴稚晖他们已经开始使用标点符号了，而过去的文言文中是不用标点符号的。文艺语言的大众化是同样值得关注的一个问题。文艺是面向普通民众，要大众化，因此就有大众语的问题。当然还有国语与罗马字的研制，拉丁化、新文字的研制、汉字简化，等等。这些东西，大致都可以归到周有光先生总结出来的那四个方向里面。

在本节，我们想重点讲三个问题："注音字母"和"国语罗马字"；拉丁化新文字运动；汉字简化。

（一）"注音字母"和"国语罗马字"

晚清时期的语言规划，本质上是知识分子发起的一种民间运动，政府并没有积极参与其中。1912 年 2 月清皇帝退位。1913 年 12 月，就是一年之后，民国政府教育部就在北京成立了"读音统一会"。你要定国家共同语、国语，就得先框定一些基本字词，这会牵涉到语同音的问题。当时，采用每省一票的多数票方法，审定了以京音为主，兼顾南北的 6500 多个汉字的国音，并且融合各地方言，制作出标准国音，即老国音。其中，声母和韵母 95% 左右与北京音相同，要注意这个 95%，说明这个国语的发音不是百分之百的京音，因为其中有 5% 不一样。换言之，没有一个人天生就能百分之百说好这个语言！这又回到语言规划中国家共同语的选择策略上。我们已经说过，大部分国家选择首都附近的语言为基础，但是很少完全选择首都的语言，因为要考虑首都之外的人的感受。这就是为什么在讨论语言人权的文献里，讲了半天以后，最后又把世界语拿出来，目的就是要尽可能建立一个人人平等的语言生态系统。国家共同语的选择同样如此，也要考虑语言的中立性和平等性。但是你不能过于中立，按百分比中立是不行的。比如，某个国家境内有 200 种语言，现在要选 400 个词，一种语言里选两个词，这样是行不通的。语言中立一般不是统计意义上的中立，而是交际中立。有关语言的中立性，我发表过一篇文章，大家有兴趣可以看一下 ①。如果单纯从语言学角度看，"读音统一会"审订的老国音实际上是一个混合语言，是一个人造混合语。

1918 年，民国教育部正式公布"注音字母"方案。从此小学生先学注音字母，后学汉字。但是它的注音字母是汉字式的，就好像日

---

① Liu, H. (2006). Neutrality of International Languages. *Journal of Universal Language,* 7(2), 37–64.

本的假名一样，是一种特有的注音字母，朝鲜的谚文也一样，不便国际通行。那么，注音字母的产生是不是受到了日本假名的影响呢？这个可能也是有关系的，但需要更深入的研究。因为注音字母不便在国际通行，于是又制定了国语罗马字拼音法式，简称"国罗"。1928年，南京政府的大学院——也就是当时的教育部公布了"注音字母第二式"，即国语罗马字。开头采用的是特有的注音方式，但是不便通用，在国际上没法用，于是有了采用罗马字的"国罗"。这说明，语言改革方案在解决国内问题的同时，也需要关注到它在更大范围内使用的可能性。

1918年公布的"注音字母"，是中国历史上一次以国家专门机构名义正式公布的拼音方案。1919年出版了《国音字典》，介绍了每个字发什么音、怎么发。1920年教育部发布通令，小学国文科一律改为国语课，教白话文、国音和注音字。在国家层面发起的语言规划运动有一个好处，就是可以动用教育系统来支持这个活动，这也是全世界普遍通行的做法，是一种规律。基于95%京音的好处，我们在前面简单说了一下，但这种形式上的折中或平等，其实暗藏问题。于是在1920年左右就爆发了"京、国之争"，就是京音和国音之间的争论。比如南京的高师英文科主任张士一就说到国语统一问题，认为"注音字母"连同"国音"都要做根本的改造，不承认"国音"，主张以北京音为"国音"标准。虽然5%的存在是想兼顾公平性，这6500个字里的百分之五，也只有大约325个字是按照其他方言发音的，但这反而让大家学起来很麻烦。你找个老师都不好找，因为那5%不好教。这就是说我们在说语言人权、语言平等、世界语这些东西，都属于一种理想主义的东西。我们考虑事情的时候需要考虑到各种因素，但是理想主义的东西在实践中可能行不通，找个国文教师都找不到。找个北京附近的人吧，那5%搞不定；当然，找个别的地方的，就更搞不定。

所以，全国教育联合会在实施中就发现问题了。

1920 年，学生们到学校开始学习之后，马上就出问题了，这是脱离现实的规划。由于找不到合适的教师，老师和学生都得重新学。因此，后来又改成以北京语音为标准音，不管那 5% 了。这是很有意思的现象。当你制定一个理想主义的东西时，你考虑到了方方面面的因素，但是当你一旦要实施、推行的时候，很可能操作起来比较困难。1923 年国语统一筹备会又兼采二者，即使用标准国音中的京音声系，实为"国音京调"。1924—1926 年，增修国音字典委员会修订了老国音，将汉字读音改为以北京的普通读法为标准，即新国音。1932 年 5 月，国民政府教育部正式公布并出版《国音常用字汇》，为确立国语的标准提供了范本。这里又回到了京音，没有那 5% 了，这也是语言规划历史上很有趣的一些东西，我们都可以结合起来进行分析。这种理想主义的事情在其他国家里也有，也是一个有趣的研究点。最近，《清华大学学报》刊发了一篇文章，以赵元任的罗马化工作为线索，审视了汉字的激进主张的理论源流、跨国际发展等问题，值得一读[1]。

关于"注音字母"和"国语罗马字"的事情，黎锦熙先生在 30 年代出版的《国语运动史纲》里已经有非常详细的记载和论述，所以这里就不再赘述，建议感兴趣的读者直接去阅读原书。

（二）拉丁化新文字运动

1917 年 11 月 7 日，俄历 10 月 25 日，俄国圣彼得堡，布尔什维克武装力量向冬宫发起总攻，推翻了资产阶级临时政府，建立了苏维埃政权。十月革命后，苏联总人口的 72% 是文盲，特别是在数量众

---

[1] 钟雨柔：《"可视语音"：汉字革命与字母普遍主义在中国》，《清华大学学报（哲学社会科学版）》，2021 年第 4 期。

多的少数民族和部族中，文盲的比例更高。其中，有 115 个民族和部族根本没有文字，还有一些民族和部族虽然有文字，但很不完善，极难学习。于是，苏联政府就开始采用国际通用的拉丁字母（即罗马字母）为这些没有文字的少数民族语言制定文字方案。这个可称为"文字拉丁化运动"的语言规划活动从 1922 年开始，一直持续到 1937 年才结束。从我们前面讲述的内容可知，这项工作的必要性不难理解。因为，没有文字就没有记录，很多事情没法开展。比如你做个技术辅导，总得有个教材、有个手册，没有文字，很多事情做不了，一些有现代意义的事情尤其如此。

为什么我们先要介绍苏联的事情？因为在此期间，留学苏联的一些人，很多是中国共产党早期的领导人，他们看到苏联人为他们的少数民族制定拉丁化的拼音文字方案时，就在想我们国家能不能也来搞一套中文的拉丁化字母。拉丁化字母的优势在哪里呢？便于学习，便于扫盲。所有的新国家成立以后，第一件事情是要让更多的人受教育，更多的人识字，这样才能更好地参与国家建设。从国家的角度看，只有将语言规划视为一种人力资源规划时，才能发挥更大的作用。这些留学苏联的共产党员或进步人士，通过了解苏联的实践很快就发现，也许我们自己也可以制定这样的政策，即制定并推行中文拉丁化新文字。

1929 年 2 月，瞿秋白，我党早期的领导人之一，在苏联语言学家郭质生等人的协助下，拟定了第一个中文拉丁化方案，并在 10 月写成一个小册子，叫《中文拉丁化字母》。当时，在苏积极倡议和参加这一活动的中国共产党党员，还有吴玉章、萧三、林伯渠、王昌希、许之桢、李唐彬、张成功等人。次年，也就是 1930 年，瞿秋白的小册子在苏联出版。1931 年 9 月，中国新文字第一次代表大会在海参崴召开，大会以瞿秋白的中文拉丁化字母为基础进行了讨论，并确定了拉丁化中国新文字的方案。由于海参崴华工大多是北方人，大会提出的方案实际上只有一种北方话拉丁化新文字（简称"北拉"），语音标准接近1913年的老国音。按这意思，南方话就是"南拉"，比如说，宁波话就是"宁拉"。

这次会议还通过了题为"中国新文字十三原则"的决议，主要内容如下：中国汉字是古代封建社会的产物，已变成了统治阶级压迫劳苦群众的工具之一，实为广大人民识字的障碍，已不适合于现在的时代；要根本废除象形文字，以纯粹的拼音文字来代替它。并反对用象形文字的笔画来拼音或注音；要造出真正通俗化、劳动大众化的文字；要采取符合现代科学要求的文字；要注重国际化的意义；要达到以上的目的，只有采用拉丁字母，使汉字拉丁化，才有可能。也只有这样才能发展出形式是民族的，而内容是国际的、社会主义的、中国工人及劳动者的文化；中国旧有的"文言"，是中国统治阶级的言语，它和劳动群众活泼的言语是隔离的，学习文言的困难并不少于学习汉字本身；反对那种对于拉丁化的自由派资产阶级的态度，说拉丁化只是初级教育的工具，以后，仍是要教授汉字及文言文的；反对资产阶级的所谓"国语统一运动"；要使有关国际革命的、政治的、科学的及技术的各种术语有机地灌输到中国言语中，只有拉丁化才是一条容易的道路；语言文字是随着社会的、经济的、政治的发展而发展的。它当然要有人力的推动，但它也有必经的过程和步骤。因此实行新文字并不是立即废除汉字，而是逐渐把新文字推行到大众生活中去，到了适当的时候，才能取消汉字；因为拉丁化的出发点，在于根据劳动者生活的语言，所以研究中国方言的工作，在文化政治的意义上，有第一等的重要地位[1]。如果大家试着用此前我们讲过的语言规划的理论架构来

---

[1]　摘自倪海曙编：《中国语文的新生》，时代出版社，1949，第54—55页。

分析这些原则，就会发现，有很多说法是很有趣的。

1931 年 10 月 4 日，《申报》以《发明罗马字写汉文》为题，刊发了一则简短的消息。1932 年，《四海杂志》发表了《在苏俄成功之中国语拉丁化》，向国内报告说有这么一种文字，是劳动大众也可以学习的，可以帮助他们快速扫盲，并且说这个文字在华工中用得很好。1933 年 8 月，《国际每日文选》刊发了焦风翻译的《中国语书法之拉丁化》，共 13 页，这是国内正式介绍拉丁化新文字的第一篇文章，我们待会儿再细讲。1934 年 8 月，世界语者叶籁士等人在上海成立"中文拉丁化研究会"，开始推广拉丁化新文字，草拟了《我们对于推行新文字的意见》，并征求文化界人士的签名。其中提到，"中国已经到了生死关头，我们必须教育大众组织起来解决困难。但这教育大众的工作，开始就遇着一个绝大难关。这个难关就是方块汉字。方块汉字难认、难写、难学。……简单地说，中国大众所需要的新文字，是拼音的新文字，是没有四声符号麻烦的新文字，是解脱一地方方言独裁的新文字。这种新文字，现在是已经出现了。……我们深望大家一齐来研究它，推行它，使它成为推进大众文化和民族解放运动的重要工具。"[1] 在意见书上签名的有蔡元培、孙科、柳亚子、鲁迅、郭沫若、茅盾、陶行知、叶圣陶、邹韬奋、沙千里、胡愈之、方光焘、胡乔木、胡风、胡绳、聂绀弩、贺绿汀等 688 人。1935 年，上海天马书店等机构出版了第一批有关中文拉丁化的材料，如，《中国话写法拉丁化——理论·原则·方案》《工人用拉丁化课本》《拉丁化课本》《拉丁化概论》，作者均为叶籁士。

因为瞿秋白是最早参与到中文拉丁化的人之一，所以我们先说说他的事情。在《中国拉丁化的字母》里，瞿秋白提到："中国的'汉

---

[1] 摘自倪海曙编:《中国语文的新生》，时代出版社，1949，第 120—124 页。

字'，对于群众实在是太困难，只有绅士阶级能够有这许多时候去学他，所以他是政治上文化上很大的障碍。现在，大家承认必须制造字母，例如'注音字母'的两种形式：一种是'汉字式的'，一种是'罗马式的'。但是大家都不大赞成废除汉字，认为中国的'五声'不能用字母表示出来，并且说，中国'字'的声音相同的太多，用字母拼音，就容易混淆，而分别不清楚。其实，汉字本来不是'词儿'，不是外国文里的'word'；在现代的中国话和中国文里，每一个汉字都不过是一个'音段'（syllabe），而不是一个词儿，因此，如果用字母拼出来，并且照欧罗巴的文字一样写法，那么，一定不会混淆的。例如，英国文里，有'international'，有'consolidation'，这些词儿里的'tion'，声音是完全相同的，但是并不因此就互相混淆起来。至于'五声'，也用不着拼出来，因为'五声'不过是一种特别的'重音'（accent），那是无论哪一国的文字都有的。"[①]

从这段话中，可以看出瞿秋白对于汉语，乃至语言学都有比较深刻的理解，其中有些话就是放在今天也仍然有重要的参考价值。他为什么对语言了解这么多呢？因为他是学外语出身的。1917 年，瞿秋白考入北京俄文专修馆学俄语，还担任过苏维埃共和国教育部部长。他积极参与汉字的改革运动，说我们必须进行彻底的文字革命，理清中国文和中国字的关系，造一种真正用白话做基础的中国文，等于中国话的中国文，促进中国发展的中国文。至于用汉字和方言做基础的中国文，就应当完全废止。从此以后，中国文就等于中国话，这句话其实是文言一致理念的延续。瞿秋白对中文拉丁化改革贡献很大，在《中国拉丁化的字母》里，他不仅提出了中文拉丁化字母系统，而且举了不少例子，来说明这个方案能把人说的东西都记录下来。比如，他

---

① 引自《瞿秋白文集》第三卷，人民文学出版社，1989，第 351 页。

举了"是不是人人都靠着自己的劳动而生活的呢?"(She-bu-she jhen-jhen du kaozho zegidi laodon re shenhuo di ni?)这个例子,不仅内容有意思,形式上,也可以看出这种拼音方案的词儿连写、词间分开等特点。1935年2月,瞿秋白被捕,6月18日从容就义,时年36岁。试想,如果瞿秋白不是英年早逝,他在中文拉丁化工作乃至语言规划方面可能会有更多好的成果[①]。

现在我们再回到1933年《国际每日文选》的那篇最早向国内民众介绍拉丁化新文字的文章(图8.4右)。

图8.4 《中国语书法之拉丁化》

从形式上看,这篇文章是E·萧原著,由艾苏德(V. Elsudo)将原著翻译为世界语,再由焦风翻译为汉语。值得注意的是,世界语原

① 有关瞿秋白与语言规划的更多内容,可参考汪禄应:《瞿秋白与中国现代语言规划》,中国书籍出版社,2020。

文的标题《中国革命的字母表》（图 8.4 左），并没有在中译本中反映出来，中译本的标题是世界语版的副标题。世界语原文刊于 *La nova etapo*（《新阶段》，1932 年第二期）。*La nova etapo* 是世界语革命作家国际协会（IAREV）在 1931—1933 年间编辑出版的刊物，主编及作者大多为当时重要的苏联世界语者。原作者 E·萧（Emi Sjao），中文名萧三，原名萧克森，湖南湘乡人，是毛主席的小学和师范学校同学，与陈独秀之子陈乔年一起翻译了《国际歌》。萧三曾去法国和苏联学习，在苏期间参与过拉丁化新文字的工作，他的妻子耶娃·萧（叶华）在回忆录《世纪之恋》中，也提到萧三在莫斯科时，用拉丁字母拼音教她说中国话的事情。从这些信息看，萧三是有资格、有能力撰文介绍拉丁化新文字问题的。遗憾的是，我们无从考究这篇文章萧三是用什么语言写的，但大概率来说，很有可能是俄语。因为在苏联期间，他也用俄语写作并出版过多部诗集。如果用俄语写的话，那么，最早的目标读者是谁呢？或者他就是为了《新阶段》杂志专门写的，后交由艾苏德翻译为世界语。

这个艾苏德又是何许人也？他本名维克多·考林钦斯基（Viktoro Kolcinski），是一位出生于乌克兰的世界语作家，曾积极活跃在全世界无民族协会（SAT）和世界语革命作家国际协会，担任过乌克兰世界语全委会的秘书。1937 年，被当局以从事反苏活动的罪名枪决。考林钦斯基写过一本比较有名的书《无民族主义入门》（*ABC de Sennaciismo*，1924，SAT）。说到这里，有必要插一句，世界语里最权威的 *PIV*（《世界语原文图解大辞典》）一直都是由 SAT 出版的。在这本书出版 80 年后的 2005 年，SAT 重版了这本书，并专门谈了再版的现实意义。有趣的是，考林钦斯基在这本小册子的题记写道 "Proletoj de la mondo, unuiĝu!"（全世界的无产者，联合起来！），而在小册子的最后，又写道 "PROLETOJ DE ĈIUJ LANDOJ, UNUIĜU!" 和 "PROLETOJ DE ĈIUJ

LANDOJ, S. A. T. -ANIĜU!"①，也就是说，联合需要行动，而行动就是成为 SAT 的一员。这话当然有些片面，但至少可以说明考林钦斯基是一个具有进步思想的人，一个具有国际主义思想的无产者。

按照这个路子，那中译者的焦风，应该也是一个笔名。没错，这个人叫方善境，是一个著名的中国世界语者。我在这里啰嗦了半天，是想说明从拉丁化新文字的诞生背景，到海参崴大会的决议，再到这篇关键性文章的原作者、世界语译者、中译者，无不充满了一种无产阶级的气息，一种理想主义的气息，一种革命的气息。这其中世界语者扮演了重要的角色，世界语者在中国语言规划历史上的作用，并没有仅停留在这个特定的时间段，而是一直延续到新中国成立以后的语言文字改革工作中。可能有人会产生疑问，为什么中国的世界语者在语言规划活动中会发挥如此重要的作用？对此，叶籁士 1934 年曾经在《大众语运动和世界语者》一文中写道，"在大众语的集体创造的过程中，毫无疑义地，中国的世界语者应该来负担最艰难的工作。中国的世界语者没有权利以首先介绍拉丁化来自满自足，我们还要系统地来介绍马尔（Marr）、斯皮里多诺维奇（Spiridonovic）、德雷仁（Drezen）诸人的辩证的言语理论，因为只有正确而坚强的理论才能把纷乱的论争导向正当的解决，而在目下，对于这一工作世界语者是无法推诿的。世界语者还须以五十年来世界语集体创造的原则和经验，提供给大众语的建设……这些都是每一个中国世界语者目

---

① 有趣的是，考林钦斯基用两种略有差别的世界语词语翻译了《共产党宣言》中那句著名的结语"全世界的无产者，联合起来！"，在题记中，"全世界"用的是 la mondo，而在结尾时，用的是 ĉiuj landoj。我们核对了《共产党宣言》的四个世界语译本，都是用 ĉiuj landoj 来翻译德语原文的 aller Länder。按照字面意思，ĉiuj landoj 是"所有国家"，而 la mondo 才是"世界"的意思。是不是 ĉiuj landoj=la mondo？这是一个有趣的问题，值得研究，有兴趣的读者可关注一下有关这句名言中文翻译的讨论。

前的使命，我们只有在积极参加大众语的论争中，才能增进我们自身的力量，只有积极参加社会的文化的工作，才能开拓世界语新的园地……民族语的大众语和国际语的 Esperanto 是属于两个不同的言语范畴的，因此大众语的建立决不会阻碍了世界语的发展，相反地，只有中国大众获得了民族的笔头语之后，世界语才更容易为大众所接受，中国的世界语运动才能得到比现在更大的进展。中国的世界语者要积极参加大众语的论争，要支持拉丁化的大众语运动，这样才不愧为一个胸佩绿星章的战士，这样才能掷还'空想的乌托邦主义者'这一个可耻的称号！"[①]

　　关于拉丁化新文字运动的历史，除了刚才提到的《中国语文的新生》之外，还有倪海曙主编的《拉丁化新文字运动的始末和编年记事》（知识出版社，1987），内容极其详实丰富，是研究这一阶段中国语言规划活动的重要参考资料。拉丁化新文字运动一经启动，便走上了快车道，例如，仅 1934—1937 年的三年里，继北拉之后，中国拉丁化新文字先后又设计出了宁波话、上海（江南）话、苏州话、无锡话、温州话、福州话、厦门话、客家话、广州话、潮州话、广西话、湖北话、四川话等 13 种方言的拉丁化方案。1955 年 2 月 21 日，中国文字改革委员会召开第十二次常务会议，决定成立拼音方案委员会，开始设计汉语拼音方案。同年 11 月，全国最后一个新文字团体"上海新文字工作者协会"宣告解散，标志着持续了 21 年的拉丁化新文字运动的结束。21 年中，全国有二十多万人学习了拉丁化新文字，成立团体不下 300 个，出版图书 110 多种，创刊刊物 80 多种。如此大规模的语言规划活动，理应值得继续探讨，进而发现更有趣的结论。

　　我们知道，任何大范围的语言规划活动要想取得成功，政府机构

[①] 摘自《叶籁士文集》，中国世界语出版社，1995，第 36—37 页。

的参与很重要，因为政府可以调动教育系统，而国家教育系统已被证明是一个语言规划活动能否成功的关键要素。从这一点看，拉丁化新文字运动，在那时的中国基本算是一种群众运动，是一种从下至上的语文运动，当时的国民政府不仅不支持，还打压。在焦风翻译的萧三那篇文章里面有一句话，"在 XXX 统治下的中国自然不能实现中国书法之拉丁化"，原文是 "En la kuomintanga Ĉinio, certe, estas neeble realigi la latinigon de l'ĉina skribo"。这里 XXX 代替的就是"国民党"，在这种情况下，拉丁化新文字要想走入国家教育体系，基本上是不可能的。1936 年 1 月 1 日起，国民政府开始查禁新文字，下令禁止报纸刊登关于新文字的文章，许多人因写拉丁化新文字被抓。有人认为，国民政府极力反对新文字的原因，是担心新文字的推广会影响注音符号的地位。但这只是表面现象，因为明眼人很容易看出来，令当时的统治者真正害怕的是，在背后推动新文字运动的革命的力量，进步的力量。如同语言不只是交流的工具一样，文字也不只是一种简单的书写符号。

与国民政府的打压政策不同，中国共产党人对待新文字的态度完全不一样。我们将目光转向当时中国革命的圣地——延安。1935 年，蔡元培等人领衔签署的《我们对于推行新文字的意见》发表后，毛泽东在给蔡元培的致信中充分表达出对新文字的肯定："读《新文字意见书》，赫然列名于首位者，先生也。二十年后忽见我敬爱之孑民先生，发表了崭然不同于一般新旧顽固党之簇新议论，先生当知见之而欢跃者绝不止我一人，绝不止共产党，必为无数量人也！"从 1936 年开始，延安地区正式开始传习新文字。1940 年 1 月，毛泽东发表《新民主主义论》，指出"文字必须在一定条件下加以改革，言语必须接近民众"。说到这里，我想也有必要提及一下 1942 年 2 月 8 日毛泽东在延安干部会议上作的题为《反对党八股》的报告。在谈到党八股的第四条罪状

"语言无味，像个瘪三"时，毛主席说，学好语言，应从以下三个方面着手："第一，要向人民群众学习语言。第二，要从外国语言中吸收我们所需要的成分。第三，我们还要学习古人语言中有生命的东西。"我们认为，这三点不仅对于好的文风至关重要，也对于语言规划与语言研究具有指导意义，因为这三点不仅涉及理论、实践与对象问题，也关注了语言研究与学习中的中外和古今关系。1941 年 5 月 15 日，油印的延安《Sin Wenz Bao》(《新文字报》)改为铅印，铅印版第一期有毛泽东的题字："切实推行，愈广愈好"。朱德的题字是："大家把适用的新文字努力推行到全国去"。1940—1943 年间，陕甘宁边区出版了新文字图书 15 种。

从语言规划的角度看，拉丁化新文字运动有许多值得深入研究的地方，可以结合我们此前所讲的各种语言规划的框架，做进一步分析。我们讲了这么多拉丁化新文字的一个重要目的在于，拉丁化新文字与后来的汉语拼音的关系，如同沃拉普克与世界语的关系，都是非常具有学术意义的论题。我们认为，对于拉丁化新文字运动的了解，这个世界没有人能超过叶籁士，这里不妨看一下叶老为倪海曙编著的《拉丁化新文字运动始末和编年纪事》写的序言："拉丁化新文字运动是解放前中国历史上推行最广、影响最为深远的一次文字改革运动。……这是一次中国拼音文字的伟大实验。它证明了汉字改革走世界文字共同的拼音方向是可行的，同时也说明了中国文字改革的道路是漫长的。应该说，它是一次极为有益的探索。它的经验，包括它的不足之处，都值得今天的我们记取。"

（三）民国时期的汉字简化

接下来，我们再说下民国时期有关汉字简化的事情。在中国历史上，汉字简化一直都是存在的。因为自从有了汉字，汉字简化就没有停歇过，至少在使用者手中就没有停歇过。文字的简化符合人类的省力原则，所以在各种文字的演变过程中，简化都是一种常态。但把简体字作为正统文字来用，直到清末才有人提出来。1909年，陆费逵在《教育杂志》创刊号发表了《普通教育当采用俗体字》（见图8.5左），标志着我国现代意义上简体字运动的开始。

　　1909年，实际上还是在晚清，两年以后才进入民国，但是因为离得很近，我们也把它放在民国来说。之前人们很少提到简体字的问题，大多只是说要废除汉字。虽然陆费逵发出了呼吁，但并没有多少人跟随或公开发表太多与之相关的意见。1922年，国语统一筹备委员会召开第四次大会，钱玄同提议，陆基、黎锦熙、杨树达联署，提出一个减省现行汉字的笔画方案，主张简化汉字（图8.5右）。他们认为，既然世界语代替不了汉字，尽管提出了很多好的理由，但实际上是行不通的，因为还没有哪个国家成功过，那把汉字简化下也好。汉字繁难，改用拼音是治本，现在减少笔画，就把治本和治标结合起来，所以钱玄同他们又出来说这个事情。另外，对比图8.5左右的标点可以看出，陆费逵的标点比较简单，基本就是个句号，但钱玄同的标点已经接近现在的用法，而且也改为了横排，这在当时是很少见的。

　　1923年，胡适在《国语月刊》汉字改革号的《刊头语》中说，"中国的小百姓做了一件惊人的革新事业：就是汉字形体上的大改革，就是'破体字'的创造与提倡。"这里的破体字就是简化汉字。1927—1934年，热心于简化字运动的文字工作者在很多杂志上发表倡导简化字的文章，写了不少专书。1935年，上海有15种杂志试用手头字，就是简化字。1935年8月，国民政府教育部公布《第一批简体字表》——注意，这是从政府的角度公布的第一批简体字。中国历史上第一批简体字有324个，但是马上遭到国民党元老戴季陶等人的反对。半年以后，1936年2月，国民政府下令不必推行，停止以政府名义支

主张

普通教育当采用俗体字

陆费逵　《教育杂志》本社

文字用符号代言语所以便记忆、免遗忘也。符号愈简则记忆愈易、遗忘愈难而其代言语之用固与繁难之符号无异。我国文字繁多、其通行者不求美以字母切音日本以假名切音而其习文字者各一义一形各一音、歧异繁复、学者苦求读识字之人太少、也。此种文字、繁难之法所由创也。

书识字可期普及、我国文字义主象形字各一形各一音、而最易记其义而最易记其音者莫如采用俗体字、此种繁复实苦难省起其便利与正体字通行之法。如体作体、鐘作钟。皆易习易记其便利太远一也。……

通教育字人多不可不求……

识字之人数、……

或疑非出於天然今老师宿儒因习惯已久遂谓正体字雅观俗体字不雅观者改用既

人造非出於天然今老师宿儒因习惯已久遂谓正体字雅观俗体字不雅观者改用既

减省现行汉字的笔画案

钱玄同

现行的汉字，笔画太多，书写费时……

我也是赞成这种主张的一份子。我以为改用拼音是治本的办法，减省现行汉字的笔画是治标……

图 8.5　陆费逵、钱玄同关于汉字简化的论述

持简体字。为什么我们之前说的国音国语的改革，虽然效果也不好，但政府还是积极的？说起来，像"国罗"这样的一些切音字运动，真正的影响还不如"北拉"。"北拉"是群众发起的一种运动，基本上是群众运动。但国民政府是支持国音的，支持罗马字、支持切音字。但为什么简化汉字半年以后就废止了？这是个很有趣的现象。一般来讲，简化汉字中简化出来的这些汉字都是老百姓已经在使用，也就是在现实生活中已经使用这种简体字了，但是政府不支持。而国音，老百姓根本就没有用，但是政府却支持。也就是说，政策和实践是不匹配的，老百姓使用的政府不支持，即便不支持老百姓仍然在用；政府倡导的国音，老百姓却不用。这个现象值得进一步研究，我们认为可能与语言规划活动应该坚持顺势而为的原则有很大关系。30 年代汉字简化的事情过去以后，民国时期基本就没有再搞什么重要的语言规划活动，所有问题也都遗留到新中国成立后。

第四节　中国近现代语言规划的成熟
——新中国初期的文字改革

1949 年之后的 10 年，从语言规划的角度看，可能是人类历史上最有意义的 10 年，因为新中国发起了一次大规模的国家层面的语言规划活动，也就是文献中经常提及的文字改革工作。

（一）新中国文字改革的主要内容

1949 年 10 月 1 日，中华人民共和国成立。我们之前说，国民政府讨论语言问题是在建立一年后，但新中国成立 10 天后，便成立了文字改革协会，可见当时对这个问题是多么重视。协会成立之初，主要工作是汉字改革研究、汉语和汉语统一问题的研究。1951 年 6 月 6 日，《人民日报》发表社论《正确地使用祖国的语言，为语言的纯洁和健康而斗争！》（如图 8.6 所示）。请注意，以社论形式讨论语言文字问题，这在新中国历史上并不多见。同日，《人民日报》开始连载吕叔湘和朱德熙合写的《语法修辞讲话》。

1952 年 2 月，文字改革研究委员会（简称"文改会"）成立，过去是协会，现在是研究委员会，当时提的年度主要工作是提出中国文字拼音化的方案，整理汉字并提出简化方案，试验拼音文字的教学方法。其他国家成立以后，大多都会关注国家共同语的问题，但文改会在 1952 年的任务里，并没有共同语的选择和创制，这也比较有趣。由此可以看出，中华人民共和国成立之初语言规划活动的重点，是汉字的拼音化和简化问题，而不是国家共同语的问题。这和其他新独立的国家不同，因为大多数国家都将共同语的确立视为国家语言规划的主要目标。造成这种差异的原因可能是，由于当时汉语书面共同语已经基本成型，汉字作为一种数千年来连接各方言、语言的书面交流工具，

图 8.6　六六社论

已被历史证明是行之有效的。因此，如何解决汉字的识读问题成为首先应该解决的语言文字问题。

1955 年 1 月 1 日，《光明日报》首先实现了横排，注意，横排问题是民国时期一直纠结的一个东西，直到这时才得以解决。一个星期后，教育部、中国文字改革研究委员会联合发表了《〈汉字简化方案〉草案》。同年 10 月，教育部、文字改革研究委员会又联合召开了全国文字改革会议，首要任务是解决两个迫切的问题：通过《汉字简化方案》和推广以北京语音为标准音的普通话，即汉民族共同语。这说明，在中华人民共和国建立 6 年后，人们开始认识到一种全功能民族共同语的重要性。在这次会议上，汉民族共同语也有了新的名字——普通话。其中，"普通"二字的涵义是"普遍"和"共通"，不是说这个语言很一般、很普通。与此同时，还召开了"现代汉语规范问题学术会议"，第一次全面、系统地论述了与汉语规范化有关的基本理论问题，明确了"普通话以北方话为基础方言，以北京语音为标准音，是符合汉语的实际情况和历史发展的"。"普通话"作为一个概念，被赋予了新的涵义，获得了汉民族共同语的标准语地位。1956年，国务院成立"中央推广普通话工作委员会"，发布了《关于推广普通话的指示》，不但强调了民族共同语对于国家的重要性，而且也从语音、词汇和语法三个角度，第一次给普通话下了一个比较完整的定义："汉语统一的基础已经存在了，这就是以北京语音为标准音、以北方话为基础方言、以典范的现代白话文著作为语法规范的普通话。"

在普通话的定义里，语音和词汇方面比较好理解。但从语法的角度来看，"以典范的现代白话文著作为语法规范"，那么谁是典范？现代白话文著作里谁是代表性的人物？哪些人的作品是普通话语法规范的基础？这在当时没有详细说明。实际上，一直到现在，我们还不是十分清楚到底什么是现代汉语或者说普通话的语法规范。如果按照当时的实际情况，那些主要的白话文著作都来自于江浙沪皖地区，因为那时的许多作家都出生在这个区域。注意，这些人从小使用的方言，本身和北方的方言就不一样。所以这里就有一个问题，他们原来自己个人所在的方言区的语言对现代汉语的影响到底有多大？这是我们需要研究的。我们每天都在说普通话，都在使用现代汉语，但作为语言研究者的我们，好几十年过去了，却连一些基本的东西都没有搞清楚，也许是时候搞清楚到底何为典范和典范何谓的问题了。有理由相信，这一批江浙沪皖的作家，肯定会把他母语（方言）的痕迹带进来，那就自然会影响到北京语音和北方话的基础，这些都值得进一步研究。

1957—1962 年，普通话审音委员会分三次发表了《普通话异读词审音表初稿》，审订了 1800 多个异读词的读音，并于 1963 年将三次初稿辑录成《普通话异读词三次审音总表初稿》，交由文字改革出版社出版发行。1985 年普通话审音委员会拟定的《普通话异读词审音表》正式公布，对现代汉语的语音规范和普通话的推广起了积极作用。

我们再来看汉语拼音。1951 年成立的文改会，下设汉语拼音委员会，委员会由吴玉章、胡愈之、韦悫、丁西林、林汉达、罗常培、陆志韦、黎锦熙、王力、倪海曙、叶籁士为委员（后又增加周有光、胡乔木、吕叔湘、魏建功，共 15 人）。委员会制定的汉语拼音方案，于 1958 年在全国人民代表大会上通过。注意，汉语拼音方案推行的时候级别更高，通过了全国人民代表大会的表决。但我们一直在强调它是辅助文字，是汉字拼音的辅助汉字而不是要代替汉字，这可能是吸取了此前的经验教训。晚清时期，人们吵闹着要废除汉字，是过于理想主义的做法，所以最终没有成功。语言不仅是交流的工具，针对它的规划与政策需要考虑文化、认同等因素。1982 年，国际标准化组织文献工作技术委员会也通过决议，规定把《汉语拼音方案》作为文献工作中拼写有关中国的专门名称和语词的国际标准。

1956 年，汉字简化也有了进展。这时候，政府公布了《汉字简化方案》（515 个简体字和 54 个简化偏旁），1964 年类推成为《简化字总表》（2236 字）。汉字原来是从上而下、从右到左直行书写的，五四运动时期提倡改为从左到右横行书写，但是只在少数科技书刊应用。1956 年推广横行书写，用于一切报章、杂志和书籍，只有翻印古书等特殊场合仍用直行书写。横行书写，当年基本上就在全国铺开采用了。由此可以看出，文字简化所蕴含的力量。前面提到，1935 年国民政府推出汉字简化方案后，很快就废止了。这说明在汉字简化这件事情上，传统的力量、历史的力量，都起到了非常重要的作用。

前面也说过汉字简化的事情，从古到今，老百姓在日常生活中大多会自觉使用简化汉字，因为这不仅符合文字演变规律的，也符合省力原则。新中国成立前，解放区的油印书报刊物已经使用简体字。我们中央政府、我党的报刊就使用简体字，在新中国成立之前，就开始使用简体字了，因为看起来舒服、省力，可以让更多的人看到、看懂，这不很好吗？新中国成立后的汉字简化很重要，第一次文改会的任务还没有讲普通话的事情，就有简体字、有汉语拼音了。也就是说新中国成立后，汉字的简化受到政府的特别重视。1954 年，中国文字改革委员会成立，拟出《汉字简化方案（草案）》。1955 年召开的全国文字改革会议对《汉字简化方案修正草案》作了修改，通过了《第一批异体字整理表草案》。1956 年，《汉字简化方案》公布。1977 年又发布了《第二次汉字简化方案（草案）》。

注意，这是 1977 年，毛主席、周总理他们都是 1976 年去世的，1977 年推出了二简，但是没有成功。1986 年，根据试行中征求到的各方意见，国务院指示废止《第二次汉字简化方案（草案）》。二简里的好多字，实际上也是老百姓在使用的字。为什么 1956 年的一简成功了，而 1977 年的二简又废止了呢？1935 年，当时国民政府推出来汉字简化后，很快有人反对就废止了。新中国在 1956 年推出简化字后，大家都觉得很好。但是 1977 年又推出个二简，这个二简并不是完全凭空创造的，也有好多是老百姓已经在使用的文字，但不到 9 年以后就废止了。同样的一个政府，在不同时期做了同一件事情，为什么前面行后面就不行呢？可以把 1935 年、1956 年和 1977 年的方案都联系起来研究。1956 年和 1935 年方案有很多地方是一样的，为什么后者失败了？汉字对于中国人、中华文化的影响太大了，在围绕汉字的事情上，这个问题值得深入研究。我们自己做过一些初步研究①。文章的第一作者是我在中国传媒大学的硕士生潘夏星，他在读硕士的时候听了我的语言规划课，写了这个文章。他硕士毕业后来浙大跟我读博，入学不久后，就把稿子整理出来投稿，结果他到华侨大学工作以后，文章才发表出来，中间花了有六七年的时间。这篇文章用阿格的"7i 模型"和库普尔的"八问方案"，分析了三次简化汉字方案的问题，很有意思，感兴趣的可以看看。

汉字简化这个事情实际上远没有结束。我们之前提到，晚清的时候，人人都想参与改变语言的活动，人人都想当仓颉，因为大家受的刺激太大，觉得汉字不改不行了。那时的刺激主要源于甲午战败。那么，现在这和平时期为什么又有什么事情会激发人们做仓颉的热情呢？汉字由于其结构的特殊性，在使用中会遇到两个问题，一个是简化问题。但简化或不简化，老百姓使用的都是简化字，官方的简化字意味着能在出版物上使用，但是老百姓想怎么写就怎么写。这个问题还不是要命的，就是慢一点而已，效率低一点而已。但信息时代的到来，带来的问题更严重。因为计算机是美国发明的，更适合拼音文字的输入。汉语要进入计算机，先得解决输入这个拦路虎。于是，怎么用几十个键的键盘来输入几千个汉字，就成了新时代仓颉们的一项重要任务，开启了一个"万码奔腾"的时代。换言之，重大的发明和技术变革出来的时候，有可能会影响语言的变化和语言规划的行为。赵守辉在巴尔道夫指导下的博士论文就从语言规划的角度研究了这个老问题②。守辉在文中选择用库普尔的模型来进行分析。汉字在计算机中的

---

① Pan, X., Jin, H., & Liu, H. (2015). Motives for Chinese script simplification. *Language Problems and Language Planning,* 39(1), 1–32.

② Zhao, S., & Baldauf, R. B. (2008). *Planning Chinese Characters: Reaction, Evolution or Revolution?* Dordrecht: Springer.

输入问题，其实是社会变化、信息化、计算机化而导致的语言文字使用问题。所以这个时候，自然就会产生一个问题：最古老的书写系统和最现代的信息技术之间的矛盾，应该怎么来解决？汉字的事情虽然不是"语言"规划，属于文字规划，但确确实实是个问题[1]。显然，这种由于新技术的发展导致的语言变革，不仅仅涉及汉字，而是一个世界性的问题。新技术会带来新问题，新问题需要新方法。就信息时代而言，语言信息处理的规范化与标准化可能是最重要的问题之一。而规范化与标准化，不仅需要国家层面的介入，也需要密切的国际合作。在国家层面，中国国家语委为此专门成立了语言文字信息管理司负责这方面工作。在国际层面，不仅 ISO 等国际标准化组织设有专门的部门，而且也出现了不少国际性组织来协调处理本地区国家在信息时代的语言问题，例如，欧盟正在实施"数字时代的语言平等"计划[2]，这项计划涵盖了来自所有欧洲国家的 52 家合作伙伴，期望在 2030 实现完全的数字语言平等。这里所谓的数字语言平等指的是，能够处理各国主要语言的技术水平应大致相当。毫无疑问，这样的做法值得肯定，但生活在数字时代的人类还是人类，技术解决不了我们在前面提到过的语言规划需要解决的所有问题。因此，如何发挥人的主观能动性，迎接克里斯特尔说到的"语言革命"，可能是当代语言规划的研究者与语言政策的制定者必须面对的挑战。

　　研究中国语言文字特有的问题，我们中国人有得天独厚的条件，但"旁观者清"的说法有时候也有一定的道理。我们有必要了解外国学者如何通过他们自己的一些理论来研究汉字规划的问题。他们没有

---

[1]　石静远的新作《汉字王国》，对 1900 年以来围绕汉字的主要语言规划活动进行了深入的分析研究，值得参考。Tsu, J. (2022) *Kingdom of Characters: the Language Revolution that Made China Modern*. New York : Riverhead.

[2]　https://european-language-equality.eu/.

生活在中国文化的环境里，但从纯粹学术的角度来看，他们又会是怎么想的？杨旸和赵守辉分析了外国学者对于中国文字规划的看法[1]，值得参考。1935 年、1936 年时，戴季陶反对汉字简化，他是国民党元老，代表了一方的力量。一件事要搞成功，可能只凭一个人不容易做到，但是失败的话，一个人就足够了。这也就是我们常说的"成事不足、败事有余"。成事可能要涉及很多因素，但败事往往只要有一个阻碍的人，可能这个事情就黄了。但在涉及汉字简化的时候，其实各方面的人都应该考虑到。人在文字简化，尤其在中国汉字简化的过程中，可能起到特别重要的作用。守辉也写过一篇文章，研究人的能动性在文字简化中的作用，发表在 LPLP 上[2]。

说到人，那是语言规划活动中非常重要的因素。前面提到过，世界语者对拉丁化新文字运动的贡献很大。新中国成立以后成立的文改会，在很长一段时间的实际负责人是叶籁士，而且第一批成员里很多也都是世界语者。不仅如此，世界语者从 19 世纪初期就开始参与到中国的语言规划。可以说，1911—1958 年这个时间段，世界语者在中国的语言规划中起到过非常重要的作用，这些人在不同时期发挥了不同的作用。王亚蓝和我写过一个文章，采用我们前面讲过的语言规划分析模型，探讨了这一时期内，世界语者在中国语言规划的不同时期发挥的不同作用。该文对人（世界语者），或者说对语言规划者，给予了充分的关注和认可。

当然，我们也应该认识到，汉字简化是中国语言规划中才有的独特的现象，这也是我们开展研究的优势所在。尽管在传统的汉字文化

---

[1] 杨旸、赵守辉：《中国文字规划的海外研究——历史、规模及视角》，《中国语文》，2019 年第 4 期。

[2] Zhao, S., & Baldauf, R. B. (2012). Individual agency in language planning: Chinese script reform as a case study. *Language Problems and Language Planning,* 36(1), 1–24.

圈国家，包括日本、朝鲜、越南等国在内，曾经都使用过汉字，但我们的汉字和他们的汉字是不一样的。这些国家只是借了一个表意的符号，而我们的汉字则与语言紧密交织在一起。以汉字简化规划改革等为例来进行研究，一直是有关中国语言规划的、长盛不衰的课题，在国内外语言规划领域的期刊上都是如此。即便如此，也还是有很多值得继续深入研究的东西，只有这样，才能真正讲好中国故事。

最后，我想说，我国在 50 年代开展的语言规划活动，其取得的成果是有法律制度保障的。1982 年 12 月，新修订的《中华人民共和国宪法》，在第 19 条中明确规定："国家推广全国通用的普通话"。2001 年 1 月 1 日起施行的《中华人民共和国国家通用语言文字法》，确立普通话和规范汉字为国家通用语言文字，并规定"国家推广普通话，推行规范汉字"。

（二）从数据看文字改革的效果

新中国成立后，中国语言学做出的最大贡献是参与了新中国成立初期开始的三大语言规划，即：汉字简化、汉语拼音、普通话推广。这三种活动，无论是涉及的人数，覆盖的范围，还是效果，都是人类历史上少见的。虽然我们多次提到，与其他国家层面的规划相比，语言规划具有时间长、难评估的特点，但从 20 世纪 50 年代国家推行文字改革的政策到现在，差不多也有 70 年了，下面我们通过一些公开发表的数据，来大致看一下这几项规划活动的效果。

文盲率是衡量一个国家软实力的重要指标，这一点从前几讲的内容也可以看出，扫盲和书面语的标准化一般都是一个国家现代化建设的重要环节，也是国家人口统计中几乎唯一与语言有关的指标。早在 1945 年，毛主席就在《论联合政府》一文中明确指出："从百分之八十的人口中扫除文盲，是新中国的一项重要工作。"按照 2021 年 5 月国家统计局发布的"第七次全国人口普查公报"，全国人口中的文盲率为2.67%，而在新中国成立之初，全国的文盲率80%，农村地区更是高达95%以上。这一成就的取得，是与以上提及的三项语言规划活动密不可分的。下面我们再来详细看一下有关数据[①]。

全国能用普通话进行交际的人口比例为53.06%[②]，能用汉语方言进行交际的人口比例为86.38%，能用少数民族语言进行交际的人口比例为5.46%。其中，66.03%的城镇人可操用普通话，乡村能用普通话的占45.06%。这一比例说明农村和城镇可操用普通话的人数有差别，但差别并不很大。我们认为，能取得这一成绩，是与国家推行的九年义务教育分不开的，因为即使是在农村，普通话也是主要的教学用语。以下数据则反映出教育对于普通话推广的影响。没上过学的人中只有10.36%的人会普通话，25.49%的上过小学的人会普通话，在初中文化的人中这一比例上升到56.08%，高中达75.76%，而受过高等教育的人中，86.77%的人都会普通话。调查还显示，有70.52%的人是通过学校学习的普通话，10.36%的人是通过广播电视学的，15.33%的人是通过社会交往掌握普通话的。

在15—69周岁的人群中，年龄越低，能用普通话交际的比例越高；受教育程度越高，能用普通话交际的比例也越高。60—69岁年龄段人群能用普通话交际的比例为30.97%，而15—29岁年龄段的比例高达70.12%。"没上过学"人群能用普通话交际的比例为10.36%，而"大专及以上"人群达到86.77%。这再次说明，教育系统在语言规划的实施过程中扮演了重要的角色。

---

① 以下数据大多摘自《中国语言文字使用情况调查资料》，语文出版社，2006。

② 按照2020年的一份涉及约18.2万人的全国普通话普及情况抽样调查显示，全国普通话普及率达80.72%，比这里提到的2000年的数字高了27.66%。（《中国语言文字事业发展报告》，2021）

按照职业来分，教师中 85.62% 的人会普通话，公务员中 77.76% 会普通话，而从事农业生产的人只有 33.42% 的人会普通话。这说明，注重教师和公务员的推普策略是行之有效的。

中国是一个多方言的国家。按照方言区来统计，在官话区（北方方言区）会普通话的人有 49.92%，晋语区 43.61%，吴语区 69.40%，闽语区 80.28%，粤语区 61%，客家话区 64.36%，赣语区 60.86%，湘语区 54.80%，徽语区 56.13%，平话区 51.66%。这个数据值得多说两句。各个方言区的普通话普及率是不一样的。比如，北方官话区，也就是北方方言区，只有一半的人会普通话。大家想想普通话的定义，是不是觉得有点意思？更有意思的是，晋语区只有 43% 左右。山西的地理位置处于北方，但这里的人跟其他北方人不太一样，晋语区在所有方言区会普通话的百分比是最低的。你再看闽语区，80.28%，还有吴语区、粤语区、客家话区、赣语区也都超过了 60%。由此，我们会产生很多疑问：为什么南方方言区的普通话普及率这么高？为什么晋语区——当然不止山西省，还有陕北这一块，内蒙古也有一块——的普通话普及率这么低？是实施的力度不够？对外交流不多？还是原来的方言可以凑合着与外界交流？或者是历史上山西作为移民输出主要地区的社会心理"后遗症"？[①] 这些都很有意思，值得好好研究。

我们再来看文字使用和汉语拼音的情况。

在文字方面，全国平时主要写简化字、繁体字的比例：写简化字 95.25%，写繁体字 0.92%，两种都写 3.84%。全国阅读繁体字书报困难程度的比例：基本没有困难 35.98%，有些困难但凭猜测能读懂大意 41.3%，困难很多 22.71%。

全国会认读和拼写汉语拼音程度的比例：会 44.63%，会一些

---

① 安介生：《山西移民史》，三晋出版社，2013。

23.69%，不会 31.68%。会汉语拼音的人群在各种情况下使用汉语拼音的比例如下：查字典 86.23%，计算机打字 23.36%，在教学中用 20.53%，辅导孩子学习 55.30%，书写中代替汉字 27.49%。

简化字的使用比例高达 95% 以上，这说明，文字的简化符合人类的省力原则，换言之，汉字简化是一种顺势而为的语言规划活动。而汉语拼音的定位是一种辅助文字，以前除了在识字阶段外，使用的场景不多，但随着智能时代的到来，使用拼音的场合也越来越多，这方面的数据在未来应该会有大幅度提高。

规划语言，就是规划社会。语言不只是交际的工具，也是文化的容器、身份的象征、知识的载体、心智的窗口、思维的手段和国家的资源。随着"一带一路"倡议的开展和"人类命运共同体"理念的提出，语言规划的目标、对象，也有了新的变化，需要从新的全球治理体系出发，在更为广阔的国际环境和更为错综复杂的国际关系中考虑和平衡人、语言以及社会之间的关系。语言规划不仅要顺势而为，也要与时俱进、因时而变，更要注意隐性因素的作用，不能觉得有了规定与条文，就可以高枕无忧。语言规划的研究和实践任重道远，让我们为建设美好的"人类命运共同体"一起努力吧！

语言规划基本文献选目 ^①

[1] Ager, D. (2001). *Motivation in Language Planning and Language Policy*. Clevedon: Multilingual Matters.

通过丰富详实的案例，阐释影响语言规划与语言政策的七大动因：身份认同、意识形态、形象、不安全感、不平等、融合性和工具性，并在此基础上构建语言规划的"7i 模型"。提出语言规划的动因不是单一的，而是一个复杂的且涉及社会、政治、经济和心理等诸多因素的多维结构。中译本名《语言规划和语言政策的驱动过程》，2012 年由外语教学与研究出版社出版。

[2] Alisjahbana, S. T. (1976). *Language Planning for Modernization: The Case of Indonesian and Malaysian*. The Hague: Mouton.

早期语言规划国别研究的代表作，将语言规划看作"语言工程"（language engineering），重点探讨印度尼西亚语和马来语的现代化、标准化过程及其存在的问题。

[3] Ammon, U. (1990). German as an international language. *International Journal of the Sociology of Language*, 83, 135–170.

---

① 20 世纪 50 年代、60 年代以来，语言规划领域的发展日趋成熟，国内外发表的相关成果可谓汗牛充栋，要在众多文献中挑选出 120 篇（部）有代表性的论著，不是一件易事，很多文献限于篇幅原因不得不忍痛割爱。因此，这里所谓基本或经典，实有主观之嫌，必有挂一漏万的情况，还请读者见谅。另外，考虑到语言规划学科的历史发展及未来趋势，也收录了 20 世纪 20 年代、30 年代与语言规划密切相关的文献以及少量近年出版的文献。同时，鉴于中文文献比外文文献更易于获取，我们在这里侧重介绍外文文献。

提出衡量国际语的几个关键指标，包括母语人口数量、语言作为官方语言的使用情况、语言在国际组织、国际会议、科技文献和广播领域的使用情况，等等，并结合相应指标对德语和主要国际性语言进行了比较分析。

[4] Ammon, U. (2015). *Die Stellung der deutschen Sprache in der Welt.* Berlin: Walter de Gruyter.

概述德语的国际地位，详细考察德语的使用人数、德语作为官方语言和少数民族语言的情况以及德语在商业、科技和外交等领域的使用，同时回顾德语的全球推广政策。本书对研究语言的国际化及语言传播政策有借鉴意义，目前已被翻译为英语，名为 "*The Position of the German Language in the World*"，2020 年由劳特利奇出版社（Routledge）出版。

[5] Annamalai, E., Jernudd, B. H., & Rubin, J. (Eds.) (1986). *Language Planning: Proceedings of an Institute.* Mysore, India: Central Institute of Indian Languages.

1980 年在印度迈索尔（Mysore）召开的国际语言政策会议论文集，主要关注多语主义和少数族群的语言问题，既有理论方面的探讨，又有具体的国别案例分析，但讨论对象大部分集中在发展中国家，尤其是印度。

[6] Baldauf, R. B. (2012). Introduction–Language Planning: Where have we been? Where might we be going. *Revista Brasileira de Linguística Aplicada*, 12(2), 233–248.

简要回顾语言规划学科的发展历史，梳理四个语言规划流派概况：古典学派、管理学派、语域学派和批判学派，同时展望在国际化和全球化的大背景下，21 世纪语言规划学科的重点问题。本文是一篇较好的综述文章，有助于厘清学科的整体发展趋向。

［7］Bamgbose, A. (1989). Issues for a model of language planning. *Language Problems and Language Planning*, 13(1), 24–34.

以理论建构为导向，探讨与语言规划模型相关的几个因素：决策类型、规划机制、事实调查分类、规划层级以及地位和本体的区分，同时提出语言规划模型应该考虑在事实调查、政策制定、实施和评估等阶段的顺序。

［8］Berdichevsky, N. (2004). *Nations, Language and Citizenship*. London: McFarland.

基于 26 个国家与地区的案例，综合领土、宗教、种族、历史连续性等诸多因素，考察语言在国家认同和发展等方面的重要性。

［9］Bodmer, F. (1944). *The Loom of Language*. New York: W. W. Norton & Company.

20 世纪 40 年代畅销的语言学科普书，较早使用术语"语言规划"（language planning），第三部分"世界语言问题"立足国际交流和跨语交流，讨论"语言的弊端""语言规划的先驱者""为新秩序的语言规划"等问题，这些与现代意义上的语言规划联系密切。

［10］Cobarrubias, J., & Fishman, J. A. (Eds.) (1983). *Progress in Language Planning: International Perspectives*. Berlin: Mouton Publishers.

反映 20 世纪 80 年代国际语言规划研究新进展的论文集，全书按决策选择、标准化、北美的语言规划、实施和评价五个主题进行编排，所收录论文都对相应主题做了深入探讨。文集对美国、加拿大等发达国家语言问题的讨论，说明语言规划的研究对象已不仅限于发展中国家，充分体现出副标题"国际视野"的含义。值得一提的是，豪根（Haugen）的文章《本体规划的实施：理论和实践》，系统阐释并修订了此前提出的"四格模型"，是 80 年代语言规划研究在理论构建方面的重要成果。

[11] Cooper, R. L. (Ed.) (1982). *Language Spread: Studies in Diffusion and Social Change*. Bloomington: Indiana University Press.

第一本全方位探讨语言传播问题的论文集。全书共收录 15 篇论文，涵盖了与语言传播相关的诸多问题，既有理论方面的探索，也讨论了通用语、宗教和机构等因素对语言传播的影响，涉及的案例非常广泛。其中，库普尔（Cooper）的文章《语言传播的框架研究》，尽管致力于构建语言传播的理论框架，但为后续语言规划"八问方案"的提出奠定了重要的理论基础。

[12] Cooper, R. L. (1989). *Language Planning and Social Change*. Cambridge: Cambridge University Press.

语言规划理论的奠基之作，借鉴创新扩散、市场营销、权力论和决策论等相关学科的知识体系，构建出分析语言规划活动的"八问方案"。该方案具有跨学科的性质，是一种经典的语言规划理论架构，在学界产生了重要影响。库普尔反复强调语言规划与社会变迁之间的关系，揭示出社会变迁才是语言规划发展的动力来源。此外，本书另一大贡献在于将习得规划独立出来，使其成为与地位规划和本体规划并列的新维度。中译本名《语言规划与社会变迁》，2021 年由商务印书馆出版。

[13] Coulmas, F. (2016). *Guardians of Language: Twenty Voices through History*. Oxford: Oxford University Press.

语言规划的科普通俗读物，精心选取世界历史上的 20 位个体规划者，关注他们如何培育、管理语言并制定语言政策。所选案例大多都是关于自然语言的规划，唯一的例外是柴门霍夫与计划语言（世界语）。

[14] De Francis, J. (1950). *Nationalism and Language Reform in China*. Princeton, New Jersey: Princeton University Press.

西方世界研究中国近现代语言规划的经典文献之一，从政治学和语言学的双重视角，探讨国家民族主义和中国文字改革的关系问题。

［15］De Swaan, A. (2001). *Words of the World: The Global Language System*. Oxford: Polity.

从政治社会学和政治经济学的角度，提出全球语言分类的星系层级系统，由低至高分别为边缘语言、中心语言、超中心语言和超超中心语言。同时，提出衡量语言交际潜能的"Q 值理论"。中译本名《世界上的语言：全球语言系统》，2008 年由花城出版社出版。

［16］Dil, A. S. (Ed.) (1972). *The Ecology of Language: Essays by Einar Haugen*. Stanford, California: Stanford University Press.

收录豪根在 20 世纪 70 年代以前发表的代表性论文 18 篇。其中，部分论文现已成为高被引经典论文，如《现代挪威的语言规划》（*Language Planning in Modern Norway*）、《语言的生态》（*The Ecology of Language*），等等。

［17］Eastman, C. M. (1983). *Language Planning: An Introduction*. San Francisco: Chandler & Sharp Publishers.

语言规划领域第一部兼具教材性质的导论书，讨论了语言规划的学科归属问题、语言规划和相邻学科的关系、语言规划的发展历史以及语言规划的理论和方法问题，等等。

［18］Fellman, J. (1973). *The Revival of Classical Tongue: Eliezer Ben Yehuda and the Modern Hebrew Language*. The Hague: Mouton.

研究希伯来语复兴的经典著作，尤其关注本·耶胡达参与希伯来语复兴的整个过程及其产生的影响。

［19］Ferguson, C. A. (1959). Diglossia. *Word*, 15(2), 325–340.

提出语言规划和社会语言学领域的经典术语"双言制"，即特定的言语社区内存在两种相关但功能不同的语言变体：高变体（H variety）用于正式场合，低变体（L variety）用于日常生活。古典阿拉伯语和口头阿拉伯语是一对典型代表。

[20] Fishman, J. A. (1973). Language modernization and planning in comparison with other types of national modernization and planning. *Language in Society*, 2(1), 23–43.

提出语言规划的经典定义：对语言问题解决方案有组织的寻求，通常发生在国家层面。同时，将语言规划和其他规划做比较，在借鉴其他规划的基础上，引入大量的术语及问题。

[21] Fishman, J. A. (1991). *Reversing Language Shift: Theoretical and Empirical Foundations of Assistance to Threatened Languages*. Clevedon: Multilingual Matters.

从理论和实践层面，探讨在出现代际传承问题的濒危语言的使用者中扭转语言转用的必要性以及对各种成功和不成功的案例进行分析。

[22] Fishman, J. A. (2006). *Do Not Leave Your Language Alone: The Hidden Status Agendas Within Corpus Planning in Language Policy*. Mahwah, New Jersey: Lawrence Erlbaum Associates.

认为本体规划和地位规划是难以截然分开的，这两种类型的规划在大部分语言规划活动中都会交替进行。同时，提出包含四个维度、八个因素的语言本体规划的"双级模型"。

[23] Fishman, J. A. (Ed.) (1974). *Advances in Language Planning*. The Hague: Mouton.

20 世纪 70 年代初，反映语言规划研究新进展的论文集，收录论文此前大多已发表在各相关论著中，共涵盖四个主题：理论探讨、政策案例、标准化、实施和评估。

[24] Fishman, J. A. (Ed.) (1977). *Advances in the Creation and Revision of Writing Systems*. The Hague: Mouton.

专题探讨书写系统的创制与改革的论文集，共涵盖五个主题：理论综述、书写系统的创制、古典书写系统的改革、与国家政治机构相关的现代书写系统的改革以及与国家政治机构无关的现代书写系统的改革。

[25] Fishman, J. A. (Ed.) (1978). *Advances in the Study of Societal Multilingualism*. The Hague: Mouton Publishers.

研究社会多语现象的论文集，共涵盖四个主题：语言接触、语言保持与转用、广泛交际语的传播和语言功能分配。

[26] Fishman, J. A. (Ed.) (1993). *The Earliest Stage of Language Planning: "The First Congress" Phenomenon*. Berlin: Mouton de Gruyter.

研究分布在亚洲、欧洲、非洲和美洲共计 18 种语言规范化的"第一次大会"现象，为厘清这些语言在语言规划初始阶段的状况提供参考。

[27] Fishman, J. A., Ferguson, C. A., & Dasgupta, J. (Eds.) (1968). *Language Problems of Developing Nations*. New York: Wiley.

语言规划领域早期的经典论文集之一，聚焦发展中国家在宏观层面出现的语言问题，既有理论方面的探索，如克洛斯（Kloss）的"语言–民族"分类，也有围绕具体国家展开的案例分析。但正如标题所示，此时语言规划的一大理念就是认为发展中国家才会出现语言问题。

[28] Fodor, I., & Hagège, C. (Eds.) (1983—1994). *Language Reform: History and Future (Volume 1–6)*. Hamburg: Helmut Buske Verlag.

专题研究语言改革的论文集，是迄今为止在语言改革方面最为全面的参考资料。六卷本三千多页的篇幅，涵盖了世界上几十种语言的改革情况。同时，论文集的语言呈现出多语特征，除英语以外，还有法语、德语和俄语等。

[29] Gazzola, M. (2014). *The Evaluation of Language Regimes: Theory*

and Application to Multilingual Patent Organisations. Amsterdam: John Benjamins Publishing Company.

重视评估在语言政策中的作用，依据效率和公平等准则构建对不同语言政策进行比较和评估的理论体系，并将其应用到专利合作条约（PCT）和欧洲专利局（EPO）的语言政策评估。

[30] Gottlieb, N., & Chen, P. (Eds.) (2001). *Language Planning and Language Policy: East Asian Perspectives*. Richmond: Curzon.

研究传统意义上汉字文化圈国家的语言规划，包括中国（大陆、香港和台湾）、日本、朝鲜、韩国和越南，阐释政治、地理、历史、文化等错综复杂的因素如何影响各国（地区）语言政策的形成。

[31] Grin, F. (2003). Language planning and economics. *Current Issues in Language Planning*, 4(1), 1–66.

以经济学为基础，采用跨学科的研究方法，研究语言和经济之间的交互作用，提出从经济学视角研究语言规划。

[32] Haarmann, H. (1984). Sprachplanung und Prestigeplanung. *Europa Ethnica*, 41(2), 81–89.

语言声望规划的重要文献。哈尔曼首次在文章中提出"声望规划"的概念，并将其定义为"影响语言规划活动评价的各个变量的总称"，构建从多变量角度研究语言规划（语言生态）的理论雏形。

[33] Haarmann, H. (1990). Language planning in the light of a general theory of language: A methodological framework. *International Journal of the Sociology of Language,* 86, 103–126.

倡导多变量、多因素的语言生态观，系统阐述"声望规划"理论，肯定"声望"作为一种社会心理因素对语言规划的影响，尤其重视受众的心理感受。同时，提出规划者的层级分类，至少包括官方、机构、团体和个人四个层级。中译文题为《从语言的总体理论看语言规划：

方法论框架》，收录于《国外语言政策与语言规划进程》，2001 年由语
文出版社出版。

［34］Haugen, E. (1959). Planning for a standard language in modern
　　　Norway. *Anthropological Linguistics*, 1(3), 8–21.

　　　首次正式使用术语"语言规划"并对其进行完整定义，重点研究
现代挪威标准语的规划问题。

［35］Haugen, E. (1966b). *Language Conflict and Language Planning:
　　　The Case of Modern Norwegian*. Cambridge, Massachusetts: Har-
　　　vard University Press.

　　　语言规划国别研究的经典著作，从历时角度研究 20 世纪初至 20
世纪 60 年代挪威标准语的规划情况。值得一提的是，本书已含有语言
规划"四格模型"的雏形。

［36］Haugen, E. (1966c). Linguistics and language planning. In W.
　　　Bright (Ed.), *Sociolinguistics: Proceedings of the UCLA Sociolin-
　　　guistics Conference* (pp. 50–71). The Hague: Mouton.

　　　讨论语言规划的性质、语言规划中的问题、规划者的作用、语言
规划的限度和标准等诸多问题。中译文《语言学与语言规划》，载《国
外语言学》，林书武译。

［37］Haugen, E. (1983). The implementation of corpus planning: Theory
　　　and practice. In J. Cobarrubias & J. A. Fishman (Eds.), *Progress in
　　　Language Planning: International Perspectives* (pp. 269–289). Ber-
　　　lin: Mouton Publishers.

　　　修订和完善 60 年代提出的语言规划模型，标志"四格模型"最终
成型。

［38］Hornberger, N. H. (1994). Literacy and language planning. *Lan-
　　　guage and Education*, 8(1–2), 75–86.

综合前人研究成果，基于地位规划、本体规划和习得规划的三分法，构建了一个综合性的语言规划目标框架。

[39] Hornberger, N. H. (2006). Frameworks and models in language policy and planning. In T. Ricento (Ed.), *An Introduction to Language Policy: Theory and Method* (pp. 24–41). Malden, MA: Blackwell Publishing.

简要回顾语言规划的发展史，进一步完善此前（Hornberger 1994）提出的综合性语言规划目标框架。

[40] Hornberger, N. H. (Ed.) (2017). *Honoring Richard Ruiz and His Work on Language Planning and Bilingual Education*. Bristol: Multilingual Matters.

纪念鲁伊兹的文集。主要收录鲁伊兹在语言规划、双语教育和少数族群教育等领域的文章，以及同事、朋友和学生纪念鲁伊兹的文章。文集充分体现出鲁伊兹在上述领域的学术贡献，尤其是他在80年代提出的语言规划取向分类，即"语言作为问题、语言作为权利和语言作为资源"。

[41] Hult, F. M., & Johnson, D. C. (Eds.) (2015). *Research Methods in Language Policy and Planning: A Practical Guide*. Malden, MA: John Wiley & Sons.

截至目前，语言政策及规划领域唯一一本以介绍研究方法为主题的论文集，具有较强的实践操作性和指南性。

[42] Jernudd, B. H., & Das Gupta, J. (1971). Towards a theory of language planning. In J. Rubin & B. H. Jernudd (Eds.), *Can Language Be Planned? Sociolinguistic Theory and Practice for Developing Nations* (pp. 195–215). Honolulu: The University Press of Hawaii.

基于语言是一种可以被评估的资源，从决策制定的视角将语言规划看作是一种旨在解决语言问题的政治和行政行为，并以此构建包含政府决策者、决策变量、语言的社会使用和政策效果在内的国家层面的语言规划理论框架。

[43] Jespersen, O. (1928). *An International Language*. London: G. Allen & Unwin.

讨论国际语的必要性以及国际语运动的历史，重点在于介绍作者创制的诺维亚语（Novial）。这本书有助于了解一位著名语言学家有关国际语的理论与实践。

[44] Johnson, D. C. (2013). *Language Policy*. Basingstoke: Palgrave Macmillan.

介绍分析语言政策及规划的历史发展、概念框架、研究路径及未来走向，同时附录相关的纸质及网络资源。中译本名《语言政策》，2016 年由外语教学与研究出版社出版。

[45] Kaplan, R. B., & Baldauf, R. B. (1997). *Language Planning: From Practice to Theory*. Clevedon: Multilingual Matters.

语言规划领域的经典教科书。厘清语言规划的基本术语，综述豪根、哈尔曼和库普尔等人的语言规划理论，研究语言规划的核心问题和关键变量，并构建出基于生态观念的语言规划模型，在学界产生了重要影响。中译本名《语言规划：从实践到理论》，2019 年由商务印书馆出版。

[46] Kaplan, R. B., & Baldauf, R. B. (Eds.) (2003). *Language and Language-in-Education Planning in the Pacific Basin*. Dordrecht: Kluwer Academic Publishers.

提出更综合、更完善的语言规划目标框架，涵盖地位规划、本体规划、习得规划和声望规划等四种类型的规划活动，并以此为基础对太平洋地区的 14 个国家和地区的语言教育规划做了广泛深入的考察。

中译本名《太平洋地区的语言规划和语言教育规划》，2014 年由外语教学与研究出版社出版。

［47］Kaplan, R. B., & Baldauf, R. B. (Eds.) (2008). *Language Planning and Policy Set*. Clevedon: Multilingual Matters.

国别语言政策研究系列丛书，共十卷，研究了亚洲、欧洲、非洲、拉丁美洲和太平洋湾区共计 20 多个国家和地区的语言状况和语言政策。所有国别研究都遵循卡普兰和巴尔道夫提出的语言规划生态模型，有助于通过比较的形式完善语言规划理论的发展，同时也为其他国家和地区的语言政策提供参考框架。

［48］Karam, F. X. (1974). Toward a definition of language planning. In J. A. Fishman (Ed.), *Advances in Language Planning* (pp. 103–124). The Hague: Mouton.

讨论与语言规划相关的基本问题，如语言规划的定义、类型、过程和策略等。

［49］Kloss, H. (1967). 'Abstand Languages' and 'Ausbau Languages'. *Anthropological Linguistics*, 9(7), 29–41.

提出社会语言学中重要的一组对比概念：距离语言（abstand languages）和扩展语言（ausbau languages），前者（距离）关注的是语言变体之间的语言特征，后者则将社会政治功能作为考量的要素。这两个概念有助于区分一个方言连续统上具有多个已规范化的语言变体。

［50］Kloss, H. (1969). *Research Possibilities on Group Bilingualism: A Report*. Quebec: International Center for Research on Bilingualism.

研究群体双语主义存在的问题，提出语言规划领域重要的二分法，即地位规划和本体规划的区分。

［51］Krauss, M. (1992). The world's languages in crisis. *Language*, 68(1), 4–10.

正式提出语言濒危的问题，引发人们对这一问题的重视与反思。

［52］Le Page, R. (1964). *The National Language Question: Linguistic Problems of Newly Independent States*. London: Oxford University Press.

研究新独立的发展中国家的语言问题，认为语言政策的制定是政治家的事情，但语言政策制定以后，语言学家毫无疑问也会发挥作用。

［53］Maurais, J., & Morris, M. A. (Eds.) (2003). *Languages in a Globalising World*. Cambridge: Cambridge University Press.

认为国际政治体系的变化影响语言模式，而语言模式在冷战后处于不断变化的状态。考察当今全球政治的发展趋势对语言地位的影响，以及未来语言层级可能发展的方向。

［54］Menken, K., & García, O. (Eds.) (2010). *Negotiating Language Policies in Schools: Educators as Policymakers*. New York: Routledge.

研究世界范围内的语言教育政策情况，尤其关注教育工作者在微观的学校和课堂语言政策的实施中发挥的作用。

［55］Mühlhäusler, P. (1996). *Linguistic Ecology: Language Change and Linguistic Imperialism in the Pacific Region*. New York: Routledge.

考察在殖民化、西化和现代化的影响下太平洋地区的语言转变，关注推动语言变化的文化和历史因素，使用语言生态学的比喻来阐释语言、说话者和社会实践之间复杂的交互作用，进而探讨语言生态学如何维持语言多样性。

［56］Mühlhäusler, P. (2000). Language planning and language ecology. *Current Issues in Language Planning*, 1(3), 306–367.

从生态学视角系统阐释语言规划，认为语言多样性是维持文化和生物多样性的先决条件。基于生态观念的语言规划的最终目的是实现无须管理的语言生态平衡，它在目标和手段方面与传统的语言规划方法存在显著差异。

［57］Nahir, M. (1984). Language planning goals: A classification. *Language Problems and Language Planning*, 8(3), 294–327.

提出语言规划目标的 11 种分类，即语言纯洁化、语言复兴、语言改革、语言标准化、语言传播、词汇现代化、术语统一、文体简化、语际交流、语言保持和辅助语码标准化，这种分类方法为后续从事语言规划目标研究奠定了基础。

［58］Nettle, D., & Romaine, S. (2000). *Vanishing Voices: The Extinction of the World's Languages*. Oxford: Oxford University Press.

关注语言濒危问题，提出将语言灭绝置于全球生态系统的大背景下考察，呼吁保护濒危语言，强调要保护说这些濒危语言的人的文化和栖息地。

［59］Pennycook, A. (1994). *The Cultural Politics of English as an International Language*. London: Longman.

将后现代主义的批判方法运用到对英语全球传播的分析，提出"英语世俗性"（worldliness of English）的概念，即英语的传播是一种借助话语方式进行协商的社会行为，难以脱离它的政治、文化、经济和社会背景。

［60］Phillipson, R. (1992). *Linguistic Imperialism*. Oxford: Oxford University Press.

提出"语言帝国主义"理论，即英语在全球的主导地位是由英语和其他语言之间结构及文化的不平等确立起来并持续重构的。简言之，英语的全球传播是以英美为主的英语母语国有意为之的行为，他们通过英国文化协会等组织机构在世界范围内推广英语教学。

［61］Phillipson, R. (2003). *English-Only Europe? Challenging Language*

Policy. London: Routledge.

介绍欧盟的语言状况和语言政策，考察语言在欧盟一体化进程中的作用，探讨英语的全球化对欧盟语言政策的影响，最后提出积极的建议来保护欧洲语言文化的多样性。虽然本文的主题是关于欧盟的语言政策和语言多样性，但所涉及的问题对世界其他国家和地区也有参考价值。

［62］Ray, P. S. (1963). *Language Standardization: Studies in Prescriptive Linguistics*. The Hague: Mouton.

提出评估语言标准化的三大原则，即效率原则、理性原则和普遍原则，并将这些原则应用到对具体语言（主要是书面语）的描写和评估。

［63］Ricento, T. (2000). Historical and theoretical perspectives in language policy and planning. *Journal of Sociolinguistics*, *4*(2), 196–213.

认为宏观社会政治、认识论以及策略等三个因素会影响语言政策与规划的问题设定、方法论及研究目标，提出语言政策与规划研究的历史阶段划分：（1）去殖民化、结构主义与实用主义时期；（2）现代化失败、批判社会语言学与语言接触时期；（3）新世界秩序、后现代主义与语言人权时期。

［64］Ricento, T. (Ed.) (2006). *An Introduction to Language Policy: Theory and Method*. Malden, MA: Blackwell Publishing.

各章皆由国际语言政策与规划领域的专家撰写，就理论和方法问题做深入探讨，关注批判理论、后现代理论、民族志方法、地理语言学方法等在语言政策领域的运用，是21世纪初比较系统、全面地介绍语言政策学科发展的导论性著作。中译本名《语言政策导论：理论与方法》，2016年由商务印书馆出版。

[65] Ricento, T. (Ed.) (2015). *Language Policy and Political Economy: English in a Global Context*. Oxford: Oxford University Press.

探讨语言政策与政治经济学之间的联系，认为采用政治经济学的新方法，有助于更好地解释英语在非英语占主导地位的国家的地位、功能和局限性。中译本名《语言政策与政治经济：全球化背景下的英语》，2021 年由外语教学与研究出版社出版。

[66] Ricento, T. (Ed.) (2016). *Language Policy and Planning (Critical Concepts in Linguistic)*. New York: Routledge.

四卷本论文选集，收录过去半个多世纪语言政策及规划领域发表过的重要文章共计 67 篇，卷一回顾理论和历史，卷二探讨语言权利，卷三聚焦语言教育，卷四关注语言政策和全球化。《语言战略研究》杂志在 2017 年第 2 期至第 5 期，对这套论文集做过详细的述评。

[67] Ricento, T., & Hornberger, N. H. (1996). Unpeeling the onion: Language planning and policy and the ELT professional. *TESOL Quarterly*, 30(3), 401–427.

从实践和理论两方面分析语言政策过程，提出语言政策的"洋葱头模型"，即语言政策可以发生在国家及超国家、机构和个人等不同层面形成的"洋葱头"，其中微观的个人层面是语言教育政策关注的重点。

[68] Rubin, J. (1977). New insights into the nature of language change offered by language planning. In B. G. Blount & M. Sanches (Eds.), *Sociocultural Dimensions of Language Change* (pp. 253–269). New York: Academic Press.

呼吁关注语言演变中的社会因素，强调应该重视从有意识影响语言变化的角度（即语言规划）去研究语言演变。

[69] Rubin, J., & Jernudd, B. H. (Eds.) (1971). *Can Language Be Planned?*

Sociolinguistic Theory and Practice for Developing Nations. Hono-
lulu: The University Press of Hawaii.

语言规划领域早期的重要论文集，从理论和实践层面探讨与语言
规划相关的诸多问题，文集提出的思想具有一定的前瞻性，如语言是
一种社会资源，语言不仅仅是交际工具，对语言问题的分类，对语言
规划目标的分类，对语言规划的评价，等等。

[70] Rubin, J., & Jernudd, B. H. (Eds.) (1979). *References for Students
of Language Planning*. Honolulu: The University Press of Hawaii.

收录 20 世纪 70 年代以前出版的语言规划研究文献，对了解早期
语言规划的学科形成和历史发展有参考价值。

[71] Rubin, J., Jernudd, B. H., Das Gupta, J., Fishman, J. A., & Fergu-
son, C. A. (Eds.) (1977). *Language Planning Processes*. The Hague:
Mouton Publishers.

关注语言规划过程的论文集，研究印度、以色列、印度尼西亚和
瑞典等国的语言规划情况。

[72] Rubin, J., & Shuy, R. (Eds.) (1973). *Language Planning: Current
Issues and Research*. Washington, D.C.: Georgetown University
Press.

早期语言规划领域的重要论文集，涉及对中国、加拿大、秘鲁等
国语言规划情况的论述分析，这些论文的共同点在于都意识到语言规
划背后的社会政治问题。

[73] Ruíz, R. (1984). Orientations in language planning. *NABE Journal*,
8(2), 15–34.

在综合借鉴前人研究的基础上，提出三种重要的语言规划取向，
即语言作为问题、语言作为权利和语言作为资源。

[74] Schiffman, H. (1996). *Linguistic Culture and Language Policy*.

New York: Routledge.

提出语言是一种社会文化建构，引入"语言文化"的概念，即语言背后一系列复杂的价值观和信念体系，认为语言文化才是语言政策的核心所在，同时考察了法国、印度和美国的语言文化及其语言政策。此外，本书也提出"显性语言政策"和"隐性语言政策"的区分。

[75] Schubert, K., & Maxwell, D. (Eds.) (1989). *Interlinguistics: Aspects of the Science of Planned Languages*. Berlin: Mouton de Gruyter.

关于国际语学的研究论文集，将国际语学看作是一门严肃的语言学分支学科，全面探讨了计划语言和民族语言的关系、计划语言的分类、计划语言的构建原则、计划语言的社会语言学和心理语言学问题、计划语言的文学、语法及术语标准化等方面的内容，文集提到的关于计划语言的经验、教训对语言规划也有借鉴作用。

[76] Shenton, H. N., Sapir, E., & Jespersen, O. (Eds.) (1931). *International Communication: A Symposium on the Language Problem*. London: Kegan Paul.

关于国际语言交流的研究论文集，由三篇论文组成。申顿（Shenton）讨论了国际语的必要性，萨丕尔（Sapir）论述采用人造语言而非欧洲语言作为国际语的优越性，叶斯柏森（Jespersen）关注国际语学的发展情况。

[77] Shohamy, E. (2006). *Language Policy: Hidden Agendas and New Approaches*. New York: Routledge.

提出语言政策研究不能局限于政策本身，更要关注在背后制约政策产生和运行的机制，包括语言教育政策、语言测试和公共空间的语言，等等，且这些机制往往具有隐蔽性。另外，提倡用批判性眼光看待语言政策，以便从深层次阐释语言政策对语言实践的影响。中译本名《语言政策：隐意图与新方法》，2018 年由外语教学与研究出版社出版。

［78］Skutnabb-Kangas, T. (2000). *Linguistic Genocide in Education-or Worldwide Diversity and Human Rights?* Mahwah, N.J.: Lawrence Erlbaum Associates.

关于语言多样性、语言生态、语言权利和濒危语言的巨著。全书共三大部分：第一部分分析世界语言的状况，语言、文化和生物多样性之间的关系；第二部分论述国家政策和全球化对语言多样性的影响；第三部分研究语言人权问题、教育领域的语言人权问题，同时提出相应的补救措施以缓解当前语言多样性日益恶化的情况。值得一提的是，作者在第一部分第四章第五小节专门讨论世界语的问题，认为世界语是比较可行的国际语方案，因为它符合理想的国际语的条件，即平等、符合文化和语言多样性、无歧视、民主和高效。

［79］Spolsky, B. (2004). *Language Policy*. Cambridge: Cambridge University Press.

主要贡献在于提出语言政策的三分法，即语言政策是由语言实践、语言意识形态和语言管理三部分组成，三者之间既有联系也有区别。另外，书中也涉及大量的案例分析，分别用来阐释本体规划、地位规划和习得规划的相关情况。中译本名《语言政策》，2011 年由商务印书馆出版。

［80］Spolsky, B. (2009). *Language Management*. Cambridge: Cambridge University Press.

认为语言政策就是关于语言的各种选择，而语言选择是语言管理的结果。综合前人提出的"语言域"（domains of language）理论构建出"语言管理理论"，并将其运用到对不同语言域的分析，如家庭域、宗教域、工作域、学校域，等等。中译本名《语言管理》，2016 年由商务印书馆出版。

［81］Spolsky, B. (Ed.) (2012). *The Cambridge Handbook of Language Policy*. Cambridge: Cambridge University Press.

语言政策领域第一本全面的研究手册，标志着语言政策作为一门独立学科正日益成熟。涵盖的主题较为广泛，既有对学科发展历史的回溯，也涉及濒危语言、语言帝国主义、全球化和现代化对语言政策的影响以及语言管理机构等前沿主题，同时还覆盖非洲、美洲、欧洲和亚太地区的国别语言政策情况。

［82］Spolsky, B., & Shohamy, E. (1999). *The Languages of Israel: Policy, Ideology and Practice*. Clevedon: Multilingual Matters.

重点关注以色列的语言实践和语言意识形态，阐释以色列境内的语言政策及语言选择模式，包括希伯来语、阿拉伯语、英语及其他一些重要的移民语言的使用状况。综合社会语言学、政治科学和教育学的多维视角，扩展库普尔的"八问方案"。

［83］Tauli, V. (1968). *Introduction to a Theory of Language Planning*. Uppsala: Almqvist & Wiksells.

第一本带有"导论"字样的语言规划研究专著，全书立足语言是一种理想的交际工具的观点，重视从语言学角度对语言规划进行评估，提出评估语言规划的三大原则，即明晰原则、经济原则和美学原则，同时探讨这些原则在形态、句法、词汇和书写层面的应用。

［84］Tauli, V. (1984). The failure of language planning research. In A. Gonzalez (Ed.), *Panagani: Essays in Honor of Bonifacio P. Sibayan on His Sixty-seventh Birthday* (pp. 85–92). Manila: Linguistic Society of the Philippines.

批判语言规划研究的社会学倾向，认为语言规划是一门应用科学（applied science），包括目的论（teleology）和社会学（sociology）两方面。目的论立足语言是一种理想的、有效的交际工具，研究语言规划的目标、原则和方法；社会学研究语言规划的实施及其社会方面。但总体来看，语言规划的目的论要重于社会学，最终目的是要让语言适应现代文化和现代社会。

[85] Tollefson, J. W. (1991). *Planning Language, Planning Inequality: Language Policy in the Community*. London and New York: Longman.

批判古典主义语言政策的研究缺陷，提出在语言政策领域使用以批判为主的历史—结构主义研究方法，引入意识形态、权利、不公平等诸多因素讨论英国、中国和伊朗等国的语言政策。

[86] UNESCO. (1953). *The Use of Vernacular Languages in Education: Monographs on Fundamental Education,* 8. Paris: UNESCO.

全书主体部分共三章，第一章是对世界语言状况的调查，包括非洲、美洲大陆、亚太地区和欧洲；第二章是核心内容，按照语言的社会功能分类将语言划分为十大类，即原住民语言、通用语、母语、国语、官方语言、皮钦语、区域性语言、第二语言、俗语和国际语；第三章探讨用地方语言教学的案例。

[87] Weinstein, B. (1980). Language planning in Francophone Africa. *Language Problems and Language Planning*, 4(1), 55–77.

研究非洲法语区的语言规划，提出语言规划过程十一个阶段的划分方法，该文常被引用的部分是其对语言规划的定义："为解决交际问题，在政府授权下进行的长期的、持续的有意识改变语言社会功能的努力"。

[88] Wiley, T. G. (1996). Language planning and policy. In S. L. McKay & N. H. Hornberger (Eds.), *Sociolinguistics and Language Teaching* (pp. 103–147). Cambridge: Cambridge University Press.

综述语言规划与语言政策研究，介绍语言规划的定义、分类、目标、理论流派以及语言教育规划的情况，等等。

［89］Wright, S. (2004). *Language Policy and Language Planning: From Nationalism to Globalisation*. Basingstoke: Palgrave Macmillan.

21世纪初语言规划领域的代表作之一，采用语言学、政治学、历史学等多重视角探讨三个问题：第一，考察语言在民族国家和身份认同建构过程中的作用；第二，探讨法语、英语等通用语的兴衰问题以及语言的全球化进程给民族国家的政治经济带来的挑战；第三，讨论民族主义和全球化在语言方面引发的连锁反应，包括语言权利、语言濒危和语言保持，等等。中译本名《语言政策与语言规划：从民族主义到全球化》，2012年由商务印书馆出版。2016年，该书第二版由帕尔格雷夫出版社（Palgrave）出版。

［90］Zhou, M., & Sun, H. (Eds.) (2004). *Language Policy in the People's Republic of China: Theory and Practice Since 1949*. Dordrecht: Kluwer Academic Publishers.

研究中国当代语言政策的重要参考资料之一。系统、全面地探讨新中国成立以来在语言政策方面的理论与实践，涵盖的主题较为广泛，包括普通话的推广、文字改革、少数民族语言政策以及外语教育政策，等等。

［91］蔡永良：《美国的语言教育与语言政策》，上海三联书店，2007。

语言规划国别研究的代表作之一，基于语言学、历史学、文化学和民族学等多维视角，系统考察美国的语言教育和语言政策的历史变迁，提出美国语言政策多元性的特点及其深层次的同化本质。

［92］陈章太：《语言规划研究》，商务印书馆，2005。

研究语言规划的论文集，分四个主题探讨与语言规划相关的问题：语言规划理论与实践研究、语言政策研究、语言文字规范化标准化研究以及一些附论。其中，对语言规划的含义、性质、对象、内容和方法等方面的讨论较为系统全面。

［93］陈章太主编:《语言规划概论》，商务印书馆，2015。

我国第一本语言规划教材，在吸收国内外相关研究成果的基础上，结合我国语言规划的实际情况，较为系统地阐述语言规划的理论和方法，同时介绍国内外语言规划的基本情况。

［94］戴昭铭:《规范语言学探索》，上海三联书店，1998。

探讨语言规范化的理论，提出规范的对象是语言变化，规范化就是对语言变化的评价和选择。梳理中国历史上语言规范化的发展变迁，同时兼顾汉语规范化的具体应用。

［95］德雷仁著、徐沫译:《世界共通语史：三个世纪的探索》，商务印书馆，1999。

认为人类有意识干预语言发展是可能的，研究国际辅助语的思想发展历史，较为详尽地记录 20 世纪 30 年代以前为解决国际交流问题而诞生的各种国际性语言（计划语言）。

［96］费锦昌主编:《中国语文现代化百年记事（1892—1995）》，语文出版社，1997。

以编年体纪事的形式，概述自 1892 年卢戆章《一目了然初阶》的出版，至 1995 年国家语委工作会议召开的 100 余年间，中国语言文字事业发展的历史事实，为研究中国近现代的语言规划提供丰富详实的史料。2021 年，该书修订本由商务印书馆出版，题为《中国语文现代化百年记事（1892—2013）》。

［97］冯佳、王克非:《近十年国际语言规划和语言政策研究的 CiteSpace 分析》，《中国外语》，2014 年第 1 期。

借助科学计量学方法，利用 CiteSpace 软件考察 2001 至 2010 年间国际语言规划和语言政策领域的研究现状，同时梳理分析领域的研究热点和高影响力论文，有助于从宏观角度追踪国外学界的最新动态。

[98] 冯志伟：《论语言文字的地位规划和本体规划》，《中国语文》，2000年第4期。

讨论语言规划的性质和内容，在结合具体案例分析的基础上，对语言文字的地位规划和本体规划做进一步分类，提出一个初步的语言规划理论体系。

[99] 高天如：《中国现代语言计划的理论和实践》，复旦大学出版社，1993。

研究中国现代时期（晚清维新变法至民国）语言文字改革工作的史论性著作，探讨文体革新、书面语变革、汉字简化和民族共同语及其拼写系统的发展变迁等内容。

[100] 高玉主编：《清末汉字改革方案文本（一至四卷）》，浙江工商大学出版社，2019。

具有较高的史料价值，对清末时期出现的各种文字改革方案文本进行点校与整理，为研究近现代汉语的拼音化历史及中国文字改革的发展史提供材料支撑。

[101] 郭龙生：《中国当代语言规划的理论与实践》，广东教育出版社，2008。

梳理中国当代语言规划的文献资料，从地位规划、本体规划和传播规划三个维度，系统考察中国当代语言规划的定义、目的、方法与过程、特性与原则以及实施条件等方面的内容。

[102] 胡文仲：《我国外语教育规划的得与失》，《外语教学与研究》，2001年第4期。

认为外语教育规划是涉及外语教育发展的全局性工作，通过回顾分析我国自50年代以来外语教育政策的变迁，提出外语教育政策的制定应该统筹兼顾政治经济需要和长远的教育事业需要。

[103] 黄伟、刘海涛：《〈汉语拼音方案〉的计量语言学分析》，《中国语文》，2016年第2期。

将科学、客观的计量方法引入语言规划研究，采用计量语言学的音形关系指标定量描写《汉语拼音方案》，并与德文、瑞典文和世界语等七种拼写系统进行了比较研究。

[104] 黄晓蕾：《民国时期语言政策文献辑录与研究（第一辑）》，中国社会科学出版社，2019。

辑录民国时期出版的与语言政策相关的政府公报以及学术论文，本辑收录的年限范围为1912年至1930年，为研究民国时期语言政策的变迁提供参考资料。

[105] 黎锦熙：《国语运动史纲》，上海商务印书馆，1934。

关于中国近现代国语运动历史的重要著作，全面总结国语运动的理论、方法和纲领，重点关注民国时期注音字母和国语罗马字的创制与推广。

[106] 李宇明：《中国语言规划论》1—3，商务印书馆，2010、2015。

关于中国语言规划研究的三卷本论文集，分别题为《中国语言规划论》《中国语言规划续论》《中国语言规划三论》。该系列理论与实践紧密结合，既关注语言规划的宏观理论，更注重论述中国的语言状况。提出"语言生活"的概念，推动根植于中国本土的语言规划研究队伍——"语言生活派"——的诞生。

[107] 刘海涛：《语言规划和语言政策：从定义变迁看学科发展》，载教育部语用所社会语言学与媒体语言研究室主编《语言规划的理论与实践》，语文出版社，2006，第55—60页。

综述分析1959年至2005年间国内外关于语言规划的30余种定义，通过考察定义的历时变迁，认为可将语言规划的发展分为两个阶段，前后阶段的特征变化表现为：从工具观到资源观，从结构主义到后现代主义，从单变量到多变量，从语言学到多学科，从实用主义到语言人权。

[108] 倪海曙:《清末汉语拼音运动编年史》，上海人民出版社，1959。

具有较高的史料价值，按时间顺序分年度编写清末汉语拼音（切音字）运动的历史，介绍各种拼音方案的相关人物、理论、写法以及推行情况，有助于了解晚清时期的文字改革情况。

[109] 倪海曙:《拉丁化新文字运动的始末和编年纪事》，知识出版社，1987。

具有较高的史料价值，记录 1928 年至 1955 年间拉丁化新文字运动的情况，分始末篇和编年纪事篇。其中，始末篇综述这一运动的发展历史，编年纪事篇提供与运动相关的历史人物和详细时间。

[110] 尚国文、赵守辉:《语言景观的分析维度与理论构建》，《外国语（上海外国语大学学报）》，2014 年第 6 期。

考察语言景观研究的认识论基础、分析维度以及理论构建情况，阐述这一语言学前沿学科的研究动态，有助于进一步拓展我国学者在相关领域的研究视野和研究深度。

[111] 沈骑:《非传统安全领域的语言规划研究：问题与框架》，《语言教学与研究》，2014 年第 5 期。

通过追溯和评价国外语言安全理论的起源与发展，界定语言安全的概念和内涵，基于语言规划与非传统安全理论，尝试构建语言安全规划的三维分析框架，提出语言规划的 5 个对象层次和 9 个问题领域。

[112] 王均主编:《当代中国的文字改革》，当代中国出版社，1995。

收集我国自 20 世纪 50 年代以来文字改革的历史事实以及相关的重要文献，系统全面地介绍新中国成立后在简化汉字、普通话的确立和推广、《汉语拼音方案》的制定和推行以及汉语规范化等方面开展的工作。

［113］赵守辉：《语言规划国际研究新进展：以非主流语言教学为例》，
《当代语言学》，2008年第2期。

综述国外语言规划的代表性理论框架及其最新发展趋势，通过对声誉规划的评价分析说明规划实践的多层面性和复杂程度，同时探讨非主流语言教学对语言规划理论的意义及价值所在。

［114］周庆生：《论语言政策规划》，中国社会科学出版社，2021。

研究语言规划理论和实践的论文集。在吸收国内外优秀成果的基础上，构建语言政策的理论体系和框架，分析中国、俄罗斯、美国、印度和加拿大等国的语言规划实践。同时，比较社会政治因素在不同国家对语言立法、文字创制和文字改革的制约作用。

［115］周有光：《中国语文的时代演进》，清华大学出版社，1997。

比较全面地了解和认识中国语言文字概况的通俗读物，既考察了汉语文字改革的四大任务，语言的共同化、文体的口语化、文字的简便化和注音的字母化，又介绍了少数民族语言文字的使用概况。

［116］周玉忠、王辉主编：《语言规划与语言政策：理论与国别研究》，
中国社会科学出版社，2004。

回顾总结自20世纪90年代至21世纪初的10余年间，我国在语言规划的理论与国别研究方面涌现的学术成果。对一些主要国家和区域的语言规划活动做了细致的介绍、分析和评价，为我国语言政策的制定和实施提供可资借鉴的经验。2015年，《语言规划与语言政策：理论与国别研究（续）》，由中国社会科学出版社出版，继续从理论与国别两方面整理21世纪初的第一个10年间，我国在语言规划与语言政策研究领域的新进展。

［117］《国外语言政策与语言规划进程》，语文出版社，2001。

论文集，精选翻译了国外语言规划领域经典论文，覆盖亚洲、欧

洲、非洲和美洲一些主要国家的语言规划与语言政策，为国内学界同仁了解国外语言规划的发展提供宝贵的资料。

[118]《现代汉语规范问题学术会议文件汇编》，科学出版社，1956。

汇编 1955 年 10 月召开的现代汉语规范问题学术会议的重要资料，包括罗常培和吕叔湘的专题报告、与会代表的发言以及大会的过程记录，等等。有助于了解我国在新中国成立初期开展文字改革的大背景。值得一提的是，这次大会对普通话定义的正式确立也有重要影响。

[119]《中国语言生活状况报告》，商务印书馆，2006 年起。

俗称"语言生活绿皮书"，自 2006 年开始，由国家语言文字工作委员会发布的关于中国语言生活状况调查的年度报告和时态数据，为了解当年国内语言文字的使用概况提供参考。近年来，语言生活皮书系列进一步扩展，先后发布"蓝皮书""黄皮书""白皮书"等各类皮书。其中，"蓝皮书"梳理摘编国内关于语言政策的学术研究，"黄皮书"介绍国外语言生活和语言政策情况，"白皮书"宣传国家语言文字方针政策、记录展示国家语言文字事业发展成就。

[120]《中国语言文字使用情况调查资料》，语文出版社，2006。

提供中国语言文字分领域、分区域使用情况的调查数据，主要包括普通话、汉语方言和少数民族语言的使用以及简繁体汉字、汉语拼音的使用等，此外还提供辅助调查的问卷、技术报告和相关文献。